聖嚴法師教淨土法門

念佛

聖嚴法師◎著

編者序

聖嚴法師在一般人的印象中，經常是以「禪師」的形象出現，其實早在一九六〇年期間，法師即曾應邀於屏東市的東山寺主持過彌陀佛七，而後從一九八二年開始，每年在農禪寺固定舉行兩次佛七——彌陀佛七、清明報恩佛七，近三十年來未曾間斷。二〇〇〇年，更首度舉辦念佛禪七，展現了念佛法門的另一面向。

此書即整理自二〇〇〇、二〇〇三年清明佛七及二〇〇〇、二〇〇四年念佛禪七的開示講稿。因內容、架構龐大，兼具有相、無相，故自二〇〇五年開始整編修潤起，於二〇〇七年才完成初稿。聖嚴法師閱讀初稿之後，除肯定編者的努力，也允諾作一短序，但就在進行編輯工作時，因病圓寂，使此書成為少數沒有法師自序的著作。

整編後的內容分為四篇：修學佛法的基本知見、有相念佛、無相念佛及《阿彌陀經》講記，架構安排層層遞進，由淺入深。本書最大的特色是，聖嚴法師回歸佛法鍊心的本質，以禪為全體佛法，而念佛實為佛法修行法門之一，並以四種淨土來概括念佛的功能。修行最終目的是完成自心淨土而建設人間淨土，是菩薩道的實踐，佛國淨土乃是之間的中繼站。在此寬闊的背景中，顯示了淨土法門的意義與價值，也正是法師淨土思想的整體展現。不僅為有相與無相念佛搭起橋梁，也打破了禪、淨宗派的界線。

聖嚴法師之前雖曾出版過《念佛生淨土》、《無量壽經講記》、《慈雲懺主淨土文講記》等淨土法門著作，但本書是首次將法師念佛禪的相關開示做系統地整理，其中〈大勢至菩薩念佛圓通章〉、《般舟三昧經》、《文殊師利所說摩訶般若波羅蜜經》等講解內容，更是首次整理出版，定能為有志修行淨土法門者開啟新的視野。

《聖嚴法師教淨土法門》繼《聖嚴法師教觀音法門》、《聖嚴法師教默照禪》、《聖嚴法師教話頭禪》後出版，將聖嚴法師修行方法的教示做了最完整的呈現。猶記二〇〇九年初，我們以報恩念佛的方法送恩師最後一程，並於荼毘典禮到追思暨植存期間轉為念佛禪，而今於圓寂週年之際出版此書，使其教法形諸文字得以流傳，相信也是回報師恩最好的方式。

法鼓文化編輯部

目錄

修學佛法的基本知見

聖嚴法師教淨土法門

第一章　修學佛法的基本原則：教、理、行、果

佛法有很清楚的次第、組織，首先一定會講教、理、行、果，這是學習佛法的基本原則。

所謂「教」，是釋迦牟尼佛說法四十九年之中所說的種種教義，目的是要讓我們明白如何修行，了解修行有一定的規則可循。

「教」是可以用文字表達、語言宣說、頭腦思考的，是屬於可思議的部分，可以說明、可以解釋，也可以表達，是合乎邏輯的。邏輯是論理學的意思，也就是合乎道理的，所以佛法一定合乎道理。所有的經典都是教，所有的論典也都是教，不管是佛說的哪一部經、祖師們造的哪一種論都是屬於教。

除了教以外，如果沒有「理」，那就沒有根本、沒有目標。理又叫作理體、真如、佛性、法性，又可以叫作如來藏、實相、實性；禪宗所說「明心見性」的「性」，天台宗講的「實相」，也都是理。「理」是一切眾生的根本、一切諸法的本性，一切世間法、出世

間法，所有一切道理的本身都離不開它。那麼是不是每一法、每一物、每一事都是「理」呢？那麼凡夫，乃至於一草一木，或是磚頭、石頭、泥巴，是不是也都是佛呢？如果這麼說，就是外道。

佛所說的「理」是理體，就是實相；相有事相、實相，實相才是「理」。理是不可思議的，不可以用語言說明，也不可以用頭腦去思考；如果真要用語言文字說明，就姑且名之為空性，即諸法皆空、五蘊皆空的「空」。

空的意思是一切法都是無常的，如果能夠表現，都是因緣所生的，所以一切法都是暫時的現象。因為是暫時，所以不是實相，也不是理；但是，理又不會離開一切虛幻的現象。所謂虛幻的現象就是無常，隨時在變，從無變成有、再從有變成無，這變變不已的原因，就是因為它的本質是空。沒有實質的、普遍的一樣東西，所以稱為空性。

「理」無法用語言表達清楚，一定要自己去體驗。如何體驗？必須透過「行」，而「行」又必須根據「教」——佛所說的教法修行，所以「理」還是需要「教」來說明，等證悟或實證了，修行就有了結「果」。

懂得教義，並不代表知道什麼是真正的理體，一定要通過修行才能夠體驗到。可是很多人學佛，只是用頭腦去思考、記憶，用口去說。如果不照著經教去「行」，講得再多、聽了再多，也沒有用，與「理」還是不相應。

對修念佛法門的人來說，即如《阿彌陀經》上說：「不可以少善根福德因緣，得生彼國。」要有善根才有機會聽聞佛法、聽聞教理，之後才能進一步修行。修行福德因緣，一個是利益眾生，修人天善法之中的一切善法，但這是福德的一部分，還不是必定生淨土的因。真正生淨土的因是要發菩提心，要持清淨戒、修布施行，要孝順父母、師長，還要精進念佛。精進念佛是與禪定相應，我們布施、持戒、修定，有定才能得智慧，因此，念佛的目的是要一心不亂。

一心不亂有二種：事一心不亂及理一心不亂。能夠做到專心、清淨心念佛，沒有任何雜念妄想，是事一心不亂。但若修成理一心，即使未與諸佛在一起，至少也能與一生補處的菩薩在一起，而這就是「果」了，也就是果位。

未聽聞教理，知見不正時，是外道；知見正確了，可是煩惱不斷，是凡夫；若進而修行佛法，使煩惱不起，就變成聖人；煩惱斷除了，就是大菩薩；一直到無明全部斷盡，最後一分無明也斷時，就是圓滿的佛。所以，教、理、行、果四個項目，就是我們修行佛法的基本程序。

第一章　修行的真義：慈悲心與智慧心

一、修行的重點在心

「修行」是一個非常模糊的詞，不管是過去或現在，很多人都認為修橋鋪路、施衣施食，靜坐、修禪定，或是初一、十五吃素，就是修行；還有人以為不吃人間煙火食，在山中吃草、啃樹皮，或是穿得破爛、住得簡陋，就是修行。在印度，甚至有持某種戒而能生天、得解脫的說法，譬如牛戒、狗戒、魚戒、猴戒、蝙蝠戒，以為只要學牛吃草、學野狗吃糞、學魚泡在水中、學猴子坐在樹上，或是學蝙蝠倒吊著，就是修行。

還有一些不法分子標榜替天行道，在法律之外執行自以為公平合理的任務，也說是在修行。他們自稱劫富濟貧，聽起來好像有理，其實不然。雖然我們常說「為富者不仁」，但是為富者一定不仁嗎？像佛經裡的須達長者，就經常行大布施，所以，不能說有錢人就是罪惡。

會成為有錢人，有的是因為剝削、侵占、壓榨他人，譬如貪官污吏搜括民脂民膏，或是奸商放高利貸、囤積居奇然後待價而沽，這種人當然不慈悲。可是也有許多或者更多有財富的人，是因為自己過去世修得的福報，然後以現在的智慧、技巧、因緣而致富的。他們以正當的方式和技巧來賺錢、發明及創新，為社會大眾謀福利，這種有錢人不但不壞，而且是菩薩。大眾需要這樣的人出來發財，發了財以後能夠利益天下人。所以，劫富濟貧的說法不一定對。

還有人說：「貧窮布施難，富貴學道難。」意思是富貴的人能夠布施而不易學道，貧窮的人能夠學道而不易布施。但是釋迦牟尼佛時代，很多國王、大臣、大富長者都跟著釋迦牟尼佛學佛，而在中國，甚至日本、韓國，佛法最初盛行的原因，也是因為帝王或大臣、大富長者的推動，所以「富貴學道難」這句話是有問題的。

再說也不是所有富貴的人都會布施，有些很吝嗇，一毛不拔，對自己刻薄，對人也刻薄。不要說布施，連自己要用的都捨不得，留著、藏著，最後死了，錢財就成為五家所共有。五家即水、火、盜賊、不肖子孫、惡王（惡政、壞的政策），其中最可能的就是屬於不肖子孫。所謂「富貴不過三代」，兒孫如果沒有努力賺錢，祖上辛辛苦苦賺的財產，往往很快就散盡。而「貧窮布施難」也不一定對，布施不一定要用錢，能用自己的時間、勞力，甚至於將自己的身心全部拿出來供養三寶就是布施，如此即使是乞丐也做得到。佛陀時代有一個故事，一個老乞婦用她討飯的破碗辛辛苦苦地乞求了半碗油，結果到了晚上全部拿來點燈供佛。佛因此讚歎她，說她的功德很大。可見貧賤或富貴與修行並沒有絕對的關係，這是因人而異，問題是在於「心」。

二、修行的目的在培養慈悲心和智慧心

修行的目的是要改善自己的心和行為，讓自己有慈悲與智慧；所謂慈悲就是菩提心，而智慧就是出離心。

菩提心是利益眾生的心，是學習諸佛自利利他的精神，學習菩薩不為自己求安樂、但願眾生得離苦的願心，如此就是修行菩薩道，而能永遠地修行下去，就成佛了。出離心是出離煩惱的心，不讓自己再因貪欲、瞋恨、懷疑、憂慮、怨恨或嫉妒而經常煩惱、痛苦、掙扎，否則不會有安全感、安定感，也不會慈悲，更不會有真正的智慧。只要時時想到利益眾生，就一定會有慈悲心、出離心，不然，無論修什麼、怎麼修都沒有用。

因此，念佛的目的也在於鍊心。修念佛法門的人如果不會調理自己的心，只知道形式上的念佛、誦經、拜佛，即使敲破了好多個木魚、數斷了好多串念珠，或是額頭拜出了好幾個疙瘩，甚至於把地面拜出了一個大窟窿，也不一定有用。雖然修行不是只動口念佛，

可是因為心鍊不起來，所以還是需要精進念佛讓心安定、清淨，當念佛念得心中沒有煩惱、雜亂，不受內外狀況影響時，慈悲心、智慧心就會出現了。

第三章 修行必備的條件：發菩提心

一、菩提心即是幫助眾生解脫煩惱

學佛不論修哪一宗、哪一派，都必須發無上菩提心，那是修行的方向。無上菩提心就是《心經》、《金剛經》及大乘經典所說的「阿耨多羅三藐三菩提心」，簡單地說，就是「我要成佛」。

學佛成佛，就是要學得像佛一樣有智慧、有慈悲。每個人要經歷的時間不同，這要看因緣，還要看自己精進的程度，有沒有勤修善根和福德？所以，成佛沒有一定的時間，端看自己怎麼修行。

要成就善根福德因緣，第一就要發菩提心。菩提心是只為眾生不為自己，不發菩提心就沒有目標，即使有目標也是一個自私鬼。一般講菩提心，就是〈四弘誓願〉：「眾生無邊誓願度，煩惱無盡誓願斷，法門無量誓願學，佛道無上誓願成。」修學佛法是為了自己斷煩惱，同時也幫助眾生斷煩惱，所謂「上求佛道，下化眾生」，自利利他、福慧雙修，就是菩薩行、菩薩道。當完成菩薩行時，就能成佛了。

成佛一定要經過菩薩道的階段，而行菩薩道必須在凡夫群中，所以不管來生想到娑婆世界或者西方極樂世界，都一定要發願度眾生。即使是到西方極樂世界，也只是在那裡寄居一段時間，就好比將小孩送到外國留學，等學成後還要再回來服務鄉里。

度眾生有兩種方式，一種是救濟貧難和困苦，使眾生有飯吃、有衣服穿、有房子住，生病了也有醫藥可以治療。但像釋迦牟尼佛出家之後，沒有錢、也沒有物資，沒有辦法給人衣服、食物、房子或醫藥，但是他用「佛法」，反而度的眾生更多、更徹底。這種度眾生的方法，有一點像已開發國家到貧窮國家或落後地區支援，雖然也會帶一些醫藥、食物、衣服，但主要還是協助當地的人民站起來，學會耕種、治病、製造、生產，自給自足，這就是技術援助，才是最根本的辦法。譬如台灣過去的農耕隊，做的就是這類的工作。

佛法的救濟是提供觀念、方法，幫助眾生調整自己、改善自己，來袪除煩惱、離苦得樂。只要我們的心或觀念能夠轉變、我們的行為能夠改善，就會少煩、少惱、少痛苦，也能夠幫助他人少煩、少惱、少痛苦，這就是佛度眾生的方法。

二、如何發菩提心：菩提心的次第

發菩提心應該有階段性，只是一般很少強調，因此造成許多弊端。譬如某些禪師只說「頓悟」，但什麼是頓悟？頓悟以後究竟是什麼程度，也說不清楚，致使有人誤會頓悟就是成佛，引起許多無謂的爭論。甚至有些人沒有用功修行，也沒有真正的悟境，就自認為明心見性、頓悟成佛，然後目空一切，耍嘴皮子，形同外道一般，因此，從明朝到近代，有許多善知識都批評禪宗是口頭禪、野狐禪，其實都是因為不明白菩提心次第的關係。

淨土宗也有相同的情形，淨土經典也教人發菩提心，但是發什麼、如何發？都沒有詳細地說明，許多人都誤以為念阿彌陀佛求生西方極樂世界就是發菩提心。而會有這樣的誤解，並非沒有根據，譬如《法華經・方便品》：「若人散亂心，入於塔廟中，一稱南無佛，皆已成佛道。」《華嚴經・梵行品》：「初發心時，便成正覺。」好像一發要成佛的心，然後念一句阿彌陀佛，就已經成佛了。

念佛的確是最重要、最主要的修持法，可是一定要配合三種淨業、福業（詳見第二篇第四章），才能累積淨土資糧。只曉得念阿彌陀佛是淨業、是淨土資糧，那是含糊籠統，因此我們要知道菩提心的層次。

三、菩提心的五個層次

根據龍樹菩薩的《大智度論》，菩提心一共有五個層次：發心菩提、伏心菩提、明心菩提、出到菩提、究竟菩提。菩提心雖分五種，但五種都要發。

學佛一開始就要發菩提心、成佛的願心，此即發心菩提。「發心菩提」非常重要，要天天發、時時發。因為發心後很容易忘記，所以每天早晚課都要誦〈四弘誓願〉。但不是誦了就表示發菩提心，有時雖然口在誦，但是心中並沒有發菩提心的念頭和心態，所以也產生不了力量。不過念熟了，至少別人提醒的時候，會立刻提起「眾生無邊誓願度」的念頭。

眾生無邊要怎麼度呢？重要的是你遇到眾生時內心的想法。譬如我雖然修行不好，只是個普通人，但是每見到一個人或每到一個地方，都會先思考自己可以為他們帶來什麼好處？如果不是我去或者不是和我談話，是否都能達成相同的目的？如果答案是肯定的，就不必畫蛇添足，浪費彼此的時間。

另外，發菩提心不是投資、買賣股票，所以只管自己能給別人多少利益，而不問別人能給自己什麼好處。因此演講也好、談話也好，我不會先考慮對方是否會供養我大紅包？以後會不會繼續護持我們？我只希望這些菩薩能從佛法中找到解決問題的方法，並且從此繼續來學習佛法，這樣，我的目的就達成了。

發菩提心，首先就要布施，六波羅蜜的第一項就是布施波羅蜜。我沒有錢，只能用佛法來引導他人、幫助他人處理沒有辦法解決的問題，因此是用「法」布施，而一般人不知道有佛法，就用財物、時間布施。

我們法鼓山有一個勸募的護法體系，我經常告訴勸募會員們，勸募的目的是要勸人來學佛、募人來修行，出錢還是其次。不論是捐一元或一億，都能讓對方與我們產生關係，並且開始關心我們，我們才有機會讓他們得到佛法的利益，這就是互動。而且這些款項並不是為我募的，是為他們做功德、種福田，讓他們福慧雙修。

募款不是做吸血蟲，專門吸人家的血，把別人的錢一塊一塊都變成自己的，這樣罪過很重。我們要讓人得利益，而且不是專門讓有錢的人得利益，同樣也要讓沒錢的人得到利益。出家人有一句「一缽千家飯」的口頭禪，出家人不可以而且應該避免被同一個人供養，讓所有的人都有機會供養、布施。

釋迦牟尼佛的弟子須菩提，他托缽專門找有錢的人家，佛陀問他為什麼？他說沒錢的人連自己都吃不飽了，實在不忍心再向他們托缽了。佛陀就告訴他，他們窮就是因為沒有種福，而你現在連種福的機會也不給他們，不是更不慈悲嗎？所以，托缽應該是沿門托缽，不分貧富。我們勸募組織的運作就是在學習佛陀募化的精神。

對眾生救濟幫助是利益眾生，希望眾生布施、種福田，也是利益眾生。很多人只曉得給錢、給物品是度眾生，其實能讓眾生知道如何種福田、布施，也是利益他們，也是度眾生。因此，我們自己發菩提心，也要勸眾生發菩提心。所以，我們勸募就是募人學佛、勸人發菩提心。如果只是自己發菩提心，不勸眾生發菩提心，不管眾生能不能成就，都是小乘，應該同時自利利他，才是發菩提心。

第二是伏心菩提，「伏」是降伏的意思，就是降伏煩惱魔。自己知道心產生煩惱的起伏，就要用佛法的觀念、方法來調伏，譬如苦、空、無常、無我等觀念。

曾經有一位菩薩罹患癌症非常痛苦，醫生判斷大概只能再活三個月，每個來看他的人，不是安慰他不會死，要他好好調養，就是直接告訴他趕快念阿彌陀佛，等佛來接引。他感覺自己好像一腳已經踏入棺材，沒有前途和希望了，十分痛苦。突然他想起我說的「面對它、接受它、處理它、放下它」，念頭一轉，自信心又生起來了。從此不再恐懼死亡，也沒有準備一定要死，只是面對它；對於別人的態度，也是面對它、接受它、處理它、放下它；於是豁然開朗，結果到現在都還活著。這就是用佛法來伏煩惱的例子。

有的人說，我知道要面對它、接受它、處理它、放下它，但再怎麼念，煩惱都還在，該怎麼辦？那就念佛。當你煩惱起，知道情緒在動，就趕快念阿彌陀佛，什麼都不要想。當你念到只有佛號，其他什麼都不管時，你的煩惱也沒有了。如果再進一步念到一心不亂的理一心不亂，就是見性，也進入下一階段——明心菩提。

第三是明心菩提，明心是明智慧心，見清淨的佛性，也就是一般所講的見性或見佛性。明心菩提已斷煩惱一分，得無生法忍，所以到明心菩提階段，就是初地以上的菩薩了。

第四是出到菩提，「出」是出去、出離，也就是解脫；「到」是到達彼岸，也就是波羅蜜，度的意思。從生死苦海的此岸出離到達不生不滅的彼岸，這是第八地菩薩，從此不再受三界任何煩惱所困擾、影響。依小乘的佛法來講就是阿羅漢，不過，阿羅漢沒有修慈悲行、沒有修福、沒有度無量的眾生，因此從菩薩道來講，尚未解脫。如果阿羅漢要成佛，一定要迴小向大，廣度眾生，等圓滿了菩提，才能成佛，也就進入最後一階段——究竟菩提。

「究竟」是最圓滿的，是證到妙覺的果位，也就是佛。佛還是有菩提心，叫作究竟菩提心。

第四章　修行的原則：解行並重

一、解行如鳥之雙翼不可偏廢

修行一定要解行並重，「解」是修行的觀念、修行的方向、修行的步驟和過程；「行」則是用身、口、意三業，來實踐佛陀的教法。

「解」就像指北針、航海圖一樣，能指引船隻行駛到想去的地方，不致於在茫茫大海中迷失了方向。但若只是「解」而沒有「行」，就好像徒有航海圖、指北針，而不揚帆、不划槳一樣，缺乏行駛的動力，當然也不能到達目的地了。所以，行、解一定要並行。

我也經常以鳥的雙翅來比喻行和解。鳥飛在空中，一定要有兩個翅膀才能平衡、才能自在飛翔，海闊天空；如果只有一個翅膀，或者一邊羽毛多、一邊羽毛少，一定會失去平衡，也飛不起來，所以必須平衡發展。

許多學佛的人只求「解」，懂得好幾部經，會講也會寫，可是他的心與經典、論典不相應，沒有辦法用佛法來幫助自己解除煩惱，也不能夠用佛法來幫助他人祛除煩惱。雖然知道有佛法可以用，自己卻沒有好好用，十分可惜。然而也有些人很用功，但是不知道修行的方向、步驟，也不知道佛法基本的立場，只是盲修瞎練。雖然也能有一些體驗，或是練出什麼古怪的功法，但是究竟有什麼功用，十分難說。

有一位菩薩，早期跟我打過禪七，後來自己修行去了。過了很多年，他來見我，神祕地說：「師父你看我的眼睛，我已經修成了。」我看他的眼睛的確跟普通人不同，就問他到底是練什麼功。他說：「我練的是太陽功，每天早上起來都要對著太陽看，從太陽還沒出來的時候開始練，看著太陽慢慢上升，每天要看二到三個小時。最初只能看早上的太陽，後來漸漸連中午都能看上三個小時。」我問他：「太陽功有什麼用？」他說：「到現在為止，我也不知道有什麼用。只是能夠直視太陽，不怕太陽光。」

學佛是鍊心，不是鍊什麼眼睛、耳朵，或是什麼古怪的法術，而是要根據佛所說的法、道理來修行，修行就是實踐佛法。

二、知戒定慧，以身口意行六度

解與行是建立正信——正確的信仰的兩個管道。「解」是正知正見，正確的知見。「行」是正行，正確的修行；明白方法並且照著實踐就是正行。

因明白道理而產生的信心，是「解信」；在正行的過程中，漸漸體驗到佛法修行對自己的好處，而產生更深一層的信心，就是「證信」。「證信」的程度有深有淺：深的，禪宗稱為開悟，即見性；淺的，是除煩惱，讓我們在平常生活之中不會再有這麼多的煩惱。僅有正知正見要完成證信很難，多半的人都要通過正行才能證明，而覺得佛法真的很有用！

佛法的實踐，必須以戒、定、慧三無漏學為基礎。戒的意思是，應該做的必須做，不應該做的不能做。什麼是不應該做的？增加生死、煩惱種種業的事；什麼是應該做的？有助於出離三界生死的功德，也就是戒、定、慧。

定的意思是心不隨處、隨時攀緣造業。我們的心不安定，很容易被環境中的人、事、物影響而造惡業，若能不隨之起舞，這就是修定。此時你對自己會知道得更清楚，煩惱也會減少一些，就能與慧相應；雖然還沒有發生真正的智慧，但是是相應的。

若從戒、定、慧延伸來講，就是布施、持戒、忍辱、精進、禪定和智慧六波羅蜜。「波羅蜜」是「度」的意思，是從煩惱的苦海到達解脫的涅槃。「六度」不僅是度眾生，還要度自己，是自度度人、自利利他，不但讓自己的煩惱不再生起，也讓他人沒有煩惱。

佛法要透過身、口、意來實踐：不僅身體不做壞事，還要積極行善；不僅口不出惡言，還要積極讚歎功德；不僅心不動壞念頭，還要生起智慧心和慈悲心。也就是以身、口、意修戒、定、慧，除貪、瞋、癡。

修行並沒有特定時間，而是在生活之中的每一個時刻。時時刻刻留心自己的身體、自己的話語是否與佛法相應，還要時時刻刻留心自己的心念是否與佛法的戒、定、慧，以及布施、持戒、忍辱、精進、禪定、智慧等相應，若三業與佛法相應就是修行。

所以修行不一定要到廟裡，整天敲木魚念阿彌陀佛，那只是一種修行法，不是修行的全部，而應該是在平常生活之中隨時照顧自己的身、口、意三業，使之與戒、定、慧三學及六波羅蜜相應。

三、在精進修行中學方法，在生活中用方法

但是要完全做到三業與戒、定、慧相應並不容易。在平常生活裡，我們經常不知不覺就隨順自己的習氣，讓自己陷入煩惱、痛苦中，像生活在地獄裡。有時不管環境如何，看什麼都不滿意，不是對人不滿，就是對事不滿，每天埋怨、發牢騷，盡說一些刺激、傷害人的話，如果對方不服氣，兩個人就鬥了起來，成了仇人、怨家，結果每天碰面都互給臉色，面孔拉得像馬臉一樣長，就更加不舒服。這種情形不僅發生在家裡或是工作場合上，

就是在等公車、排隊買電影入場券時，都可以與人產生摩擦；即使嘴上不講，心裡也在嘀嘀咕咕，這些都與修行不相應。

參加長期精進共修，讓我們有機會在一個清淨的環境、空間，很安心地來實踐戒、定、慧三學。因為不可能有機會去殺人、偷盜、邪淫、妄語、兩舌、惡口、綺語、飲酒，所以能持戒，雖然有時不免會動些壞念頭，譬如打坐時，並沒有刻意去想，但是殺、盜、邪淫、妄語、兩舌等念頭卻自然就跑出來，這只是心裡不清淨，身體和語言並沒有真地去做，所以還沒有形成真正的惡業。

也由於專注在方法上，譬如念佛，口裡時時處處都在念阿彌陀佛，心裡也知道在念阿彌陀佛、在想阿彌陀佛，而且看到每一個人、每樣東西都是阿彌陀佛的化現，所以內心不會起起伏伏，如此便是與「定」相應。而每天聽師父講開示、接受法師們指導，再加上親身實踐，反省缺點，就能產生智慧，與「慧」相應了。

此外，在精進共修時，也是在實踐六波羅蜜，戒、定、慧就是六波羅蜜中的持戒、禪定、智慧，那布施呢？一般人以為布施是布施財物，其實布施最難的不是身外之物，而是我們的生命、我們的身體；如果連身心都可以布施了，更何況是財物呢？那麼在精進共修期間，你沒有財物可以布施，我們也不要你布施財物，而是要你把身心布施出來。

身體如何布施？就是放下對於身體的執著。因為執著所以會累、會熱，還有背痛、腳麻和腿疼，很多麻煩。在禪堂裡，雖然沒有那麼吵雜，可是被禪修的規則限制住，只能坐在一個蒲團上，不能夠自由地跑來跑去，想出去就出去，想進來就進來，這時就不要管身體，把身體布施給方法，把身體布施給佛法。將心布施出來，就是凡事不要牽牽掛掛，不要一直想打七之前種種的人事物。你說：「這些東西我暫時都布施掉了，已經不是我的！」這樣內心就不會再去牽掛它。把過去的布施出去，把未來的也布施出去，不管念頭裡的過去，也不管念頭的未來。身心布施之後，就能輕輕鬆鬆、快快樂樂，一點負擔也沒有地專注在方法上。

修行時會感覺不耐煩，有時是因為身體的反應，有時是因為心裡的煩惱，覺得一天到晚只能坐在那裡念著「阿彌陀佛、阿彌陀佛……」好無聊、好煩躁。有時是因為環境，譬如前後左右的人小動作很多，冒出難聞的氣味、發出古怪的聲音，或是睡覺時有蚊子在耳邊飛來飛去，過堂時有蒼蠅在面前轉來轉去。這種種讓人不舒服的情況，都要用忍辱心來忍耐，能繼續不斷忍受自己感覺到的不舒服、不自在、不快樂，就是忍辱波羅蜜。你可以想：「忍辱波羅蜜是沒有一樣事情不能忍，何況這些都是小事情；而且如果連小事情都不能忍，大事情怎麼辦呢？」所以不管身、心、環境如何讓你不舒服、不自在，就接受它吧！接受它，當下就放下了，這就是忍辱波羅蜜。

最後是精進。以念佛來說，通常剛開始時都很攝心，但是過了一會兒，就一邊念佛一邊打瞌睡或打妄想。如果想睡，把眼睛瞪大一點、聲音念大一些、身體坐直一點、下巴收緊一些，阿彌陀佛、阿彌陀佛……一直念下去；如果真的很累，不小心睡著了，那也沒辦法，但是一醒過來，聽到大家的念佛聲，就要趕快打起精神念佛。而打妄想是正常的，可是要不斷地回到佛號上，然後使字字分明、聲聲清楚，不漏掉一個字，這就是精進波羅蜜。

這樣在精進修行期間，不但修了戒、定、慧，也放下了貪、瞋、癡。凡是心中有貪、瞋、癡等煩惱出現時，就用方法或佛號不斷地提醒自己，並生慚愧心說：「我在念佛、我在用方法，要趕快修行。」修戒、定、慧熄滅貪、瞋、癡，就是修解脫道，繼而生起慈悲心對待一切眾生，就是菩薩行。

所以，我們要多參加精進修行，不但沒有機會犯錯、說錯話，還能學會如何用方法。修行剛開始時，我們發現自己不太能約束自己的身心，漸漸地，我們練會了約束身心的方法，讓身心不起煩惱。等回到平常生活之中，就能時時提高警覺，並以學到的方法和態度來面對所有的人、事、物，養成平常生活用方法的習慣。

第五章　佛法的觀念：苦、無常

人會痛苦是因為觀念錯誤，所以碰面就互相爭奪，自己和自己往往也前後矛盾、天人交戰，因此，佛陀要告訴我們什麼才是正確的觀念。

一、佛法的基本觀念：苦的事實

佛所說最基本的觀念就是苦的事實，也是他成道之後初轉法輪，度阿若憍陳如等五位比丘時，所說之四聖諦的第一諦。

什麼是「苦」？沒有飯吃、沒有衣服穿、沒有房子住、生病是苦，但佛法所講的苦不只這些，主要是生、老、病、死，還有求不得、怨憎會、愛別離、五蘊熾盛等八種。

生、老、病、死，原則上是屬於身體上的苦；五蘊熾盛是身、心的煎熬，身、心不斷生了又死、死了又生，然後在心理、身體上產生種種衝突、矛盾、不安全和不滿足；而愛別離苦、求不得苦、怨憎會苦，則是屬於心理的。

求不得苦，是因為欲望太多，老是覺得不滿足；愛別離苦，是捨不得、不願意自己喜愛的人事物離開，所以痛苦，尤其是有密切關係的人，譬如夫妻、子女、父母、兄弟、朋友等；怨憎會苦，是怨家路窄，每遇一次就彼此傷害一次，即使沒有真的傷害，也會產生恐懼、害怕、討厭的情緒。奇怪的是，在現實人生中，我們愈不喜歡的人，愈是怨家路窄；愈是喜歡的人，卻愈是見不著面。

這些捨不得、放不下、看不開、求不得，都是心理上的問題，而這些心理的種種困擾都是與外境，也就是外在的人、事、物有關，因此若不能透視苦的本質，人只要置身於外境，就是在痛苦之中。

眾生的種種痛苦是來自於根本的痛苦——貪、瞋、癡，苦不是因為物質的缺乏，而是因為不滿足，因此即使是到了物質非常富裕的地區、國家，還是會感覺痛苦。因為欲壑難填，只要貪心不除，永遠不會滿足，永遠是在苦中。

不滿足是痛苦的最大原因，由於不滿足而貪得無厭，在貪得無厭的過程之中，貪的本身就是一種煩惱，貪的同時就是在痛苦之中。俗話說：「人為財死，鳥為食亡。」鳥為食亡還好，牠是為了求生而覓食，上了當就死了。人為財死才是冤枉，財富與生命不一定有關係，但是因為不斷希望得到更多的財富，結果就在煩惱痛苦之中，甚至於身敗名裂。

因為其他眾生沒有思想的能力、記憶的能力、計畫的能力，也不會對未來感到憂慮，所以雖然愚癡，但還沒有人那麼痛苦。所以佛說的苦，主要是指人感受到的。

貪心對自己一點好處都沒有，只有增加憂慮而已。貪得了，一方面怕失去，一方面還想要更多，就算這些東西自己不一定需要和適用，還是會希望得到再得到，甚至希望世界所有一切東西都是自己的。貪不到呢？就瞋，失去了就恨，恨、怨、怒、瞋，還有猜疑、嫉妒種種心全部出現了。所以貪欲跟瞋恨是連帶的，是一體的兩面，而這兩樣東西又連著一切煩惱，就是愚癡、沒有智慧，因此苦不堪言。

二、無常觀

苦的主因是貪，然而我們要知道，生命本身是無常的，環境中任何有形、無形的事物都是無常的，因此失去是必然，又何必不捨或貪求？

所謂有形是指物質，環境裡我們看到的所有現象，譬如山河大地、地水火風，不管值不值錢，每一樣東西都是無常的，都只是暫時性的存在。無形的則是指觀念、想法、思想和信仰。你相信的特定對象，它本身是無常的，而信仰的成分和力量也是無常的，連能信仰的自我也是無常的；也就是說，能信仰的或被信仰的對象都是無常的。

那世界上的珍寶，譬如金子，不是有人說真金不怕火煉？或是金剛鑽是最堅硬、最鋒利的物質，永遠不會消失嗎？其實世界上任何東西都是無常的，只有變得快一些或慢一些的差別。我們的生命、我們的身體、我們的心念，都是無常的。知道一切無常，苦就會少一些，因為少了一些貪欲、少了一些瞋恚。

但是有時觀念上清楚，還是會煩惱：「我知道是無常，但這個『是無常的』是苦的！」此時最好要用方法，而最簡單、最好的方法就是念阿彌陀佛；當你煩惱起，就念阿彌陀佛，一句阿彌陀佛可以解決一切問題。

三、五蘊無常

人的煩惱主要是來自身心的種種矛盾、衝突，這主要是因為愚癡：不知道生命是無常的，不知道所有一切都是暫時的，包括身體和心，還有身體和心所處的環境，也就是五蘊和三界。

三界是欲界、色界、無色界，三界之中的眾生不管是在人間、天上，或是在畜生、餓鬼、地獄，都是苦，只是有比較苦或比較樂的差別。人間有苦有樂，地獄、餓鬼、畜生有苦沒有樂，天上則有樂而沒有苦；可是天上的眾生天福享盡或是禪定退失後，還是會墮落到人間，甚至墮落到地獄之中。因此，在三界之內沒有真正的解脫樂，都是在無常、苦之中。

㈠色

五蘊就是色、受、想、行、識。色是身體，我們稱為色身，此外，還包括色身所接觸到環境裡的種種人、事、物，這就叫作色法，也叫作色蘊；而受、想、行、識，則都是心理的活動。

㈡受

受有苦、樂、憂、喜、捨；受蘊當然是無常，如果是常，樂就一直樂下去了。三界之內，沒有一直樂下去，也沒有一直苦下去的事，只有無間地獄才是一直苦，但業報盡時仍會轉生，所以，不管是哪一種受都是無常的。

受雖然有樂也有喜，但都是比較而來的。樂以後是苦，苦中作樂，而苦有輕有重，當重的苦消失的時候，就以為自己得到快樂了，其實那也是苦，只是比較輕微，但我們以為那是快樂。

其實世間沒有真的快樂，我們的身體、心理都有負擔，有憂慮、有恐懼、有嫉妒、有懷疑、有不安全，那都是苦；雖然快樂，這是自己騙自己、麻醉自己，認為是快樂。

「喜」是一種心理作用，也是一種假相。我好喜歡、我很喜歡，心裡頭滿高興的！喜歡什麼？明天要陞官了、我生了一個孩子、我有孫子了、我的股票突然間漲了！請問這些能保得住嗎？你所喜歡的沒有一樣是真的，這是在一種幻境之中。暫時出現，你就喜氣洋洋，其實它很短暫，消失得很快，馬上就變成憂。

譬如結婚應該是喜，可是蜜月之後，彼此之間就開始有矛盾的事情出現，結果你纏著我、我纏著你，你不放心我、我不放心你，你愛我愛得要死、我愛你愛得要活，要活、要死，這既不快樂，也不歡喜。因此，受雖然有苦、樂、憂、喜、捨，但樂、喜都是暫時的，事實上它是苦。所以，真正的受是苦，以苦開始、以苦結束。

(三)想

「想」是思考，思考該怎麼辦。「受」了以後，你開始想怎麼辦？希望怎麼辦？有，你也在思考怎麼辦，沒有，你也在想怎麼辦，老是挖空心思思考怎麼辦。我們常說心猿意馬，心意就像野猴、野馬，不斷在動。想的這個念頭是不斷在動，是無常的，思前想後真是一樁痛苦的事。

(四)行

「行」是思考以後，決定要用什麼方式來處理問題。有的人想要逃避，有的人想要追求，有的人逃也逃不掉、追又追不到，這叫怨憎會苦、求不得苦。躲也躲不掉、求也求不得，所以心裡面採取行動的一種心理行為還是苦。

「行」有兩種層次，一種是心理的行為，就是凡夫思考以後，心要採取什麼行動；另外一種是禪定的心念變動。我們心的念頭，前念、後念念念相續不斷，前念消失後念繼續地產生，前念與後念之間有一樣持久、持續的東西就叫作「行」。心念的連貫持續，就變成了識，變成了業力的識。所以這個行也是無常的。

行有變動、持續兩種功能，我們的心念是不斷在變的，但是變化之中又有連接的關係，這叫作行的功能。行的功能要禪修入定時才能體驗得到，普通人不容易體驗到。普通人的行就是心裡採取行動，那種叫作心理的行蘊。

其實念佛也可以體驗到念頭的相續，念佛時心中沒有任何雜念，只有一句佛號持續著，你知道自己在念佛，但是任何雜念都沒有，自己身體的負擔不存在，心裡也沒有其他的念頭、負擔，這時已經念到一心不亂，叫作事一心。此時只有一句佛號，可以體驗到一點點行，那就是說，前念與後念之間是不同的念頭。前面念一句佛號、後面又是一句佛號，或是兩句佛號，可是這兩句佛號是同一個人在念，你持續著同一個人在念，而念的時候沒有其他念頭插進去，只是連貫的，這叫作行蘊，能體會到這個已經很不容易。

(五)識

最後是「識」，識有兩種層次的功能，一種是分別認識，是認識心，也就是分別心。譬如念佛時，你知道自己清清楚楚在念佛，這叫作認識心。你曉得自己在念佛，也聽其他人念佛，你跟著念，這個是你知道的，這個也是識，認識的識、分別的識。

另外一種叫持續識，也就是行蘊深的一種力量，很深很細，很微細的一種力量，我們叫它作「業」。前一念跟後一念，念念相續，念念產生一種力量，我們叫心的力量，這種力量可以叫作業力。所以，第二種功能是造業的功能。

業的功能有善有不善，善業裡有淨與不淨，這都是五蘊裡的最後一蘊——識蘊。譬如念佛時就是念佛，這叫作清淨的善業或淨業；這清淨的善業只有回歸於往生淨土，其他的什麼都不求。不為自己求富貴，也不為自己求安樂，但為眾生得離苦，這是菩薩行的淨業；不為現生得利益，但願往生極樂國，這雖也是淨業，但還是識，不是智，因這時還是有執著的——執著往生西方。因為沒有得解脫，雖然修的是淨業，但還是識。

業力是不斷變化的，譬如我們在還沒有聽開示之前，認識、想法和心的力量，跟聽完開示之後是不一樣的。開示產生作用，把我們的心、意、識轉變，就是將心裡的業力轉變，心的成分轉變，識也就變了。可見識也是無常的。

第六章　業報

一、世間無常，國土危脆

釋迦牟尼佛說：「世間無常，國土危脆。」意思是說，我們的生命以及所處的環境都非常脆弱，隨時都可能遇到災難、遇到死亡的威脅。

自有歷史記載以來，世界環境除了有自然界的風災、火災、水災外，還有人與人之間殘殺、鬥爭的刀兵災，以及饑饉災、疾疫災，也就是佛經所謂的三大災、三小災。其中自然災害最難防禦，每當發生時，總會為人們帶來恐慌。

地球世界平常看起來好可愛，鳥語花香、山青水綠，十分賞心悅目，但是不知道什麼時候就會發生事故。有一次我在中國大陸陝西，一夜之間，所有的農作物都被黃土覆蓋起來了；人只要在外面一小時，身上就積了一層厚厚的黃土，車頂、車窗也都是。人出門的時候一定要把嘴巴摀起來，不然吸進的都是黃土。還有一次我走在北京市市區，突然間覺得呼吸困難，連忙問身旁的人，才知道空氣中都是沙。漸漸地那個沙子就像下雪一樣，鋪滿了整個馬路，然後愈來愈重、愈來愈強。我用傘擋，可是因為風很強勁，沒多久傘就被吹壞了，最後只好躲進了旅館。台灣雖然沒有大風沙，但是有地震，還有颱風。每次颱風一來就淹水，可是沒有颱風，又會乾旱，到時不僅土地會龜裂，連水也沒得喝了。

所以，世界上沒有一個地方是真正安全的，但是人很愚癡，總認為災難不會降臨到自己身上，死亡離自己很遠。只要今天沒有災難，今天就放逸、就覺得很快樂，所以平常都很貪戀、執著，貪得無厭，放不下、捨不得，不是跟這個人鬥氣，就是跟那個人爭長論短，因此增加更多的危險、增加更多的苦難。等災難來的時候，就叫苦連天、怨天尤人：「老天爺！你沒有長眼睛嗎？我也沒有做壞事，為什麼要遭受這災難？」這都是愚癡。

二、涓滴惡業積累成重報：災難發生的原因

災難感覺上是突然發生的，但事實上，任何災難都有它發生的原因。有的是在過去世造的共業，到了這一生，這一個時代，在這個環境裡，一起受果報。

所謂共業，有兩種情形，一種是在過去個別造的業，你造你的、他造他的、我造我的，可是因為性質相同、相似，所以在這一生一起受報；另一種則是在同一個時間、同一個地方造的共同的業，但是這種情形比較少。

譬如今生，我們居住在同一個環境裡，有相同的風氣、相同的觀念、相同的行為，雖然有些行為在我們這個社會被視為合理，或是站在法律的立場、人的立場並沒有犯罪或犯法，但事實上，只要對眾生造成了傷害，就是惡業，也是我們的共業，只是大家不知道而已。但惡業就是惡業，不會因為不知道而不存在或改變。

因此，在地球上，有的是地球上共同的業報，凡是地球上的人都會有同樣的果報，也有的是亞洲人或中國人共同的果報，再縮小範圍，各地區有各地區共同的果報，小到同一個家庭也有共同的果報。譬如家人遇到什麼困難、災難的時候，就是這個家庭的共業。

《地藏菩薩本願經》說：「我觀是閻浮眾生，舉心動念，無非是罪。」也有古德說「業不重不生娑婆」。假如沒有造那麼重的業，我們就不會生在這個娑婆世界；而到了娑婆世界以後，我們又造了種種的業。造了業後，又都不承認，甚至於根本不曉得自己造了惡業。為什麼？因為愚癡、顛倒。觀念不正確就是愚癡，因愚癡而犯罪、造業，自己不知道，還怪罪別人，這就是顛倒。因此，應該要來的災難就會來。

只有學佛的人聽了佛法的開示才會承認、才會相信，也只有修行以後的人才願意接受這種觀念，因此，普通人一邊造業、一邊受報，一邊還在罵；罵老天不長眼睛，這就是顛倒。

有人認為不殺人、放火和搶劫，就算是好人，其實我們時常不經意做點小壞事、說點小壞話、存點小壞心，要知道許多小小的罪集合在一起受報，就變成大的果報。就好像我今天借一毛錢，明天借一毛錢，天天都借一毛錢，聽起來只借了一毛錢，但仔細算起來，十天就借了一塊，一百天就借了十塊，一千天就借了一百塊，一萬天就是一千塊錢了。如果累積起來是一千塊錢，你就要還一千塊，不能說：「我只是拿了一毛錢，怎麼要我還一千塊？」有時還不只還一千塊，因為要連本帶利地還。

三、別業：懺悔功德減輕業報

雖然說是共業，但是災難發生時，有人受的果報輕，有人受的果報重，這是共業之中的別業。別業就是有一點差別；有懺悔心的人，受報輕一點，沒有懺悔心的人，有多少罪就受多少報。

學佛要常常起慚愧心、懺悔心，每天反省自己，是不是動了什麼壞念頭？或說了什麼壞話？傷害了什麼人？或是做了什麼讓人不舒服的動作？如果你說：「是他自己活該倒楣，是他先碰我的，我並沒有惹他，我才倒楣呢！」這就是不知慚愧、懺悔，也是前面說的借小錢，等到最後連本帶利一起還的時候，又開始怨天尤人了。如果知道慚愧、懺悔，受苦受難時，你會說：「這是應該的。」不但能面對這個災難、接受這個災難，還能進一步處理它，並放下因為災難的痛苦所產生的不平，這就是有智慧的人。

諸位來參加修行的菩薩，都是好人中的好人，但是平時還是會說一些小壞話、做一些小壞事、存一些小壞心，即使打七時也一樣，譬如一隻蚊子咬你，你啪的一聲就打下去，打完以後才說：「唉！我在念佛，剛好送牠往生，阿彌陀佛。」你應該說：「阿彌陀佛！我念佛，你吃我的血，我結你的緣，下一生你要成為人，要來念佛，現在是我布施你。」然後想到牠可能還會咬其他的人，於是想辦法帶牠出去，至少不會被人打死。

還有，心裡一邊念佛，一邊有一些雜念、妄念，妄念裡可能還有一些惡念、邪念，這時要懺悔。你說：「念佛都還有這種念頭出現，平常不念佛的時候，不是更多嗎？我應該要好好懺悔。」經常懺悔，這種念頭就會愈來愈少，雖然還是會出現，但是懺悔就表示要改過。

懺悔並不是等於悔恨，修行的人是沒有悔恨的。我起了壞念頭，應該承認自己修行不夠，就要加緊努力精進，好好修行。

這樣我們受報時，第一會重罪輕報，懺悔之後，雖然還是要受果報，但重的罪可能輕報，輕罪也可能不報。因為你承認錯誤了、懺悔了，受你傷害的眾生會因你懺悔的功德而原諒你，所受的果報就不會那麼重了。

過去無量生以來，我們有許多怨親債主，都會向我們討債，懺悔之後，有一部分會原諒我們，果報就會少一點。因此，我們平常一定要用工夫，使得平常能少做一點壞事、少說一些壞話、少動一點壞念頭。如果動了，沒關係，隨時懺悔，受報就會比較輕一點，而且你的惡業會愈造愈少。所以，懺悔非常重要。

第七章 人生最後一件大事

人的死亡有兩種情形，一種是壽終正寢，一種是意外死亡。一般認為壽終正寢是年紀老了，躺在床上自然死亡，或是生病住進醫院，然後色身慢慢衰退，一直到生命力衰竭。其實年輕人若能預知死亡時間，譬如罹患癌症者，已經做好面對死亡的準備，開始念佛，這也是壽終正寢。

意外死亡就是一般人說的橫死，譬如車禍、天災，發生的時間通常很短，可能來不及念佛，或根本不知道要念佛，這就有賴平時做好死亡的準備。

如果平常沒有準備，突然間死亡了，親戚、眷屬應該要為他做佛事，為他超度，為他做布施。假如家屬也沒有修行，可以請助念團幫忙。

如果是你的親友家裡有人過世，而你身旁剛好又沒有助念團的蓮友居士可以幫忙，在他的家人能夠接受的前提下，你可以先去安撫他們，協助處理後事。家裡有人突然往生，一定會手忙腳亂，你可以問他們要不要念佛，告訴他們：「我是信仰佛教的，此時念佛對亡者很有用，他心裡會平安。如果你們跟著我一起念，你們的心會平安，也能影響到亡者，而能平平安安地往生。」

一、往生的過程

無論是壽終正寢或是橫死，都不是立刻死亡，而是還有一點神識，然後再慢慢地消失，直到沒有感覺。

消失的過程是四大與五蘊配合起來漸漸地離散；四大是身體裡的地、水、火、風，離散的次序分別是地大、水大、火大，最後是風大。

當地大離散時，最後一口氣將要斷，身體開始不聽使喚，漸漸僵硬，然後痛到了極點，痛到最後連痛的感覺也沒有，就像「生龜脫殼」一般。試想將一隻龜的殼活生生地給剝下來，這比剝皮還要痛苦幾百倍。一下子痛完以後，身體開始覺得沉重，就好像是千千萬萬的石頭或是一座山壓在身上一樣。這是因為地大要離散了，也就是色蘊的功能逐漸地消失。

接著是水大。水大離散時，受蘊的感覺非常強，身體重的感覺還在，口會覺得非常地渴，一般叫作脫水，也就是身體裡的水分開始凝固，血液已經不流通了，即使很渴，也無法喝水。這時嘴唇發黑，臉色轉青，因為血液慢慢凝固了。

然後是火大。當火大離散時，身體就像進入火山口那樣，首先是熱，一下子又變成冷。因為身體的熱量、熱能最後都集中在我們的頭部，身上已經沒有火，覺得非常冷。此時想蘊也跟著慢慢地消失，頭腦的思想、記憶漸漸模糊，什麼都不知道，這是火大離散。

最後是風大。風大離散，微細地一點點呼吸漸漸沒有了，我們平常的呼吸應該是出息入息均等，但當風大即將離開時，漸漸地只剩出息，而沒有力量吸氣了，愈吸愈吸不進去，就像在被戳了一個洞的輪胎上面壓了千斤的石頭，氣只能出而無法進。雖然這時很渴望吸氣，但沒有氣，最後連一點點的氣都沒有時，就斷氣死亡了，就是風大離散。

風大離散時，「身體是我的」的執著還在，但是已經無法控制身體了，在這段時間，你只能夠執著，頭腦裡已經沒有任何東西，是一片渾沌，因為想蘊，頭腦的記憶已經沒有了，只剩下最後的識蘊。識蘊就是一個糊塗的存在。

二、決定往生的力量：隨重、隨習、隨念、隨願

佛教認為人過世之後，是依四種原則決定他的去處。一是隨重往生，隨他生前所做善惡諸業中最重大的，先去受報；二是隨習往生，隨他平日最難革除的習氣，而到同類相引

的環境中去投生；三是隨念往生，隨亡者命終時的心願所歸，善念則轉生人間、天上，惡念則轉生三惡道中；第四隨願往生，發願學佛則往生佛國淨土，或轉生人間繼續修行。

學佛修行的人，知道要發願，可以隨願往生，一般沒有學佛的人，不知道發願，就會隨重業往生。業有重業、輕業，隨重是以重業為往生的第一優先，如果是天上的業重，就會生天，如果地獄業特別重，就會墮入地獄。佛經裡說，下地獄如射箭，一斷氣馬上進入地獄，連中陰身階段都沒有，那是十惡五逆的重業。

其實往生西方極樂世界也是重業，臨命終時能見到一片金色的光芒，那就是無量光。光中有佛、菩薩，手執金台前來接引，你自然而然登上蓮花，很快就到了極樂世界。有的人在斷氣前就能看到光和佛菩薩等瑞相，有些甚至連家屬也可以看到。

三十年前，台北有一位吳姓醫師，他的父親是前清的宮廷醫師，一生念佛。他父親往生時，全家圍繞床邊念佛，往生時十分安詳。當時他就看到父親房間的牆上放光，整個房間很亮，然後在上面出現佛菩薩像，而且是活生生的，並不是畫的，當場大家都跪了下來。

臨命終時，如果願力很強，心念就與願力相應；如果業力很強，心念就與業力相應；這就是隨願和隨重。

如果沒有重業也沒有發願，就會隨念往生。我們學佛的人雖然知道要發願，而且在往生以前就已經發願，可是如果平常發願不懇切，沒有形成習慣，只有在打佛七或參加共修時跟著大家念，根本不了解什麼叫作發願，那只是種種善根。臨命終時，很容易就忘掉了，與願力不相應，可能連念佛的時間、機會都沒有，到時就是隨臨終的念頭而往生了。

臨終時，如果是非常強烈的貪念，首先可能會生到畜生道，再來是餓鬼道；如果是瞋心很強的人，首先則可能是畜生道，再來是地獄道。因此，死亡時的念頭非常重要。

臨終時的念頭可能與你的習慣有關，此時就是隨習往生。習就是平常的習慣，臨死時，會產生很大的力量，十分可怕。

所以我們平時要養成念阿彌陀佛的習慣，煩惱一出現就念阿彌陀佛，常常保持自己的正念。妄念、邪念、惡念出來，要慚愧、懺悔、念阿彌陀佛，不斷改善自己，這樣與人相處時，自然就會生起慈悲心，並且把所有的人都當成菩薩看，以感恩、感謝的心來對待。此外，還要常常想到四福：知福、惜福、培福、種福；還有四要：需要的不多、想要的太多、能要該要才可以要、不能要不該要的絕對不要。不然臨終時，還在想這個、那個，不應該要的、不能要的還在要，根本想不起來要念佛。

有人看兒子、媳婦不孝順，不捨得把錢給他們，就把錢鎖在保險箱裡，臨終時還把保險箱的鑰匙緊緊握在手上。這時連身體都已經不能要，還要那個東西做什麼？這就是生前養成守財奴的習慣，所以放不下。

活著時養成各種各樣的習慣，臨終時很麻煩，所以，我們要隨時反省檢討自己的習氣，盡量將它轉變成念佛的心、慈悲的心、布施的心、多結人緣的心、不生煩惱的心，並且常常懺悔、慚愧。一旦養成這種習慣，臨命終時自然而然也會生起慈悲心、慚愧心、懺悔心，即使有瞋恨或貪欲的念頭出現，也會念一句阿彌陀佛。這時就算是已經快到地獄邊緣了，或者是已經進入地獄裡，若還能提起一句佛號，馬上就能離開地獄。念佛就是懺悔，只要有慚愧、懺悔，一定出三塗，也就是不會在三惡道裡，因此我們平常的工夫非常重要。

過去有一個老菩薩，住在農禪寺裡做義工，後來因為身體不好，堅持搬了出去。雖然搬了出去，但還是經常回來做義工。這個菩薩心裡只有佛，當時有人勸他：「你是大陸人，應該去大陸玩一玩、看一看。」他說：「阿彌陀佛！我想去的是西方極樂世界，去大陸又不能幫我到西方，有什麼用？我已經把所有的錢都拿去做功德了。」

有一天，有人通知我們，說他倒在路旁往生了，目前在殯儀館裡。雖然他往生時，沒有機會給他說法，但是像他這樣的一個人，保證往生西方。因為他在生前就是這麼懇切地相信能到西方、願意到西方，隨願、隨習，當然到西方去了。而且他身後有我們替他念佛、替他做功德，一定能到西方去，不用擔心他會墮落。

三、往生時保持正念最重要

在明白死亡的過程及往生的引力後，可知死亡時，最重要的就是要正念分明。雖然有那麼多的痛苦，而且因為沒有辦法呼吸，腦中缺氧，腦神經、腦細胞也要宣告死亡，頭腦裡什麼都沒有了，這時唯一可以依靠的就是念力或願力。

不要緊張、不要恐慌，也不要捨不得子女孫兒、鈔票股票、房子財產，如果都放不下的話，也會捨不得身體。死的時候還在說：「我不甘心！我不甘願這麼早就死，雖然已活到九十歲，但有人活到一百歲，我為什麼不能活到一百歲？」就是這我不甘願、我不想死和我想多活一點的念頭，讓你往生西方的願心發不出來，正念也提不起，就會隨重或隨念、隨習往生。

如果在死亡的過程之中，能保持「照見五蘊皆空」，覺得五蘊和合的身體是空的，無論出現什麼感覺都不管它，反正死亡就是如此，要像我常常講的：面對它、接受它、處理它、放下它。若能用這種態度，就是般若的智慧。

四、往生後的世界

往生以後的世界到底是怎麼樣？

有一對夫妻非常恩愛，每天都在山盟海誓。有一天，太太突然害病死了，先生心裡很難過，日夜思念卻又夢不著她，於是到處去問，最後遇到一位有神通的高僧，那位高僧勸他：「唉！人已經死了，她有她的世界、你有你的世界，就不要再想她了，還是好好念佛修行吧！」先生不肯，執意要高僧幫忙找，高僧沒有辦法，只好對他說：「既然如此，我就帶你去一個地方。」

高僧帶先生來到郊外，指著路邊的牛糞說：「你看到牛糞裡的兩隻蟲嗎？其中一個就是你的太太。」只見那兩隻蟲一前一後，一個跟一個，好像很有趣味地在那邊鑽。他高興地說：「那我也要變成蟲。」於是高僧就暫時把他變成一條蟲了。

先生變成蟲後，也進了那一堆牛糞，但是太太不但不認識他，還找了另外一隻蟲合力打他，要把他趕走。先生連忙講：「我是你丈夫，你說過要永遠愛我的，所以我來了。」太太說：「我才不認識你，我和我先生恩愛得很，不要胡說。」兩隻蟲又連合起來打他。高僧趕緊把他救回來，等他還魂變回人後，問他：「你還要去嗎？」他說：「再也不去了，她才死沒多久就不認識我了，真是薄情寡義。」

世界上有很多人就是那麼愚癡，這一生在一起，就希望下一生、生生世世永遠在一起，那是受民間信仰的影響。民間信仰認為人死了以後可以團聚，譬如宗祠，同一家族的人，死後都葬在同一個區域，一代一代下來，整個家族就會團聚了。但是佛法認為，各有各的因緣、各有各的果報，人死之後，如果有大福德、大善根，很快就生天或轉生為人道；如果有極重罪業的人，譬如十惡五逆，死了以後很快就進入餓鬼道、地獄道去。如果有惡業也有善業，就要看因緣是什麼，哪一類先成熟就轉生到哪一類。

死亡以後，在還沒有轉生之前，也就是在等待因緣的時候，稱為中陰身。中陰身的階段，據說是四十九天，如果不投生，就是在鬼道。鬼道裡有福報的近乎於神，比較自由，甚至成為地方上、地區性的神祇，譬如土地公、城隍爺。沒有福報的則以氣為身體，只能依草附木，在這裡待一待、那裡躲一躲，沒有一定的型態。人間唯有因緣成熟的人才能見得著他們，即使是自己的親人也是一樣；而鬼道眾生要再轉生，必須等待因緣成熟。

善根深厚者可以轉生為人，善根不深則可能變成畜生；轉生時並不知道要進入畜生道，但當變成畜生時，又已經忘掉自己原來是什麼，所以在中陰身階段需要超度。超度的確有功能，他們來聽聞佛號，可能隨著念也可能只是聽，光只是聽，對他們就很有用。譬如我現在講開示，你們用心聽，由於你們的心在聽，跟你們有緣的，像祖先、過世的親友或怨親債主，會因為你們的關係而得到力量。至於講的內容，善根深厚的可以聽得懂，善根不深的雖然聽不懂，但是由於你們和他們的關係，還是能得到力量。即使有的人只是寫牌位，沒有來念佛，但是由於誠心、布施心、供養心，同樣能產生作用。

即使已經轉生，超度還是有用。已經轉生為人的，可以增加他們的福德、健康和善緣；已經往生西方極樂世界的，蓮花的力量可以強一點，也可以早一些見佛；已經生天的，天福也會比較長一些、大一些。至於已經在地獄裡的人，要超度很難，連目連尊者這樣神通第一的阿羅漢，要救他母親都很困難了，何況是我們一般人。但根據《盂蘭盆經》，若做大供養、大布施，特別是供僧、供養三寶，再加上自己大修行，還是會有一點用處。

五、往生前的準備

但最好還是活著時自己修行，死後等人超度，機會非常渺茫，也非常不可靠。一來生死畢竟兩隔，親人為你做的功德與你的心不容易結合，力量很有限。二來你的兒孫、親友也未必會超度你；因為親友往生，人們慌亂之際，很容易就隨習俗供幾碗菜、燒燒紙錢來表示心意。

我們不僅要自己念佛，還要勸其他人一起修行，特別是父母，這樣往生的時候，內心與佛是相應的，若再加上親友一起念，一定能與佛相應，往生西方極樂世界。勸父母念佛，是最孝順，也是最好、最恭敬的禮物，這要比一天到晚噓寒問暖，或每餐給他們吃山珍海味更好，因為念佛是長遠的。

所以，諸位參加念佛共修，不管是整天念，或是只念一炷香，即使一炷香之中只跟著大家念了幾句佛號，都有無量的功德。不過還是要盡量想辦法多念，不要浪費一秒鐘，專心一意地念佛，養成習慣之後，自然而然在任何時間都在念佛。臨命終時，不論是在什麼樣的狀況下死亡，你的心都會提起佛號，與佛還是會相應，保證可以到西方佛國淨土。

印度有一位聖雄甘地，他是被暗殺死亡的，被刺殺的當下，念了兩聲他所信仰之最高神祇的名字，這就是信仰心的表現。他是那麼誠懇虔誠，平常早已經與他的信仰合而為一，時時刻刻相應著，所以任何時間死亡對他來講都相同。

佛七是養成念佛習慣最好的時間，但是不要一解七就不念了，果真如此，更遑論臨終了。所以，諸位要隨時提醒自己念佛，念念不斷地念；不管嘴上念不念，心裡不要忘掉了佛號。不管是任何時間，發生任何的狀況，一出口就是一句佛號，這是最保險的；如果不應該死，就能逢凶化吉，如果壽命已盡，也會往生西方極樂世界。

有一些人很奇怪，聽說念阿彌陀佛很好，就跑來念阿彌陀佛，明天聽說念地藏菩薩有用，就念地藏菩薩去了，後天聽說念藥師佛才能夠治病，馬上又念藥師佛去了，後來聽說來了個喇嘛、活佛，有什麼法、什麼咒，念了以後就會如何如何，結果又跑去修那個法了。這樣會把自己弄得很複雜，任何一個法門都不熟悉，臨終時不知道要念什麼。一下想念藥師佛求壽，一下想念阿彌陀佛求佛接引，一下擔心死了以後到地獄去，又想念地藏菩薩，最後可能一句也念不出來了。要養成隨時隨地都能脫口而出，就是一句「阿彌陀佛」。

第八章 慚愧、懺悔、迴向

一、未盡力利益他人、成長自己就該慚愧

慚愧是修行的基礎，否則不會懺悔，也不會感恩，更不會發願迴向。對不起自己是「慚」，對不起他人是「愧」；有慚於己，有愧於人，就是慚愧。我們見到任何人、到任何地方、參與任何團體，都要思考自己對他們有什麼好處？對他們有什麼傷害？所謂好處不一定是給錢，壞處也不一定是詐欺，而是對方有沒有得到利益。如果沒有讓對方得到利益，或沒有讓對方得到應得的利益，就是對不起他人，要生慚愧心；跟人相處，沒有讓自己成長更多、成長更快，也要慚愧，覺得對不起自己。

記得我在美國時，因為沒有錢，為了買兩張椅子跑了一天。當時有一位外國弟子跟著我，跑了半天就開始發牢騷，我告訴他：「不跑，也不會有人給我工資；跑，第一可以獲得經驗，第二我希望能買到最便宜又最好的。」

我不僅一家一家地跑，有些家我還跑第二次，回頭問他們願不願意降價。因為他的東

西很好，只是價錢貴了一點。我說：「我跑了好幾家，那一家比你便宜，能不能賣便宜一點？」他叫我回那一家買，我就說：「我喜歡跟你買，因為你的店好，人也很好，能不能依照那個價錢賣給我？」結果我就買回來了。

但是那個弟子很生氣，回到道場，把那兩張椅子一丟，說：「師父真是愚癡，為了兩張椅子花了一天的時間，我們兩個人的工錢已經超過三、四張椅子，即使便宜也只便宜一點點。」我說：「雖然只便宜一點，但是我得到了經驗，而且修行就是要有耐心，我是訓練你，磨你的耐心。」我又說：「以後你買任何東西，都要選擇品質最好的，價錢最便宜的，否則看了東西就買，很可能花了大錢卻買到普通的東西。」他說：「我們美國人是算時間的，和你們中國人不同。」我說：「我不是中國人，我是出家人。要曉得這個錢是十方大眾布施給我們的，我們沒有好好地精打細算，把小錢當大錢用，這是有罪過的。」

因此，凡事我們要問自己有沒有盡力？有沒有將自己貢獻的能力發揮到最大？如果沒有，就要慚愧，常常生慚愧心、生感恩心，自然而然就會盡力，不但直接利益自己，也能利益眾生。

二、懺悔錯誤，轉變習氣

人有慚愧心才會真誠懺悔，而修行就是要靠不斷地懺悔。因為我們還是凡夫，我執很重，經常身不由己地犯錯。每天就像脫韁的野馬，工作時不想工作，只想吃草，貪心、占便宜，懶散、走捷徑，還有嫉妒、懷疑等種種煩惱，全都是圍繞著自私心而產生的。

學佛與沒有學佛最大的不同，就是犯錯之後有慚愧心。如果不知道犯錯，其他人提醒我們之後，就要懺悔。即使自己不以為錯，或者可能是對的，但是只要讓人感覺受傷害，讓人起煩惱，就是犯錯，就應該懺悔。這麼說佛教徒不是動輒得咎，什麼事情都不能做、什麼話也不能講了嗎？同樣一句話，有的講法讓人傷心，有的講法讓人歡喜且願意接受，何不選擇讓人歡喜、願意接受的方式呢？目的相同，產生的反應、結果不一樣，所以應該懺悔。

如果與人起了爭執，一定是你用的語言、表情、動作不太對勁，這時要懺悔，當面和對方說：「對不起！讓你煩惱了。」不管是對長輩或晚輩，對所有的人都應該要謹言慎行，經常以尊敬的態度來對待。尊敬並不是不溝通，而是選擇一種比較能讓對方接受的講法和肢體動作，譬如用請求的：「對不起！請你幫幫我的忙。」「對不起！請原諒我，我們一起來商討處理吧！」這總比用苛責、謾罵的態度好。所以，做為一個修行的人，應該隨時準備為自己的惡習氣懺悔，慢慢改正這些惡習氣。

通常我們爭執的對象是朝夕生活在一起的人，因為太熟悉所以不注重禮貌、態度，被指責了也死不認錯。小錯不認錯、大錯不認帳，就會起爭執。所以，先要尊重周遭的人，把他們都當成西方極樂世界的諸上善人、菩薩伴侶。西方極樂世界的諸上善人俱會一處，就是同修淨業的菩薩伴侶，這樣西方淨土還沒有到，人間淨土就出現了，這也就是《楞嚴經．大勢至菩薩念佛圓通章》講的「現前當來，必定見佛」。若在平常生活裡，見到的都是一尊一尊的菩薩，這樣修行就成功了。

如果發生問題，馬上要慚愧、懺悔，念阿彌陀佛。即使有人挑釁，也是一句佛號，不用理會他。而且因為念佛，沒有機會開口罵人，對方認為目的已經達成，猜想你已經認錯，就不會再罵你。其實你念佛，不僅為他消災，也為自己消業！所以，平常在生活裡，如果做錯了就應該懺悔，如果沒有錯，也可以說對不起。

三、最有力量的迴向是讓他人同獲修行利益

懺悔之後要迴向，就是發願用此修行功德來達成某種目的，所以它也是一種發願。迴向的意思有很多，迴自己而向他人、迴個人而向眾生、迴此土而向彼岸、迴小乘而向大乘

等，都叫作迴向。

迴小乘而向大乘，就是要發菩提心，譬如我們念佛本來是求個人往生西方極樂世界，但如果進一步希望所有的眾生都能念佛，希望自己念佛的功德能影響其他人也能發菩提心、修菩薩道，這叫作發廣大心。

對念佛人來說，功德的迴向有兩層，第一層是還未到西方極樂世界之前，先在人間以身、口、意三業使周遭的人都分享到你修行的好處。一般我們最難影響的就是家人，其實若能運用我所提出的「心五四」中的「四感」，應該不難做到。四感是「感恩」所有給我幫助的人，「感謝」所有給我機會服務的人，用佛法「感化」自己，使自己能化煩惱為智慧、慈悲，然後才能用自己的行為來「感動」人。

用嘴巴說不如親身去實踐，很多人念佛一輩子，可是家人、甚至連家裡的狗都討厭他。因為他念佛時是念佛，但是平常嘴巴很惡毒、表情很兇惡、動作很粗野，又死不認錯，這樣要如何感動人？一定要從自己轉變起，你的語言、行動、表情一轉變，家人立刻就能感覺到，會慢慢相信學佛、念佛有它的道理，也會想了解你是怎麼修行的，這就是感動他人。而能度得家人也來修行、念佛，那就表示一定是最好的。

將自己修行的功德迴向家人或死去的親友也有用，因為這是以我們的願力幫助他們得到利益，讓在生的人能夠健康、長壽、消災、延壽、平安、吉祥，過世的人能超生、離苦，往生西方極樂世界。但若功德迴向之後，馬上又顯露之前的「本來面目」，那功德就很有限了。譬如有人發願為家人每天念一百零八句佛號，結果念完以後，一看到家人的樣子馬上又罵：「剛替你念的一百零八句佛號都白費了，看看你，那是什麼樣子，真糟糕。」這就不是迴向了。

本來是好心好意，可是因為修行沒有轉變自己的身心行為，當然沒有辦法把利益分享給你的親朋好友。如果下定決心洗心革面、重新來過，表現出來的都是感恩、慚愧、懺悔，而且又那麼慈悲、溫和，讓家人覺得你真是脫胎換骨了，這才是真正的迴向，而產生的力量、功德真的很大。

所以，迴向一定要從我們生活中做起，如果只是希望念佛求感應，希望佛來度家裡的人，那阿彌陀佛也無可奈何。

第二層的功德迴向是發願往生西方淨土。西方淨土有有形和無形之分，有形的是有相淨土，為凡夫所生，而無相淨土是聖人所見。我們既然還是凡夫，就發願往生西方淨土，如果不想去，就發菩提心，代表阿彌陀佛、觀世音菩薩、大勢至菩薩在世間廣度眾生。發度眾生的願需要更精進、更努力，不能只是嘴上說說，沒有實際度眾生，也沒有修行淨土資糧，而你又不想去佛國淨土，就有可能到三惡道去了。

因此，對來生是否還能修行沒有把握，或對來生是否還能堅持願心沒有信心的人，就發願往生西方極樂世界。發願往生西方極樂世界是最安全的。

第九章　感恩是度眾生的基本立場

一、心懷感恩能減少煩惱

佛教是一個報恩、感恩和懷恩的宗教，特別是淨土法門的修行者，一定要想到如何感恩。希望眾生得到利益就是感恩，這種觀念也就是度眾生的基本立場。

〈四弘誓願〉說「眾生無邊誓願度」，為了慈悲所以要度眾生。如果想要成佛，一定要行菩薩道，行菩薩道的著力點就是利益眾生。在利益眾生的過程之中，自我中心，也就是自我的執著、自私的行為會淡化、減少；自我的執著愈輕，智慧出現的機會愈大，智慧就會增長。因此，度眾生不僅是為了慈悲，也為了開發我們的智慧；慈悲與智慧是一體的兩面。

可是每當遇到挫折的時候，煩惱心就會增強，會想：「我度眾生，誰來度我？」這種抗拒心一出現，智慧心就生不起來。所以，理論上我們因為發菩提心而度眾生，但實際上因為煩惱重，心中會產生抗拒的力量，讓你想不到為什麼要度眾生，這就是業力，也叫作業障。因此，我們要講感恩、報恩。用感恩、報恩的心面對眾生、面對所有的人；每當煩惱心生起時，就說我面對的是恩人、是幫助我的人，不是仇人、不是壓迫你的人，煩惱心就會漸漸減少。

另一方面，我們在度眾生時，通常會有一種高高在上的感覺，好像有能力幫助他人很了不起，有點得意、有點傲慢。這不是報恩的心，而是施惠心；施惠是給人家恩惠，不是因為得到恩惠而回饋，是一種傲慢心、沒有謙卑的心，也是煩惱。

二、感恩的對象：三寶、父母、國家、眾生

我們說感恩、報恩，但報的究竟是誰的恩？所謂「上報四重恩，下濟三塗苦」，四重恩是三寶恩、父母恩、眾生恩及國家恩；三塗苦是地獄、餓鬼、畜生，其實也就是眾生。

為什麼要報四重恩？我們的身體是父母所生，生了以後，還要照顧、栽培我們，所以應該感恩；即使根本沒有養育，甚至出生後就被賣掉了，同樣也要感恩。因為我們的身體是他們賜予的，遺傳的基因是來自於他們，如果沒有他們就沒有我們這個肉身；不管是男是女，是高矮胖瘦，或是健康不健康，都應該感恩。

我曾遇到兩位身障人士，一位是罹患肌肉萎縮症，雖然不能走路，坐在輪椅上，但他

能寫作、演講，分享自己的生命故事。另外一位是罹患成骨發育不全症，號稱是台灣最矮的男人，雖然只有六十五點七公分，但他積極從事公益活動。他們對人間充滿了感恩，充滿了對人間的愛，願意把自己奉獻給他人。對自己的父母也是一樣，並沒有責怪他們把自己生成這個模樣，因為沒有一個父母會希望自己的孩子有缺陷。

三寶是佛、法、僧，因為有三寶，所以我們才能學佛，有佛法可聽聞，並有僧做為我們的依歸，引導我們修學佛法。沒有聽聞佛法、接受佛法，不知道佛法有用，只要照著佛法修行，馬上就能在日常生活中發揮作用，所以，我們要感恩三寶。

佛說的法，因為一代一代善知識們的流傳弘揚，才一直延續到現在，沒有他們，我們沒有辦法聽聞佛法，因此，應該感恩這些歷代的善知識。歷代善知識並不僅是一個一個的名字，他們之所以成為善知識，除了自己的修行外，還有很多相關的護持者及隨從者。以我來講，我聖嚴能有今天這一點小成就，不是一天完成的，也不是我一個人能完成的。而是經過幾十年的時間，許多的因緣幫助、促成，才使我成為今天的聖嚴。所有與我相關的人都是我的恩人，今天我把成就分享大家，那麼與我相關的人也是你們的恩人了。

這些相關的人，有些是直接的、有些是間接的，就拿我這一生來講，從小到現在，所走過的地方、接觸過的人相當多，範圍也相當廣大，而那些與我直接有關的人也有自己的關係，於是就變成我的間接關係，就這樣環環相扣，多得沒辦法數得清。因此，如果你們從我聖嚴一個人得到一點點法益，只感恩我是不夠的，感恩三寶也不夠，應該感恩所有與我相關的人。

這些人不一定都是高僧、善知識，譬如我每天吃的飯、菜，沒有這些東西我不能活到現在，而它們是經過許多人的製造、發明、改善，然後才到了我的嘴裡。我嘴裡的一口飯，包含了不知從何開始一直到現在許許多多人的智慧和奉獻，所以我們吃飯的時候，要供養佛、供養法、供養僧，還要供養一切眾生，這是因為不知該如何回饋，因此才這樣表達。

還有，我們的身體雖是遺傳自父母，但是若沒有父母的父母，父母的父母的父母，一直推上去，也就是老祖宗，也不可能有我。據佛經說，人類的老祖宗最初是從光音天來的天人，之後就世世代代住在地球上，一代一代傳下來。我們的生命就是與無限長的過去連在一起，也與無限大空間裡的所有人連結在一起，因此當我們有感恩心時，就與過去無量無數時間以前的人結合在一起了。

不僅是人，就是一草一木對我們都有恩。地球上的生命都是息息相關的，各自扮演著自己的角色，就是氣候的變化、地球的運行、食物的生長等，都是彼此影響消長的結果。

有一些生物看起來好像對我們沒有什麼用處，譬如螞蟻、蟑螂、蒼蠅，其實生物中有的對我們是正面的幫助，有的則是負面的刺激，讓我們思考，幫助我們愈來愈進步，生活得愈來愈好。不僅正面的是恩人，就是反面的，因為能讓我們智慧成長、技術成長，所以也是恩人，稱為逆增上緣。這樣一想，我們的生命其實與環境所有一切都相關，與地球上從來沒有見過面的眾生和人都有關係。

而我們彼此之間，表面上好像沒有關係，其實呼吸是息息相通的。我們在同一個屋簷下呼吸，我的呼吸變成你的呼吸，你的呼吸變成我的呼吸，在同一個房間是這樣，在整個地球環境也是這樣。大氣層保護著地球，地球與大氣層是互動的、息息相關的，聽說現在南極、北極上空的臭氧層破了，這都是我們大家共同造成的，然後大家都受到相同的影響；但如果我們改善這個問題，我們也會共同得到利益。

我們若從這個方向思考，就會覺得自我很渺小，就會感恩過去、現在的人和眾生。為了感恩圖報，就要好好修行淨土資糧，除了精進念佛，對家人、朋友，認識和不認識的人，乃至一般高級和低級的眾生，都要存著感恩、報恩的心。

三、報恩的方法

感恩不是嘴上說得甜甜的就可以了，否則是口惠而實不至，因此感恩之後要接著報恩。報恩是用你的體能、智能和財力；體能不好就要增長體力，智能不夠就要增長智能，財力不夠則要增長財源，總之就是要精進，精進於你的生活，用你自己所有的資源來報恩，奉獻給眾生。

報恩的方法很多，有直接的也有間接的，還有一種是廣度眾生、廣結善緣，然後把功德迴向給三寶、國家、父母、師長和一切眾生。所以，我們早晚迴向所念的〈迴向偈〉中就有迴向眾生一項，對一切的人、一切的對象都要用感恩的心。

眾生對你好，你說感恩；眾生對你不好，你也說感謝。如果是詐取你的財物或破壞你的婚姻怎麼辦？當然我們不需要當面感恩別人詐騙、感恩別人破壞自己的婚姻，可是事實往往相反相成，雖然他騙你，但上一次當學一次乖，好比付學費，下一次就不會被詐騙了。而婚姻被破壞，心裡已經很不舒服，還要感謝對方，的確不合理。但是內心不能有恨，要反省自己的另一半為什麼會被搶走？明白離婚的原因，未來懂得避免，就是成長，也是感恩。但是如果老是被詐騙，或老是離婚，那就是愚癡。學佛的人就是要學取經驗，用佛法來調心，經常保持法喜充滿。

我常說：「慈悲沒有敵人，智慧不起煩惱。」慈悲一定要與智慧配合，沒有智慧的慈悲是濫慈悲，會常常上當，自害又害人。譬如遇到金光黨，還以為對方需要幫助，幫了之後，結果害了對方也害了自己。幫助人不僅要讓對方得到利益，自己也不能受傷害。但損失一些沒有關係，只要你自己不覺得是受害者就可以了。

聖嚴法師教淨土法門

有相念佛

——往生西方淨土的修行

第一章　阿彌陀佛與淨土法門

一、阿彌陀佛的意思

中國本來沒有「佛」這個字，是佛法傳到中國之後才造的新字，翻成中文就是「覺」的意思。人的智慧圓滿、福德圓滿就是「佛」，也稱為兩足尊。兩足不是指兩隻腳，而是福慧兩足，兩種圓滿的意思。

有「覺」就有「不覺」，「不覺」是凡夫，是指沒有聽過佛法或剛剛開始修行佛法的人；「覺」是聽了佛法，如法修行而且已經實證理體的人，例如菩薩。菩薩是覺悟的有情眾生，所以叫作「覺有情」；因為是正在行菩薩道的眾生，所以又叫作「大道心眾生」。另外還有菩薩摩訶薩，那是初地以上的大菩薩。

覺的層次有自覺、覺他、覺行圓滿。自覺是自己已經覺悟，知道「我」是五蘊所構成，是無常、無我、空的，因此斷煩惱，證得涅槃。覺他，是自己覺悟了，同時也幫助眾生覺悟。自覺的人，就小乘來講，是阿羅漢，菩薩是自覺覺他，而佛不僅自覺覺他，還要覺行圓滿，所以又稱為大覺、圓覺、滿覺。

「阿彌陀」的意思有很多，大致可以翻成三種，第一是無量的光明，第二是無量的壽命，第三是無量的清淨平等覺。無量光明是慈悲的光，以慈悲的光普照一切眾生，這是指空間的無限；無量壽是指時間的無限，是說阿彌陀永遠為眾生做慈航、做依怙，任何時間地方，只要有眾生需要他，就會前去照顧。因此，他有無量的慈悲，而且是永恆的，不會在短時間內消失。而且阿彌陀佛對任何一個眾生都是平等，沒有期待心、差別心，沒有自私心、偏頗心、選擇心，所以是無量的、平等的清淨。

佛的光明是慈悲和智慧，因為平等度眾生，所以他的慈悲光是無一眾生不照、無一處不照，只是多數眾生因為沒有善根，不知道也或許不相信，所以看不見，也感受不到。就好像一生出就看不見的盲人，因為從來沒有見過光，即使有陽光、燈光，也不知道那是光。

不要把佛的無量光想成像太陽或電燈發出的光那樣，我們從佛像上看到的頭光、背光、身光都只是一種象徵，但是如果我們有信心，真正接觸到佛的時候，就會明白他與凡夫的不同。

光的意思是影響力，好的影響力是白色白光、黃色黃光、赤色赤光、青色青光，壞的影響力則是黑色黑光。黑色不但不能放光，而且專門吸光。每一個人只要存好心就是一個放光的人，用好心待人就是讓別人沾光，所以我們常常以「沾光」來形容從他人那裡得到了光彩或利益。其實有時我也沾你們各位的光，譬如我有一個弟子在機場服務，我要通關時，這個弟子就跟海關人員說：「這是我師父，請不要為難他。」結果他們就給我禮遇通關。這就是他放光，讓我沾了他的光。而阿彌陀佛放慈悲光、智慧光，都是為了利益眾生。

二、「成熟眾生，莊嚴國土」的彌陀本願

根據《無量壽經》，阿彌陀佛在修行階段，當時叫作法藏比丘，曾經發了四十八個大願，雖然有部分經典說是二十四願，譬如《平等覺經》，但二十四願其實是四十八願的濃縮，而且不論二十四願或四十八願都只是一個名稱或數字，凡是有益於眾生往生淨土，能夠幫助眾生在淨土之中成就道業、成就果位的都是阿彌陀佛的願，所以應該是「無量願」。

阿彌陀佛願願都是為了成熟眾生、莊嚴國土，所謂成熟眾生就是讓發願往生彌陀佛國者都得以往生，而為了讓發願往生者有地方安住，所以成就了一個極樂世界，這就是莊嚴

國土。一般佛國淨土都是由佛與眾生共同的願力所成就，因為眾生希望有這樣的地方可以去，所以那個世界就完成了；但是極樂世界是由阿彌陀佛的本願所完成，是為了成熟眾生而莊嚴的國土。

西方淨土的依正莊嚴，所謂「依」是指依報，也就是我們身體所處的環境；而「正」是指正報，說的是我們的身心。在極樂世界裡，無論環境或往生的眾生都是清淨莊嚴的。極樂世界裡的環境，有七重行樹、七寶蓮池，蓮池裡是金沙鋪地，還有許多美麗的宮殿。微風吹過七重行樹時，會奏出裊繞的音樂，與飛鳥念佛、法、僧三寶的聲音相和，使人忘卻種種煩惱。因此，即使凡夫到了西方淨土之後還是凡夫——上品上生也一樣，不過還是比在娑婆世界好。在娑婆世界，身、口、意三業無法清淨，而西方極樂世界裡所有的一切都能漸漸使你從凡夫成為聖人。不僅能夠親近諸佛菩薩，而且聽到的都是在念佛、念法、念僧，與貪、瞋、癡等煩惱完全不相應。當中也沒有鈔票、財產，或是權位名勢、男女關係等問題，比人間清淨萬分，身、口、意三業沒有機會不清淨，所以不會有煩惱。

地球上雖然有些地方也很美，但是再美都需要有人照顧，像花園、公園都是人工種植，如果乏人照顧整理，很快就會枯萎，變成荒煙蔓草、荊棘叢生，接著就會有垃圾、蚊蟲，產生不好的物質。西方極樂世界完全是由福德所感應，不會有蟲或垃圾這類東西，也沒有人間種種的災難，譬如地震、水災、火災、風災等。

而在西方極樂世界的眾生，身體是由蓮花化生的功德福報身，不像我們是由父母所生。父母所生的身體並沒有不好，但是會害病、會肚子餓、會怕熱怕冷，只要幾天不洗澡就會癢、不舒服。另一方面，因為身體的生理反應，人們會保護個人生存的條件，譬如安全、健康、地位、名望或財富，於是與人相處時，總免不了你爭我奪，你嫉妒我、我猜忌你，彼此矛盾衝突。此外，還有心理的關係，心理問題往往與自己的成長過程有關，我們帶著過去世的種種福報和罪報來到世上，然後在成長過程中，互相的感染、影響，所謂「近朱者赤，近墨者黑」，這就是我們環境的實況，所以稱為五濁惡世。

西方極樂世界的眾生因為是蓮花化生，所以不會有上述種種反應，也沒有什麼需要跟人鬥爭的，大家都是同心同願往生的。而且每個人到了那裡，都有自己的蓮花座，心裡想要到哪裡，它就托著你去，完全隨心所欲、飛翔自在，就像《天方夜譚》裡的魔毯。也不需要空中塔台指揮，完全不會互相衝突。吃穿用度也都是現成的，不需要耕種、勞動、經商、生產，思衣得衣、思食得食，一切如意。有的只是蓮花等級的差別，即所謂九品。品位愈小的蓮花愈小、身體愈小，品位愈高的蓮花愈大、身體也愈高大。下品下生的蓮花雖然還沒有開，但過了一段時間也能花開見佛，而且花開了之後，也是自由自在。

三、淨土法門的殊勝

(一)橫出三界的易行道

龍樹菩薩在《十住毘婆沙論》中指出，修行有難行道、易行道兩種。所謂難行道是以自己的力量如法修行，從最基礎的人天道修起，依序完成解脫道、菩薩道。所謂人天道就是修五戒十善來積功累德，得人天福報；解脫道主要是以人天的五戒十善為基礎，繼續修四聖諦、三十七道品，以證得阿羅漢果和辟支佛果，出離三界、得解脫；而菩薩道則需以人天道及解脫道為基礎，然後再進一步修六度萬行和四攝，最後才能成佛。修行時，證阿羅漢果需要三生六十劫，最快三生，最慢六十劫；證緣覺，也就是辟支佛果，最快四生，最慢一百劫。至於要成佛，就是修菩薩道，需要三祇百劫；三大阿僧祇劫修福修慧，最後一百劫修相好莊嚴。前後計算起來，要花相當長的時間，所以是難行道。

為此佛特別開出一個方便門，即稱名念佛求生西方淨土的法門。因為阿彌陀佛在無量劫前，發了四十八願，要以本誓願力來度脫一切有信有願要生到極樂世界的眾生，所以只要有人發願往生，就能仗阿彌陀佛的本誓願力往生極樂世界，從此不會再受業的牽制而到三界來出生入死。這種以他力獲得解脫的，就叫作易行道。

這無上的方便法門，又叫作橫出三界。原本要出三界並不容易，小乘必須證阿羅漢果或辟支佛果，大乘的話也要到初地。可是如果修行淨土法門，一切眾生，不論善根多少，只要已經聽聞念佛法門，而願意念阿彌陀佛的名號，乃至於臨命終時只念十聲，也決定往生西方極樂世界。因為這就像一根竹竿，本來要一節一節往上破到頂的，現在只需要直接從旁邊打一個洞就出去了，所以稱為橫出三界。

為什麼能橫出三界？據《觀無量壽經》所述，因為念佛能夠消業。又常聽人說：業不重不生娑婆，障不重不生三界。因為業障重，所以才生在娑婆世界，才在三界中輪迴。「業」，是我們往昔生中及這一生中所造的種種惡業，所以生在娑婆世界受苦受難。世界上只要有一個地方有苦難，我們就受它的影響，就是在苦難之中，差別只是在漩渦中心或是邊緣而已，無論在哪裡，都是在苦海的漩渦之中。如果能夠一念迴心，把心轉過來，願意自己念佛求生阿彌陀佛極樂世界，如此無論做了多少功德或是多少壞事，乃至於十惡五逆的人都能夠往生。

其實不僅念阿彌陀佛，念釋迦牟尼佛、地藏菩薩、觀世音菩薩、文殊菩薩、藥師佛、彌勒佛，都可以消業除障，只是大家習慣了，而且釋迦牟尼佛也處處介紹阿彌陀佛，所以我們相信念阿彌陀佛是易行道，能以阿彌陀佛的願力接引我們到西方去。

(二)三根普被

阿彌陀佛的法門三根普被，不僅適合上、中、下每一種根器，而且所有的人都接引。就是造了十惡五逆，定業不可轉，再也沒有希望可以轉變的人，只要相信阿彌陀佛、願意照著阿彌陀佛的法門去修，仍然可以往生西方極樂世界。所以阿彌陀佛的願力最適合娑婆世界的眾生，也因此，大乘一切宗派，沒有一宗一派反對念佛。

問題是既然念佛絕對有用，為什麼還要其他各宗？難道其他各宗沒有用嗎？這是因為每個人的根性不同。進門修行時，是由於自己的性向，即根器、根性，適合從哪個地方入手就從哪個地方入手。譬如有人修行禪定時很容易體驗，很快就能把雜念妄想祛除，知道什麼是虛妄、不虛妄，什麼是無常、非無常，什麼是苦、不苦，那為什麼不用禪的方法來接引他？也有的人非常喜歡觀念、理論的探討，那就適合從經教方面來接引，可以讓他研究教典、讀誦經論，漸漸也能解除自己的煩惱。古代大師中就有因專門讀誦《華嚴經》、《法華經》或《金剛經》而開悟的，這有什麼不好呢？眾生有種種根器就有種種法門，八萬四千法門即適應八萬四千種不同根性的眾生，接引大眾進入佛法之門，因此一切法門都是涅槃門，一切法門都是趨向解脫涅槃的成佛之道。

不過，念佛法門是三根普被，只要願意用就能夠得力。而且它隨時隨地都可以用，不管是精進念佛或平常散心，都可以用。如果念了覺得沒有什麼用處，這表示未得要領。念佛一定要兼具信、願、行，並且要明白淨土經典中所說的往生條件，如果不明瞭，就不算修淨土法門了。

第二章 修行念佛法門的三資糧：信、願、行

修念佛法門要具備三個條件：第一是信心，第二是願心，第三則是精進念佛行。

一、信

修行佛教任何一種法門首先都要強調「信」，因為有信心才有願心。佛教和一般宗教不同，認為相信神就可以了，佛教說的信，是要相信佛、法、僧三寶，而且還要相信自己，不僅相信自己心外的諸佛是已成的佛，還要相信自己是未成的佛。

首先要相信釋迦牟尼佛以及他說的「法」，佛陀說的法相當多，每一種都絕對可靠，只要運用就會產生功能，目前我們在修念佛法門，當然要相信「念佛法門」。

《阿含經》裡有六念、八念、十念各種讓我們繫念的法門，但是以念佛為第一首要。念佛可以念過去的佛、現在的佛、未來的佛，僅現在佛就有十方諸佛，但是為什麼只念阿彌陀佛呢？釋迦牟尼佛並沒有這麼說，只是因為他讚歎最多的是阿彌陀佛，譬如

在翻譯成中文的六百多部大乘經典中，就有二百七十幾部是介紹阿彌陀佛，可見在諸佛法門中，最受釋迦牟尼佛讚歎，也最鼓勵大眾修行的，就是阿彌陀佛的念佛法門，所以我們念阿彌陀佛。

阿彌陀佛念佛法門也是各大宗派共同的修行法門，釋迦牟尼佛涅槃之後，印度佛教有「空」、「有」兩派的大乘學派，「空」是講性空的龍樹菩薩，「有」則是講唯識的世親、無著菩薩，而這兩派大師都有關於阿彌陀佛法門的論著，龍樹菩薩的《十住毘婆沙論》及世親菩薩的《往生淨土論》即是修行淨土法門非常重要的依據。此外，密教也鼓勵大家修淨土法門，在密教法門裡最著名的「破瓦法」就相當於念佛法門。而在中國，念佛法門也受到各宗各派的讚歎，像禪宗，即主張禪淨雙修，律宗、天台宗、華嚴宗也不例外，而且所鼓勵的就是阿彌陀佛的法門。而明末的時候，蕅益大師還稱「念佛三昧」為「寶王三昧」，所謂「寶王」就是「寶中之王」，意即是法寶之中最好的。所以，我們要相信念佛法門，特別是念阿彌陀佛的法門是一切法門之中最好的。

接著要相信自己最適合修行念佛法門，否則也不會有這樣的福德因緣來參加念佛共修，所以，不管過去用什麼法門，現在就要死心塌地、沒有一點懷疑，相信念佛法門就是你最好的法門。

此外，要相信因果，念佛的工夫是因，得生淨土是果；如果不相信因果，也就不需要念佛，因為念了沒有什麼用處。還要相信事和理；事是一心一意持名念佛，到達身心合一、身心一致，身、心、口三業相應，最後再念到念念是佛號，就可以斷煩惱，而見到理。理是眾生或十方一切諸佛所共有，可以稱作佛性，也可以稱為清淨心、智慧心；持名念佛的目的就是希望能達成與諸佛相同的目的，而這就是理。如果不相信有「事」，就沒有方法，也根本沒有念佛這樁事；如果不相信有「理」，即使念佛也不能成佛，也不相信自己跟諸佛相同，要成就更不容易了。

最後是相信師父的指導，師父告訴你如何念佛，就專心一意地相信這樣的念佛方法對你最有用、最能著力，不能夠說試試看，絕對要百分之百的相信，那一定會念得很好。然而信心更深的意義，還是必須回歸自己；相信自己有這樣的需要、這樣的能力，只是現在還沒有得到，還沒有表現出來。

我們也要相信，有一個比我們現在愚癡凡夫所處的環境更好的地方，那就是佛國淨土；相信我們普通人只要照著佛法的知見和修行的方法去做，一定會比現在更好。在人間先修生淨土的因，才能夠得到佛國淨土的果，所以在還沒有生淨土之前，在人間就應該努力。因此，我們法鼓山提倡的人間淨土與西方淨土並沒有衝突，而且根本是一致的。建設人間淨土的過程，事實上就是在為生極樂世界而準備，是生彌陀淨土的一個前方便，也就是修淨土資糧。我們除了先在人間使自己清淨，還要幫助他人清淨，這是淨化人心、淨化社會的工作。如果不相信我們人間會更好一些，那還要佛法做什麼？也不需要修行了。

在人間，不管是哪一個時代，都有許多人為或自然的狀況使得我們不快樂，使得環境不安定、不安全，而這一些其實用修行的方法都可以改變。因為大家不修行，內心很痛苦、很煩惱，所以才造成社會和世界的不安寧。如果修行，讓心清淨了，我們的環境也跟著清淨，這就是心淨國土淨。且內心清淨，會覺得世界並沒有那麼可怕、那麼討厭，那就是在人間淨土之中，然後再求生西方淨土就非常容易，也非常可靠。

所以，「信」對淨土的念佛法門來說特別重要，信心如果不深切，願心就發不出來；如果不相信諸佛，也不相信自己念佛將來會成佛，這樣還要念什麼佛呢？

二、願

(一)通願與別願

「願」有兩種，一種是「通願」，亦稱「共願」，一種是「別願」。一切諸佛都必須發的願，是通願，即我們每天早晚課誦念的〈四弘誓願〉，也就是發菩提心；別願則是諸佛個別成就的願力，對阿彌陀佛來說，就是四十八願。唯有我們也發了諸佛的通願，才有進入諸佛國土的希望，也唯有能與某佛的別願相應了，才有生到某佛國土的可能。

菩提心就是發成佛的願心，成佛一定要先救濟眾生、利益有情，也就是行菩薩道。阿彌陀佛是因為發了成熟眾生、莊嚴國土的大願，所以成佛。他的功能和目的，就是要接引一切發願往生極樂世界的眾生。他成就西方極樂世界不是為了自己，而是為了救濟眾生、為了接引眾生到極樂世界修行，完成菩薩道，這就是成熟眾生。因此，念佛的人在未往生之前就要發成佛的願心，並且願臨命終時，能以阿彌陀佛慈悲本願的力量到極樂世界去，然後見佛聞法而悟道。但不是到了西方極樂世界就什麼都不管了，同時還要學習阿彌陀佛，願未來也能夠莊嚴國土、成熟眾生，倒駕慈航來普度眾生，這就與阿彌陀佛的願力完全相應。

西方彌陀淨土比所有的諸佛淨土都慈悲、方便、容易，因為求生西方淨土沒有任何的條件，唯一的條件就是願意生淨土。只要你願意，希望自己能夠生到西方淨土去就能去，這個願意就是發願。

(二)依願而行

發了願就要照著去做，就好像當你發願要來參加佛七，首先就要把身心調整一下，準備好簡單的用具、衣服，還要計畫交通方式，看是走路或是坐車子，但重要的是方向不要弄錯了，不要坐了飛機卻去了香港、美國，那就背道而馳了。因此，照著方向走，一定能到達，這就是願，有願一定成功。

但是也有些菩薩本來想要參加，結果臨時發生狀況取消了。其實，如果信心和願心非常堅定，一定能來；如果有信心，但不是那麼堅固，有願心，但不是那麼懇切，抱著假如沒有事能去也很好的態度，那麼只要稍微有一點事，就會變成理由，心想，反正下次還有機會，這很可能就來不了了。如果願心很懇切的人，覺得任何事都不如念佛重要，那還有什麼能阻礙他呢？許多人認為家庭、事業很重要，就沒想到念佛是重要之中最重要的事情。念佛是與三世諸佛相應的事，與我們永遠的未來息息相關，其他的事佛七之後再處理，佛七一旦過去了，就沒有機會。

所以，願心不夠堅定懇切的人，容易中途退卻，因此要時時發願，才能堅定信心，如願而行。願是內心所希望的，只要不斷地發願、不斷地朝心願的方向努力，就能夠成就。

以我來說，我出生的時候，時代環境非常混亂，因為家裡沒有錢，因緣際會之下便出家了。出家之後，發現佛法很好，但是知道的人很少，誤解的人又很多，於是發願要把知道的佛法告訴他人。但我並沒有發狂似地立刻要去弘法，只是想有機會一定要把佛法讀懂，然後讓別人也懂，結果一路走來，就變成法師了。

然而這一路我都是從種種波折阻礙中走過來的，支持我的就是那個最初發的願。只要有機會，我就會用筆來寫、用口來傳，即使機會並不是很多，我還是不斷地發願，沒有因此失去信心。只要有一個人聽到我講的、看到我寫的，就沒有白費。人多，我不嫌多；人少，我也不嫌少，有多少影響力就做多少事。

不斷努力下來，跟我出家的人多了，跟我學佛的人也多了，原來農禪寺只有五十坪大，現在已漸漸擴充，皈依典禮時，還可以容納兩千人，有一次辦園遊會，甚至有幾萬人參加。這麼一個小小的地方竟然發展成這樣大的規模，完全不在我的想像之中。這不是打妄想來的，而是發願，願把佛法給人。現在我們有了法鼓山，山上有幾萬坪的建築，雖然在佛教界還是很小，但是對我個人來講，已經很大很大了，而現在還持續有好多分院慢慢出現，這一些全都是從信心、願心而來的。

所以發願就能成功，願有個人的願和共同的願，個人的願如果與佛的願相應，與許多人的願相應，就比較容易成就；而我發的願與佛的願相應，也與許多菩薩們的願相應，所以比較容易實現。因此，我們現在還在發願，願人間淨土能在我們這個世界出現，願我們往生時能到西方極樂世界，願我們能夠修行菩薩道，最後能成佛。

三、行

行的意思是方法，包括正行和助行；正行就是念阿彌陀佛，助行則是修一切善法。在精進念佛時，主要是持名；平常的時候，我們一方面要念佛，還要修各種慈悲福德的善業，這就是《阿彌陀經》所說的「不可以少善根福德因緣，得生彼國」。

我們在過去往昔生中已經修行過的叫作善根，現在我們廣結善緣、廣度眾生以及精進持名念佛，這叫作福德。德是自己心中有所得，福就是利益眾生了。修各種善業是為了幫助我們能早日成就眾生，因為這樣我們的福德可以更深一些，福德多蓮花品位也高，在西方極樂國土的蓮花也會大一些，也早一點回到娑婆世界廣度眾生。

諸位一定要相信自己是有善根的人，沒有善根不會來學佛、不會來念佛，已經學佛、已經來念佛了，現在就要修福德。

第三章 如何修行念佛法門

一、念佛的基本原則：繫念一心

念佛要得念佛三昧，是在行住坐臥之中，隨時隨地，所謂「晝夜六時」，即二十四小時都不離佛號。但若沒有方法，則不得要領，會念得很吃力，整個心也是散亂的。

念佛的「念」，有人把它寫成「唸」，這並不正確。如果僅僅是用口唸，與放錄音帶、唱片有什麼不同？念佛的念是念頭的念，但這個念頭不是妄念，而是正念。正念是不與貪、瞋、癡、慢、疑等煩惱心相應的念頭，是清淨的，所以又叫作淨念。

念的寫法是上「今」下「心」，今是現在的意思，今心就是現在心，每一個現在的念頭都不離現在的心就叫作「念」。現在的心可能是雜念、邪念、惡念、妄念，但我們用的是淨念或正念，就是佛號。念也是繫念；繫是繫緊，用帶子綁起來的意思。念佛就像用繩子把心和佛號綁在一起，或是用佛號把心和阿彌陀佛綁在一起。所以，應該是用心念，而且心要貼著佛號，念念不離口，也要不離心，甚至用你的全身來念佛。

如何以全身來念佛呢？耳朵聽著念佛的聲音，嘴巴跟著大家一起念，心則專注在佛號上。念佛雖然沒有用到眼睛，但最好將眼睛睜開。閉著念也沒什麼不好，但比較容易產生幻境或妄念。雖說眼睛睜開，但也不要去看任何人事物，時時保持清醒，那麼眼睛也在念佛了。

止靜時，雖然口中沒有念，可是心還是在念。西方極樂世界所有的聲音都是在念佛、法、僧，所以當心在念佛時，好像在環境中也聽到念佛的聲音。不論是鳥叫、風吹、雨滴的聲音，或者是任何人、器物、機械的聲音，都要把它觀想成念佛的聲音。任何聲音都與佛號相應，那麼晚上睡覺聽到的蛙叫蟲鳴，也是念佛的聲音。當然仔細地聽可能不像，但要認為那是念佛的聲音，這樣我們的心心念念就時時刻刻、分分秒秒，每一剎那都與佛號在一起，這叫作念佛。

我們要把佛號當成是大海中的一片浮木，一定要緊緊抱住，否則浪頭一打，就沉入海底，很快就會淹死了。

二、念佛的基本方法

(一) 出聲念時用高聲念

修行念佛法門，有的是用口念，有的是用心念。本來念佛法門是大乘、小乘共通的，是六念法門中的一種。所謂六念是念佛、念法、念僧、念戒、念天、念施，那是用心念。用心念，念念念佛名號、念念念佛相好、念念念佛的功德，可是這要先有禪定的基礎，才能夠一心不亂、念念不斷、念念分明。如果一開始就只用心念，不容易著力，所以要用口念。但是不論口念或心念，心口一定要相應；心中念，口可以不念，但是口念的時候，心中一定要念。

淨土法門之中的出聲念是最方便、也最容易的，尤其有雜念妄想的時候，就大聲地念，這就是高聲念佛。出聲念佛時，耳朵一定是聽著念佛的聲音，心則是很用心地專注在佛號上面。不要胡思亂想，把所有的雜念妄想全部用一句佛號來代替，此時心是專一的。眼睛可以睜開，但不管呼吸。呼吸是自然的，不要配合呼吸，也不要管呼吸長短，念佛就是念佛。如果配合呼吸，會使呼吸急促，胸部會脹、會悶，頭也會痛。高聲念佛不是喊破喉嚨念，只是聲音提高一些，提起小腹的力量用力念。如果用喉嚨的話，不需要多久，喉嚨就會沙啞。

高聲念佛有很多好處，念佛的聲音愈高，丹田的氣愈實在，呼吸愈順暢，氣力也愈大，因為肚子裡的廢氣都念出來了，頭腦裡所有複雜的雜念、妄想、怨氣、愚笨氣也都念掉了，所以愈念愈覺得身心安定舒暢。如果經常高聲念，身體一定會很好，像嬰兒出生時，如果哭的聲音愈大就表示身體愈健康。

所以，出聲念時最好要用高聲念，一方面自己念，一方面聽自己在念佛，自己聽著自己在念佛，雜念、妄想自然而然就會減少。但是共修念佛時，我們不是聽自己念，而是聽大眾念佛的聲音，跟著大眾一起念。這樣自己在換氣的時候，或是自己的聲音沒有那麼大的時候，耳朵裡還是可以聽到佛號的聲音，避免因為換氣或是打妄想而忘記念佛，這也是共修的好處。

(二) 默念時用數數念

默念時不用念珠，用印光大師主張的「數數念佛」，它和一般人拿著一百零八顆念珠，一顆一顆計數念的方式不同。數念珠念佛有用，但它的目的只是在提醒自己「我在念佛」，而口中的佛號其實經常不能與手的動作相應，即使佛號與動作相應了，又與心不相應。也就是說，手已習慣在掐珠子，嘴也習慣在念阿彌陀佛，但心裡、頭腦裡老是打妄想，這樣沒有辦法達成念佛三昧。因此，印光大師教我們用數數念佛，因為這個方法與禪修的數呼吸相同。

數呼吸時，呼吸一進一出數一個數目，或者只數出息，不數入息，從一數到十之後，再從頭數起。這種方法能讓散亂心逐漸安定下來，十分有用，所以我們在教打坐時，這是基礎的方法之一。

數數念佛要怎麼數呢？念一句佛號數一個數目，就是南無阿彌陀佛一、南無阿彌陀佛二……，一直數到南無阿彌陀佛十，再重新從南無阿彌陀佛一開始，不斷數下去。不要以為很容易，一個妄念起，就忘記剛才念的是幾。忘記了沒有關係，再從第一個數起，不要緊張，不要以為數丟掉了，就前功盡棄。

如果念得太熟，變成機械性的，頭腦裡還是在打妄想，可以倒過來從阿彌陀佛十開始念。如果倒過來又念得太熟了，又開始打妄想，就一個隔一個念，就是阿彌陀佛十、阿彌陀佛八、阿彌陀佛六、阿彌陀佛四、阿彌陀佛二、阿彌陀佛九、阿彌陀佛七、阿彌陀佛五、阿彌陀佛三、阿彌陀佛一。如果沒有妄想、沒有雜念，就不需要記數了。這是在練習著從散心念變成一心念，使內心雜念愈來愈少。

此外也可以用掐手指的方式，一邊念阿彌陀佛，一邊動手數，動的時候要知道手動的感覺，如果太習慣了，就反過來從小手指開始數。掐手指是連貫性的，雜念妄想是散亂的，這樣做是將它們連貫起來，心漸漸就會安定下來。掐手指也可以得念佛三昧，如果你是專注地、一心一意地念，沒有雜念妄想，就是正念不斷、淨念相繼。

這兩個方法多半是在靜坐或只有你個人時用，如果是與大眾一起念，尤其是念快板時，根本來不及數，變成只是在數數目，而沒有辦法念佛了。

三、精進修行期間的念佛

(一) 經行念佛

所謂經行念佛，就是繞佛念，我們每一炷香都是從繞佛開始。繞佛時不要東張西望，它的速度是慢慢的，念佛的節奏要配合著腳步，而不是配合呼吸，所以一千個人念佛，一千個人的腳步相同，念的速度、念的音律也相同，這是同聲同步念佛，否則心裡很容易打妄想。

你一邊聽著木魚的聲音，也聽著大眾念佛的聲音，一邊用口跟著念，同時留心腳步是否配合著佛號，一個音節一個音節、一個字一個字地移動，如果忘掉了，表示在打妄想。此時身、口、意三業應該是相應的。

你可以觀想：我一步踩出去是一朵蓮花，我每一步就是一朵蓮花，我走出去，南……無……阿……彌……陀……佛……，一共移動了四次腳步，木魚敲了四聲，腳動了四次，有四朵蓮花，步步蓮花。再加上前面的人走過的是蓮花，佛堂裡遍地都是蓮花，那我們不就是正在蓮池裡嗎？你愈走愈覺得：「真好！又是一朵蓮花，又是一朵蓮花。」心裡不斷地念南無阿彌陀佛，阿彌陀佛就在我們的蓮池之中，我們與阿彌陀佛在一起。這就是觀想念佛。

這時不要想：「我念快一點，多念幾句，蓮花就可以多一些。」我們是整整齊齊的，你一個人搶著多念的話，你的步伐亂了、心也亂了，是在打妄想。重點不在於念多或念少，而在於自己的心很清淨、很安定。也不要想：「我不念了，我專門看蓮花，看別人踩著蓮花。」專門看人家的蓮花，結果你開始比較：「你看，他的蓮花跟這個蓮花不一樣。」這又在打妄想了。所以，一定要身、口、意三業統一：嘴巴念佛、腳在走佛和蓮花、耳朵聽著木魚，聽著大眾一齊念佛，要齊聲念。

因為經行時的重心在腳，所以要留心腳，要觀想腳踩在蓮花上，感覺自己是踩在蓮花上，一步一個蓮花，如果只是跟著大家走或跑，很可能一邊念一邊打妄想。因為人的身體在動，很容易因大眾的動及自己身體的動而產生妄念。因此，要把重心點，也就心放在兩個地方，一個是自己念佛的聲音，另一個是自己的腳，這時你全身上下都連貫起來，都在念佛，你的身體、你的口、你的意，身、口、意三業都在念佛，實際上就是在修「念佛三昧」。

(二) 坐念、止靜

坐念時，可以告訴自己：「我是坐在蓮花上，我的身體是蓮花化生。」所以不要管坐在蓮花上的身體是痛、是癢、是痠，因為在蓮花上，身體一定是很輕鬆、很舒暢的，然後自己就像是在蓮花池裡念佛一樣，也聽到大家都在念佛，不斷地念、不斷地念。這時可能會打妄想，也可能會打瞌睡，那就高聲念佛，用全身念佛，把全部的生命都投進去，這是坐念。

坐念以後，接著是止靜。由於止靜前的快板四字佛號速度非常快，讓人的心沒有機會產生妄念，完全專注在佛號上，與佛號連在一起。突然間佛號停止，很多人會覺得剛才好累，心想正好可以休息，於是眼睛閉起來就打瞌睡了。

止靜不是休息，雖不用出聲念，但是必須持續以繫心念佛，「繫」是繫念的繫，把佛號繫在你的念頭上。這個佛號已經綁在你的念頭上、牽在你的念頭上，走不開了！因為剛才念得很快，心裡已經沒有雜念。雖然佛號的聲音沒有了，但心中的佛號聲是持續的。此時耳朵還是聽得到佛號，空氣裡還是有念阿彌陀佛的聲音，心中也還是阿彌陀佛、阿彌陀佛……，不斷在念，且與快板地鐘的速度相同。

修行念佛法門的人，沒有所謂的休息時間，心中佛號是不休息的；嘴巴可以休息、身體可以休息，但心裡的佛號不能休息，心中的佛號就要像泉水般不斷地湧出來。

(三)拜佛

拜佛念與念佛的原則完全相同，嘴巴在念，聽著大眾念，自己跟著念，心中也在念，唯一不同的是，身體在拜。此時身體、耳朵、嘴和心是合而為一的，要做到六根——眼、耳、鼻、舌、身、意同時在念，六根無二用。

拜的時候，不需要想像有一個阿彌陀佛在面前，只要知道阿彌陀佛是禮拜的對象就好。然後身體的每一個動作，從合掌、彎腰、出手、跪下，手肘著地、膝蓋著地、頭著地，到站起來為止，都做得清清楚楚，並且與佛相應。譬如手要下去時，全神貫注念阿彌陀佛，但是配合著手的動作，要拜下去時，你說：「我的身體正在拜阿彌陀佛，我知道我的感覺，每一個動作、每一個關節的動作都是在拜阿彌陀佛。」

禮佛是對佛的禮敬，是以禮貌的動作來表示對佛的尊敬，因此在拜的過程之中，每一個動作都不能馬虎、敷衍，否則就好像是雞在吃米，或是磕頭如搗蒜，一點禮敬的意思都沒有。但是也不要緊張，要非常安詳、輕鬆、安定地拜。

一邊念佛、一邊拜佛，一邊留心拜佛的每一個動作。每一個動作的感覺都要清清楚楚，然後心中是佛號，每一個動作、每一個感覺全部都是佛號。這樣雜念就會減少，也不容易有產生雜念的機會，這時修的就是「念佛三昧」。

另外，禮拜的時候不能貪，想要拜多少拜。如果煩惱重時，要快拜；如果煩惱不是那麼重時，要慢慢拜，就能把心安定下來。

(四) 其他時間

在其他時間，也就是離開大殿、佛堂後，要去上廁所、喝茶、吃飯，或是換洗衣服、洗臉、漱口、出坡，不管是什麼動作、什麼姿態，都應該讓全部身心與佛號相應。

譬如去喝茶，心裡可以想：「我現在要去喝水。」在前往喝水的地方時，可以觀想步步蓮花、念念彌陀，到了喝水的地方，倒水、喝水，則觀想喝的是蓮池中的八功德水，而且是阿彌陀佛所賜的水，一邊喝一邊念佛，心裡還是阿彌陀佛。

上廁所時，有人覺得廁所好臭，怎麼能念阿彌陀佛？我們身上沒有一個地方不是臭的、髒的，有口臭、汗臭，然後鼻孔裡有鼻屎、耳朵裡有耳垢、眼睛有眼屎，我們根本就是一個臭人。如果臭就不能念佛，那我們這個身體就不能念佛了。身體是道器，我們就是要用這個臭皮囊做修行念佛法門的工具。

廁所裡臭是正常，本來小便、大便就是臭的，而且臭有什麼關係？有人想，佛會跑掉。我們自己在念佛，佛在心中，心中有佛，念念把心與佛號相應、與佛的願力相應，佛就是自己。所以，在廁所裡可以念佛。

但是進入廁所，要脫海青。穿著海青是為了莊嚴佛殿，目的是將臭皮囊蓋起來，使我們看起來整齊、順眼，不會眼花撩亂，也不會分心、散心，這是為人助道、為自己修道。到廁所，是一個人，不需要莊嚴，最好脫下來，況且穿海青上廁所也不方便。

脫海青時，念佛；如廁時，念佛；離開廁所洗手時，念佛；拿海青時，念佛；穿海青時，也念佛；隨時隨地不要忘掉念佛。如果不小心跌了一跤，一聲阿彌陀佛；看到人跌倒了，也是一聲阿彌陀佛，然後趕快把他攙起來。這就是為什麼佛教徒逢人就稱阿彌陀佛，發生狀況時也稱阿彌陀佛的原因。不是因為禮貌，也不是為了祈求阿彌陀佛來幫你的忙，而是因為隨時都不離佛號。

出坡，不是讓你轉換氣氛，因為在佛七期間，安排的出坡工作都非常單純，不需要太花頭腦，所以還是可以一邊默念，一邊做工作，這樣手也在念佛。

個人的事情做完了，請進入佛堂拜佛，一邊拜佛一邊念佛，清清楚楚知道自己的動作。不要找人講話，也不要看到別人在外面轉，就跑去看花草樹木，要隨時隨地與佛號在一起。看到任何人都把他觀想成阿彌陀佛，平常走路也像在佛堂裡一樣有蓮花，那就處處蓮花。睡覺時是在蓮花上，坐著時也是在蓮花上，甚至馬桶也是蓮花。你不斷地念阿彌陀佛，在平常生活之中，會清淨、精進、少欲、無諍，會真正有慈悲心、有智慧。

我們要把環境裡所有的人、事、物通通都融入佛號裡，通通都融入佛國淨土的依正莊嚴中，因此你說：「我在念阿彌陀佛，在做阿彌陀佛的事。」吃飯時，雖然沒有感覺到這是阿彌陀佛，但是因為還在默念，飯與阿彌陀佛就是分不開的，做的事與阿彌陀佛也是分不開的。這樣你二十四個小時，一整天都與阿彌陀佛相應、相繫，眼睛閉起來，自然而然會出現瑞相。但是不要追求、想像瑞相，期待太深，變成妄想，佛也念不好了。所以，只管念佛，不管是不是有瑞相。有瑞相是好事，但不是我們修行的目的。

(五)課誦

在早晚課中，課誦內容表面上與佛號沒有關係，但事實上，我們所念的每一個字都是阿彌陀佛。這時要一心一意聽著大家唱誦，自己也跟著唱誦。但是有一些同修菩薩們的聲音有點古怪，不是念得太快就是太慢，人家還沒念他已經先念了，人家念完了他還在跟，總是差一個字。旁邊的人聽了很難過、很煩惱，心很容易就跟著浮躁，那就將注意力專注於聽維那法師的聲音，就不會受影響了。

有的人認為，課誦時不知道內容意義，很煩惱。其實，既然知道念的每一個字都是阿彌陀佛，就不一定要懂得課誦的內容，有時不懂反而能直接聽聲音，隨著聲音念下去，而不會起分別心。這是一種修行，能夠做到一心不亂地聽、一心不亂地誦，修行的目的也達成了。

譬如〈大悲咒〉，雖然從梵文可以解釋它的意義，但它的目的不是要我們理解，而只是要我們虔誠地誦念、聆聽。這叫作陀羅尼，又叫作總持，也就是說，一切功德都在持誦時產生，持誦本身就含有一切功德。因此不需要追問它的意思，不然我們念南無阿彌陀佛時，老是在想無量壽、無量光，很容易會產生分別心，接著變成散亂心，就不會念佛了。

(六) 睡眠

夜裡睡覺時也能練習心裡念佛，在經典及論典裡，有一種睡眠瑜伽，就是睡眠時還在禪定中的意思；這裡的瑜伽並不是指運動，而是說身、口、意三業相應。

首先右脇而臥，放鬆身體和頭腦，但是要保持頭腦清醒，然後一聲一聲地默念佛號。這時眼睛可以閉起來，很清楚地、清醒地念，但是頭腦、身體一定要放鬆。這樣，雖然整夜念佛，第二天還是清醒的，不會打瞌睡，體力、心力都不會受影響。

睡覺時念佛，很可能念一念就忘掉，沒有關係，也不要急，一醒過來再馬上練習。如果很累，又睡著了，沒有關係，讓它睡，睡眠的品質會很好，而且因為側臥很容易清醒，不會一睡就忘記時間。

四、如何保持正念、淨念

(一)疑難雜症的排除

念佛要一心專注於佛號上，使正念不斷、淨念相繼，而且要觀想所有的環境、所有的人、所有的物都是阿彌陀佛，覺得處處都是阿彌陀佛。

雖然知道要正念不斷、淨念相繼，但我們只要一出汗、一腿痛，身體一累，雜念、妄念就馬上出現在腦海裡。就像蒼蠅在頭上轉，把牠趕走了，一下子又來了，趕掉一隻，跑來兩隻。念一念，感覺肚子餓了；念一念，想到忘了家裡還有事；念一念，感覺空氣不大好，很熱；念一念，發現腿有點痛……；頭腦裡總是不斷有各種各樣古怪的東西出現。如果就這樣下去，一星期後，你還是你，一定會說：「聖嚴師父講的方法有問題。」

這時你要用方法幫助自己，首先，不要在乎妄念，你愈是討厭雜念、妄念，念佛就愈念不下去。你老是在趕雜念、趕妄念，念佛的功效就會打折扣。所以，不管雜念、妄念，就是念佛。

接著要用方法，譬如坐著出聲念佛時，要聽著大家念佛的聲音而高聲念佛；如果是默念時，就數數、掐手指念佛。如果是經行或跑香時，因為是出聲念，所以也要高聲念，然後感覺腳是踩在蓮花上。你不要說：「這明明是水泥地，怎麼是蓮花？」或是說：「這是蓮花，踩在上面太可惜了。」這樣妄念又出現了。按照上面的方法去做就可以讓自己振作起來，振作起來就能專注。

如果是打瞌睡怎麼辦呢？張開眼睛，並且高聲念。但是在止靜的時候，聽不到他人的佛號，那就眼睛睜開、背挺直，然後數數念佛。以兩隻手來數，用一隻手數個位數，另外一隻手數十位數，當個位數數到十，十位數就數一個，然後再數；再數十個，十位數就數第二個。最後十位數數到十時，就念了一百次，以此繼續數下去。這個時候一定不會想睡覺，因為好有趣味。你不斷地數，當數到五百時，引磬可能就響了；如果還沒有打引磬，再繼續數。

此外，還要多懺悔，因煩惱業障不能消，念佛時的雜念就很多，障礙也很多，可能一會兒頭痛、一會兒背痛，一會兒腳又痛了、眼睛又痛了、喉嚨又痛了，那麼這就是障礙現前。

障礙有的是自己身體、心理的障礙，有的則是環境上的障礙。環境出現障礙，有的是你的逆增上緣，有的是你的障緣出現。有障緣出現就要心生慚愧心、懺悔心，以慚愧心、懺悔心來除障礙，然後一心一意地念佛。這樣即使不能得到念佛三昧，心也是清淨的，善業也是清淨的，當你回家時已脫胎換骨。反之，如果在精進修行期間，老是在胡思亂想、哀哀怨怨、苦苦惱惱，那你是怎樣來就怎樣回去，根本沒有在修行。

(二)精進的修行態度

修行不管多麼累，一定還是要努力精進不懈。

有一次我遇到超級馬拉松的世界冠軍林義傑，我問他累不累？他說：「當然，不僅腳和身體，連頭都很累，尤其抵達終點時，氣都差點喘不過來。」我就問他：「你是怎麼跑完全程的？」他說：「就是什麼都不管，只曉得往前衝。」

從新聞畫面上，我看他一路跟著領先的美國選手跑，美國選手跑得慢，他就跑得慢一點，美國選手跑得快，他就跑得快一點，快要到終點之前二十分鐘，開始衝刺，最後就得到了冠軍。美國選手雖然一路領先，但因為後面有人追趕，所以感覺壓力很大，而他只是跟著美國選手跑，即使累，但是沒有壓力，最後一直往前衝，就得到冠軍了。

修行也是一樣，要精進、不能鬆懈，雖然累，還是要不顧一切地衝到終點為止。我們雖然不跑馬拉松，但我們有「從此西方過十萬億佛土」的距離，不衝怎麼跑得過去。所以，勉勵諸位，全力以赴，用方法就會有力量。

我的醫生幾十年來都這麼告訴我：「法師！你要好好休息，休息是為了走更遠的路。」我說：「我幾十年來都沒有休息，身體雖然累，但心不累。我的心是愉快的、不急躁的，如同我常說的『要趕不要急，要忙不要累』，那我還不是活過來了，而且還活到這麼大把年紀。」因此，我們要「忙得快樂，累得歡喜」，而念佛就是要念得快樂、念得歡喜。

第四章　往生西方的條件：「淨土三經」的融攝

淨土三經即《無量壽經》、《觀無量壽經》和《阿彌陀經》，雖然大乘經典中有兩百七十多種都提到阿彌陀佛，但是有系統、有層次、有組織地介紹極樂世界阿彌陀佛的還是這三部經典。

中國的淨土宗，從唐朝開始本來很重視《觀無量壽經》和《無量壽經》，但是到了明朝，因為《阿彌陀經》直截了當，說念佛就能往生，沒有太多的大道理，所以特別重視《阿彌陀經》，而這種傾向一直延續到近代中國。

原則上有信、有願，再加上行——念佛，即使不知道那麼多大道理，也可以往生。但是這卻造成了一個不好的現象：凡是佛教徒都念佛，但凡念佛的佛教徒都只關心自己能不能一心不亂、能不能往生西方極樂世界，而對佛法的正知正見、正修正行，所謂戒定慧三學、三十七道品、六波羅蜜都不是很重視，對人間的苦難、社會的狀況也都漠不關心。所以在明、清兩、三百年的時間裡，佛教徒普遍是消極、逃避現實的，愚癡、沒有學問知識的，因為無知、因為消極，使中國佛教漸漸衰微。當然這只是衰微的原因之一，不能說就是《阿彌陀經》讓佛教衰微，而是運用的人出了問題。

問題是出在解釋《阿彌陀經》時，忽略了「淨土三經」是一體的，不能僅僅講一部經而不管其他兩部經。必須要整合一體來看，才能夠知道淨土法門要怎麼修。如果我們不管《觀無量壽經》和《無量壽經》，只講《阿彌陀經》，雖然可以，但是會有偏差，會讓我們忽略往生淨土之前該有的因行，也就是淨業正因。正因是正確往生淨土的因，如此才能得往生淨土的正果。持名念佛只是正因之一，還需要有其他的助修法門，做為我們的淨土資糧。

一、《阿彌陀經》的往生條件

《阿彌陀經》的往生條件很簡單，經上說「不可以少善根福德因緣，得生彼國」，也說到，如果用一天乃至七天的時間持名念佛，而能念到一心不亂即能往生極樂世界。所謂一心不亂實際上就是《無量壽經》所講的「一向專念」。但是《阿彌陀經》只講念佛可往生，並沒有解釋什麼是少善根？什麼是少福德因緣？這一點就必須從《無量壽經》和《觀無量壽經》來補充。

二、《無量壽經》的往生條件

《無量壽經》說往生極樂世界有四個基本條件：第一，發心出家為沙門；第二，發無上菩提心；第三，修一切功德；第四，一向專念念阿彌陀佛。要上輩往生的人必須具足四個條件，中輩往生的人可以不出家，但須具足其他條件。而下輩往生者則至少要有第三和第四個條件，否則生不了西方極樂世界。以下依序說明：

(一) 發心出家為沙門

發心出家有兩種，一種是真正的現出家相，另一種雖然不現出家相、沒有受出家戒，但是修出家行、離欲行，就是沒有私人的產業，也沒有牽牽掛掛的感情問題，這樣也可以稱為出家。

(二) 發無上菩提心

無上菩提心就是發成佛的願心，但不是嘴上說說就可以了，一定是要從菩薩道做起，當圓滿了菩薩行，就能成佛。行菩薩道要悲智雙運，慈悲是對待人的，智慧則是處理事的。凡遇到金錢、愛情、事業等種種問題時，如果能放下情緒，用智慧來面對它、接受它、處理它、放下它，就不會起煩惱。與人相處時，如果能用慈悲來對待，就不會與人起衝突、磨擦，也不會排斥、嫉妒、怨恨或看不起他人。

兼具慈悲和智慧，才能對自己有利，也對他人有益。譬如驕傲的人，不但有稜有角，還帶著一身的毛，每一根毛都像針一般尖銳，別人碰到你的時候，你會痛，你一碰到別人，別人也會受傷，這就是沒有慈悲，也沒有智慧。凡是沒有慈悲心的人一定是愚癡，沒有智慧的人要讓他慈悲也不容易，所以悲智一定要雙運，悲智雙運才能自利利他。而菩薩是以慈悲為第一，如同〈四弘誓願〉的第一願是「眾生無邊誓願度」，再來才是斷我們自己的煩惱，也就是第二願「煩惱無盡誓願斷」，能斷煩惱就是智慧。

用佛法來增長慈悲心、智慧心，這就是行菩薩道、修菩薩行，也就是發無上菩提心的內容。但如果僅是嘴上說說，然後就希望立即成佛，坐在蓮花上讓人家禮拜，那是愚癡心、煩惱心，是虛妄的傲慢心，並不是無上的菩提心。

(三)修一切功德

功德分成有漏和無漏。有漏功德是屬於人天善行，就是以希求心、有我的心、有所得心來修功德。譬如點光明燈，一般人希望長壽，生病的人希望健康，有種種障礙的人則希望消災免難，這些都是條件交換的功德。這就像一邊存款、一邊提款；又好像一邊在容器中灌水，另一邊又開一個洞放水。灌水就是做功德，放水就是在享用自己的功德，所以稱為有漏。

因此，如果做了功德以後，希望自己獨享，而說「這一生不能享受，我到下一生享受」、「我不在人間享受，我到天上享受」，或是說「即使不是我享受，也要讓我的兒孫去享受」，這都叫作有漏功德。但不是說有漏功德就不用做了，因為要凡夫不自私、不為自己打算，很不容易。

在三界之內，我們修什麼福德，就能夠得到什麼果報。這是有漏的因果。所以，想生天就要修天人的福德，若修人的福德就往生人道了。五戒十善就是人天福報；普通的在人間，好一點的生天上，再好一點的生更高層次的天。欲界天一共有六層，包括四王天、忉利天、兜率天、夜摩天、化樂天和他化自在天，這六天全部都是人天果報。能生第幾層的天，就看你修五戒十善的程度，至少能在人間子孫滿堂，而且健健康康、白白胖胖，盡享榮華富貴。

但是一切功德都要以發心來看是大或小，譬如捐款，如果是盡心盡力地捐，無論是小錢、大錢都是平等的功德；如果有大力而捐小錢，功德比較小，小力而捐大錢，功德比較大。但是有的人雖然有錢，沒有辦法拿出來，已經盡全力也只能夠捐小錢，這樣功德也算大。

無漏的功德是修三十七道品、六度萬行。所謂六度，是布施、持戒、忍辱、精進、禪定、智慧；三十七道品則包含四念住、四正勤、四如意足、五根、五力、七菩提分、八聖道分。七菩提分就是七覺支，八聖道也稱為八正道。其實在西方極樂世界裡所有一切的聲音都是在念佛、念法、念僧，都是在宣揚三十七道品。

我們在人間就要修三十七道品、行六度，六度實際上包括一切功德，都叫作無漏功德。法鼓山在提倡建設人間淨土，就要提昇人的品質。要提昇人的品質，可以用〈四眾佛子共勉語〉以及「心五四運動」，它能讓我們完成慈悲和智慧，就是悲、智二行。如果我們不斷修行，也勸勉其他人修，我們就生活在人間淨土，也能讓大家體驗到人間淨土。這就是修一切功德。

修一切功德是完成我們的人格，即太虛大師說的「人成即佛成」，最高、最完美的人格就是悲智雙運。悲智雙運，福慧兩足，圓滿了福德和智慧，那就是佛。

(四)一向專念念阿彌陀佛

發無上菩提心是願，而修一切功德是行；但除了修一切功德外，還要持名念佛，就是一向專念念阿彌陀佛。一向專念就是一心一意、心無雜念，也就是一心不亂地念阿彌陀佛，還要時時念、處處念，念念不離佛號。

有的人在健康時，從來沒有想過要學佛，也沒有想過要念佛，那還能往生嗎？假如臨命終時，遇人開導，教他發無上菩提心，教他念佛發願往生西方極樂世界，而他也能回心轉意發願往生，那還來得及。但如果已彌留，時間所剩不多，至少要以十念念阿彌陀佛才能往生，就如《無量壽經》四十八願的第十八願所說：「設我得佛，十方眾生，至心信樂，欲生我國，乃至十念，若不生者，不取正覺，唯除五逆，誹謗正法。」這表示除了五逆和誹謗正法的人之外，十念就可以往生，這是最方便的條件。

十念就是第一個念頭想到念阿彌陀佛，第二個念頭還是想到念阿彌陀佛，連續十個念頭都想到念阿彌陀佛，這也是一向專念念阿彌陀佛，也確定得生西方極樂世界。

如果臨終連十念也不能，又該怎麼辦？第十九願說：「設我得佛，十方眾生，發菩提心，修諸功德，至心發願，欲生我國，臨壽終時，假令不與大眾圍遶現其人前者，不取正覺。」可見若有眾生在生前已經發了菩提心，已經修了很多的功德，也至心發願要去極樂世界，即使臨終沒有念佛，還是可以往生。所以，如果你擔心自己臨命終時連十念都不能，就要早一點準備。

還有第二十願：「設我得佛，十方眾生，聞我名號，係念我國，殖諸德本，至心迴向，欲生我國，不果遂者，不取正覺。」這裡也沒有提到念佛，只說若聽到阿彌陀佛的名號，且一直嚮往能去極樂世界，平時則布施、持戒，積功累德，並把所有功德迴向往生西方，這樣臨命終時沒有念佛也能去。

如果生前並未發菩提心、修諸功德，也未發願，沒有關係，因為第三十四願說：「設我得佛，十方無量不可思議諸佛世界眾生之類，聞我名字，不得菩薩無生法忍、諸深總持者，不取正覺。」這意思是說，十方無量不可思議諸佛世界的每一個眾生，只要聽到我阿彌陀佛的名字，如果不得菩薩的無生法忍而總持一切功德的話，我不會成佛。現在阿彌陀佛既然已經成佛，表示十方無量不可思議諸佛世界的任何一個眾生，只要聽到阿彌陀佛的名字，將來一定可以得菩薩的無生法忍。總持是陀羅尼，也就是功德全部能夠成就的意思。

阿彌陀佛真慈悲，他開的方便比任何一個法門都廣大，可深可淺、可高可低，是三根普被。而且這是阿彌陀佛親口所說，所以請大家安心，一定都能去。

三、《觀無量壽經》的往生條件

《觀無量壽經》說，求生西方淨土要修十六種觀行，所以《觀無量壽經》又叫作《十六觀經》。但是十六種觀裡，其實只有前十三觀是觀想，後三觀則分別講述九品蓮花的條件。九品即上品上生、上品中生、上品下生，中品上生、中品中生、中品下生，下品上生、下品中生、下品下生，雖然有九個品位，但也是分為上、中、下三個等級，與《無量壽經》的上輩、中輩、下輩相同。

觀想雖然很有用，但是不容易觀成，需要具備禪定的基礎工夫，所以念佛還是最方便的法門。但除念佛，首先還要修三種福業，這叫作「淨業正因」。

(一)三種福業

三種福業：第一是孝養父母，奉事師長，慈心不殺，修十善業。第二是受持三皈，具足眾戒，不犯威儀。這主要是持戒。第三是發菩提心，深信因果，讀誦大乘，勸進行者。以下依序解說。

1. 孝養父母，奉事師長，慈心不殺，修十善業

(1)孝養父母，奉事師長

倫理對人類很重要，人類的文明、人類之所以成為人類的原因，就在於有倫理的思想。而中國人特別重視孝道，尤其是儒家，將父子列於五倫之首，視「孝養父母」最為重要。

印度雖然沒有五倫的觀念，可是《觀無量壽經》的說法因緣，就與「孝道」有關。當時摩揭陀國新上任的國王阿闍世王，想把老王——父親頻婆娑羅王給活活餓死在監牢裡，

母親韋提希夫人只好將加上食物的蜜塗在身上，趁探監的時候，再把身上的蜜和食物刮下來給老王吃。後來事跡敗露，韋提希夫人也被關了起來，她在牢裡日日向佛祈求，希望佛能前來慰問說法。釋迦牟尼佛便以神通力在韋提希夫人面前出現，並帶領她到耆闍崛山，為她說了一部《觀無量壽經》。

由於不孝的國王，佛說了這部經，鼓勵所有的人應該要孝養父母，這就是倫理。這部經典雖然是從梵文翻過來的，但是與中國孝道的精神是相應的。

過去社會認為「一日為師，終生為父」，將老師視同父親般重要，因此也要孝順、供養。父母給我們身體、養活我們的生命，而老師傳授我們知識、技能和智慧，給我們精神的生命，與父母同等重要，所以要「奉事師長」。

不孝養父母、不奉事師長等於是犯了五逆重罪。五逆包括殺父、殺母、殺阿羅漢、出佛身血及破和合僧。修行淨土法門的人如果犯了五逆重罪，照《無量壽經》的說法是不能往生西方極樂世界的，即使是依《觀無量壽經》的說法，若能懺悔，並願意求生西方，還是可以去，但也只能到下下品。所以，如果一個修行佛法的人連父母都不孝養、連師長都不奉事，與求生淨土是背道而馳的事。可知佛法是非常重視人間的倫理關係。

我的父母已經往生，我沒有辦法再孝養他們，所以我常常勉勵自己，要好好運用父母給我的身體，然後把一切功德迴向給他們，以此來懷念他們。但我相信，如果他們還活著，我可以用佛法幫助他們過得更快樂。

出家人都是用佛法來幫助人，但是如果父母沒有辦法生活，當然還是有責任養活父母，對於老師也是一樣。我這一生有很多老師，上學時有上課的老師，皈依時有皈依師，受戒時有戒師，剃度時有剃度師，凡是做過我老師的人，我心中總是念念不忘，常常會想到他們。有一些老師雖然只教過我幾天書，但我還是深深懷念他們，這就是人類倫理的觀念，佛法也告訴我們應該如此。

但是這裡所講的「師長」，主要是指傳授佛法、接引我們修學佛法的人，這不是說傳授世間學問的老師不重要，而是因為佛法使我們獲得法身慧命，使我們懂得如何離苦得樂、如何自利利他，功德、恩德無量，所以顯得更重要。

老師在佛教裡稱為「阿闍梨」，譬如教授讀經的是教讀阿闍梨，教授禮節的是教授阿闍梨，所有教我們修學佛法的人的都是阿闍梨，即使只教過一句經或勸勉過一句話。

有的人很奇怪，只承認皈依師父是他的老師，即使後來跟隨另外一位法師學佛，也不認為他是老師。有一次，我們授菩薩戒後，有一位菩薩說，他已經皈依某一位法師了，必須從一而終，不能再拜其他的師父。我問他：「跟那位法師學佛多久了？」他說：「從來沒有，因為他已經往生很久了，現在是跟您學。」從來沒有跟他學過，卻說從一而終，其實這只是結個緣而已。皈依師是阿闍梨，菩薩戒的戒師當然也是阿闍梨，而在受戒的過程中，我也說了很多佛法，當然是他的老師。一生之中，皈依師只需一位沒有錯，但是學法的過程中，可以有許多師父、老師。

世俗學問的老師對我們的幫助也很多，否則我們可能連字也不識，是非也不明，許多技巧、技術都不會。此外，也不是在學校裡的才是老師，所有教你的，譬如做人處事、烹飪、縫紉、工作上的專業等，都是老師。

所謂「三人行必有我師」，凡是在生命過程中曾經給我們利益的，都是我們的老師。利益有順向的、逆向的，一般我們都很願意承認順向的是我們的老師，但是對逆向的，也就是給我們阻擾、打擊的人，就把他當成仇人。其實他們也是老師，因為他們給我們阻撓、壓力，給我們種種的衝擊，使我們困而知之，使我們奮發圖強，使我們衝破種種的難關，更豐富了我們的人生經驗。如此看待，則無一人不是我的老師，全部都是我的菩薩，因此，我們對所有的人都應該恭敬供養。

(2) 慈心不殺

「慈心不殺」，不殺生是慈悲心，大乘菩薩最重要的就是慈悲，而素食就是慈心不殺的表現。漢傳佛教從很早就開始素食，但確切時間已不可考，最早有文獻記載的是梁武帝，據說他供僧時即用素食。但是在他之前也從未有佛教葷食的記載，譬如某某大師說法時宰殺了多少牛，供養了多少隻豬、多少隻羊等，可知早在梁武帝前中國的大乘佛法就已經素食。另外在《涅槃經》及《梵網菩薩戒經》，也都明確告訴我們不可吃眾生肉，在中國最流行的《楞嚴經》也主張素食。

在印度因為出家人要托缽乞食，無法專門到素食的人家托缽，所以供養什麼就吃什麼。可是在戒律和經典裡，也都沒有釋迦牟尼佛吃肉的記載，所以近代有人以此證明釋迦牟尼佛是素食的。

按照部派佛教時代的戒律和經典，出家人可以吃三淨肉——三種清淨的肉，包括眼不見殺、耳不聞殺和不疑殺；就是沒有看到、聽到，或沒有為我而殺的嫌疑，意即不是為了給我吃而故意殺的。就好像沿門托缽時，施主們並不是因為出家人要來托缽，所以特別宰殺雞、羊來供養，供養的是現成的。此外，自然死亡、互相殘殺，或者是被獵人獵殺而未食用完的，也是三淨肉。

在中國，因為出家人就住在寺院裡，不需要沿門托缽，可以自己烹調素食，所以中國的佛教可以素食，成為中國佛教的一種美德。

(3)修十善業

「修十善業」，是人天的善法，得人天福報。十善可分為身業的三條、口業的四條和意業的三條，它的內容實際上就是五戒，即不殺生、不偷盜、不邪淫、不妄語、不飲酒。十善沒有不飲酒，而五戒的前三戒即身業的三條；口業的四個項目——不妄言、不綺語、不惡口、不兩舌，合起來即五戒的不妄語；另外因為強調犯戒的內在動機，再加上意業的不貪、不瞋、不癡；一共十善業。

我們心裡要隨時隨地警戒，注意貪念、瞋心和愚癡心的生起。愚癡心就是忘掉了因果、忘掉了因緣；不相信因果是斷見，不相信因緣是常見，凡是常見、斷見都是邪見，這就是癡。

我們修學淨土法門的人，如果身業不防護，口業沒遮攔，意業沒有約束，雖然還是可以往生西方淨土，不過是帶業往生。如果我們活著時沒有先消業，業太重，就算到了西方極樂世界也見不到佛，就是下品下生。所以，為了不要再造更多的惡業，要修十善業。

修十善業並非僅是消極地防非止惡，還要積極發揮它的作用，譬如不殺生，還要進一步地護生、放生；不偷盜，還要進一步地布施、供養；不邪淫，還要進一步地修梵行，即離欲行；不兩舌、不惡口、不妄言、不綺語，更要用愛語、慈悲語、讚歎語來勸人家念佛、念法、念僧；這樣就是真正的善業了。

2. 受持三皈，具足眾戒，不犯威儀

（1）受持三皈

「受持三皈」，三皈是皈依佛、法、僧三寶，即願意相信釋迦牟尼佛，願意相信釋迦牟尼佛講的法，願意相信比丘、比丘尼的僧團，或者是僧寶所傳持的佛法。佛法需要僧寶來主持、來傳授，沒有僧寶就沒有佛教的教團，就不能弘法利生。淨土法門是佛陀所說，所以要修行淨土法門一定要受持三皈依。向僧寶學佛法，用佛法來修行，就是皈依三寶。

皈依又稱為皈敬，除了相信、認同、願意接受，還要對三寶起恭敬心；沒有恭敬心的接受，不算是真正的皈依。三寶是讓我們離煩惱生死之苦，得涅槃解脫之樂的寶筏慈航，所以要把三寶當作我們的皈依處。

（2）具足眾戒

「具足眾戒」，就是具足各種戒，基礎的是五戒，再來是八戒，更進一步是沙彌、沙彌尼戒，最高的則是具足戒。

戒的功能在於防範造惡業，我們在生死之中不得解脫，就是因為造了生死業，即犯了殺、盜、邪淫、妄語四種根本戒。所以要受持五戒，從此不再造生死的惡業，才有解脫的可能。

已經造的惡業怎麼辦？要懺悔。懺悔能夠得清淨，能夠斷煩惱，斷煩惱就能夠消業。業由心起，罪由心造，如果凡夫心、煩惱心斷了，見、思二惑斷了，業就能消。要斷煩惱，消極地是持戒，積極地是行布施、修禪定。然後在持戒、布施及修禪定的過程之中，還要以精進心來修忍辱行，這是斷煩惱的基礎，斷了煩惱就有智慧，這就是六度。所以持戒是六度的根本，是消極地不造生死業，而最基礎、最基本的戒就是五戒。五戒是不殺生、不偷盜、不邪淫、不妄語、不飲酒。酒本身不是罪惡，但是飲酒很容易亂性，而導致犯了前面四條戒，所以最好不飲酒。

在家眾受的戒，除了五戒外，還有八關戒齋；受持八關戒齋的目的是練習修離欲行，學習過出家人的生活。八關戒齋以五戒為基礎，但是將不邪淫改為不淫欲，再加上不以華鬘裝飾自身、不歌舞觀聽，不坐臥高廣華麗床座及不非時食，即為八關戒齋。

受八關戒齋，原則上最好是到寺院裡住一天，在印度有「六齋日」，一個月有六天可以到廟裡受八關戒齋。目前我們法鼓山只能在假日舉辦，而泰國及東南亞幾個國家，近來也是配合現代人的生活方式，以星期天為佛日。如果不住寺院也可以，但是在前一天晚上要夫妻分床，因為八關戒齋是不淫欲，不是不邪淫。此外，睡的床鋪不能是高廣大床，第二天白天也不能用香油塗身、不能用香花鬘，過的都是出家生活。在家人平常要工作維持家庭，過家庭生活，一個月能有幾天發願練習過出家生活的離欲行、解脫行，是非常好的。

一日一夜過出家生活都已是功德無量，何況是終身出家？終身出家首先要受沙彌十戒，也就是八關戒齋再加一項「不捉持生像金銀寶物」，也就是不擁有金錢。

人如果擁有財物，容易起貪心、執著心，所以出家人不應有私人的金錢或物品；寺院裡的都是公用的常住物，並非個人所有。現在有一些人出家，會先暫時把錢存在銀行，或是把產業託人管理，以免還俗沒有退路。如果不還俗，也可以買房子，自己修行。這是沙彌十戒不具足，少受了一項，沙彌戒就是要我們終身出家。

「具足眾戒」的意思是說，凡是出家人應該遵守的戒律都要具備；比丘有二百五十條，比丘尼則有三百四十八條。《無量壽經》說上輩往生需要出家，《觀無量壽經》也這樣鼓勵。經中鼓勵我們把戒守好，至少要受五戒，甚至八關戒齋，更好是出家受沙彌、沙彌尼戒及比丘、比丘尼戒，若再加上其他福業，一定可以往生西方淨土。

(3)不犯威儀

受了戒以後，要「不犯威儀」，所謂坐有坐樣，站有站樣，睡覺也有睡覺的樣子。威儀不好會妨礙人，讓人反感、看不起。試想如果有人三天不漱口，頭髮亂得像蓬草，身上很臭，衣服也不洗，你看了會舒服嗎？

凡是讓人家討厭、不舒服的事都是不威儀，譬如穿著海青，翹著二郎腿在那邊念阿彌陀佛，或是穿著短褲、汗衫，甚至打著赤膊來寺院聽經。大眾的威儀整齊，只有你一個人奇形怪狀，讓人不舒服，就是有失威儀。

戒律裡雖然沒有禁止抽菸，但是中國的出家人是不抽菸的，因為菸妨礙公眾衛生。抽菸的人自己覺得抽得滿過癮的，可是那個二手菸讓其他人聞了很不舒服，所以也不威儀。

3. 發菩提心，深信因果，讀誦大乘，勸進行者

(1) 發菩提心

「發菩提心」，在《無量壽經》裡也說過。不發菩提心不是大乘，就不能往生西方淨土；因為西方淨土是大乘諸佛菩薩所在之處，雖然也有阿羅漢，但他們本來就是大菩薩，只是顯現聲聞相。

(2) 深信因果

「深信因果」，因果分有漏和無漏。有漏因果就是修人天善法，譬如修橋鋪路、布施貧窮，求來生生天或再到人間來享受榮華富貴；五戒十善是人天的因，將來是得人天的果

報。如果修四聖諦、八正道、三十七道品、六度四攝，則能得解脫果、無上菩提果，是無漏因果。我們修淨土的資糧行，得生西方極樂世界，蓮花化生之後能夠見佛聞法、斷除煩惱，然後度無量眾生、供養無量諸佛，這也是無漏的因果。

惡業也有因果，造了三惡道的業，將來就會受三惡道的果報。你造畜生業，將來就進入畜生道；造餓鬼道的業，將來就進入餓鬼道；造地獄的業，將來進入地獄道。而造人間的五逆十惡，就是造了三惡道的因。

一定要相信因果，如果不相信，造的任何功德、修的任何法門，全部都沒有用了。而且因為不相信因果，不怕有惡果，所以就造種種惡業，非常可能墮三惡道。

(3) 讀誦大乘

「讀誦大乘」，就是「誦經」，我們每天早晚念的《阿彌陀經》、《心經》，還有《法華經》、《金剛經》等，都是大乘經典。讀經對自己來說，有兩種好處：一種是藉此了解經中的內容，做為實踐的標準；佛經就如同鏡子一樣，每天讀誦即是照一照自己的心行，看看有沒有違背經典。

第二是能幫助我們入定、開悟。經典每讀一遍，可以加深我們對經文的體會；每讀一遍，可以讓我們的心更專注、更寧靜。古來有許多大德即因讀誦經典而開悟，譬如天台宗的智者大師，即因讀誦《法華經》而開悟，稱為法華三昧。同樣的，如果我們專門念《阿彌陀經》，也可以修成彌陀三昧，如果每天都念《金剛經》、時時都念《金剛經》，也可能修成金剛三昧。

另外，還有一種好處，不是對自己，而是布施給靈界無形的眾生。誦經時，除了護法龍天，有緣的一些靈界無形眾生也會來聽。他們不會誦，但是可以聽，這等於是在代佛說法。把佛法一遍一遍地複誦，護法的龍天，諸天、神、鬼通通都能得到法益，這也是布施。

(4) 勸進行者

「勸進行者」，自己在修淨土的正因——三種福業，也勸勉其他人一起來修。還沒有開始的人，勸他們來修；已經開始的人，請他們精進地修。這是自利利他。

(二) 九品蓮花

《觀無量壽經》說，往生淨土的人要修三種福業，這是淨業正行，可以往生西方極樂世界的九品蓮花。但是每一品除了三種福業外，還有另外的條件，這在十六觀中的第十四、十五、十六三觀，說得非常清楚。

1. 上品

（1）上品上生

上品上生，主要有六個條件，前三項是至誠心、深心、迴向發願心。

「至誠心」就是非常懇切的心，所謂「精誠所至，金石為開」，如果誠心念佛、學佛、求生西方淨土，一定可以往生。至誠心是以信心為基礎，譬如我們常形容人說：「他信得好虔誠。」這就是至誠心。「深心」，深是深徹、徹底，不是馬馬虎虎、迷迷糊糊、可以去也可以不去，而是「我非去不可」、「我一定要去」，是在堅決的信心以外，還要再加上願心。

如果信心不至誠，不可能會相信。阿彌陀佛極樂世界是釋迦牟尼佛講的，而釋迦牟尼佛是不誑語者、不異語者、不妄語者、真實語者，所以一定要相信，這就是至誠心。相信以後，覺得非得去不可，就變成深心了。

「迴向發願心」，迴向的意思有兩種：第一、做一切功德的目的，不論是持戒、布施、忍辱、精進、禪定，或是聽經、誦經，都是為了往生西方極樂世界。第二、是迴己向他，就是把自己的一切功德分享給所有的眾生，願一切眾生得利益，譬如打佛七時，為歷代祖先、歷劫怨親寫的牌位。不過即使與自己沒關係，還是要幫助他們，所謂願度一切眾生，願修行的功德與一切眾生分享。因此，我們在人間就要多布施，多做慈善功德，多用自己的時間、體力、心力來幫助他人。像每次佛七，都有許多信眾菩薩來做義工，他們將自己的時間奉獻給我們，這是他們的功德，也在修福德。

另外三個條件是：慈心不殺，具諸戒行；讀誦大乘、方等經典；修行六念，迴向發願生彼佛國，這三個條件幾乎就是三福業的內容。六念是念佛、念法、念僧、念戒、念天、念施，發願迴向阿耨多羅三藐三菩提即是發無上菩提心。

一生之中隨時隨地都要念佛，不要等到臨終。平時不燒香，臨「死」抱佛腳，可能就失去機會了。通常我們不知道自己什麼時候會死，但是如果平常念佛工夫下得深、用得久，就可以預先知道死亡的時機。有的大約在命終前一個月，有的則是半個月、一星期或三天。如果能預知時至，就能安詳地準備後事。先把身體洗乾淨、衣服穿好，時間到了，一坐，就開始念阿彌陀佛。念一天乃至七天，甚至十聲，就心不貪戀、意不顛倒，歡歡喜喜地、很有信心地到西方極樂世界去。不會恐懼、害怕，也不會手足無措。

當要斷氣時，阿彌陀佛、觀世音菩薩、大勢至菩薩西方三聖親自來迎接，還有西方極樂世界的諸大菩薩、大阿羅漢也都來了。觀世音菩薩托著一個由金剛鑽做的蓮台，請你上座，然後在像武林高手的手臂一伸一屈那麼短的時間內就到了蓮池，到了之後，阿彌陀佛立刻為你說法，馬上斷除見、思二惑，並除一分無明而證無生法忍。證無生法忍就相當於初地的菩薩，立刻就轉凡成聖，馬上從凡聖同居土到實報莊嚴土了，就不在蓮池之中。這就是上品上生，如果希望自己也有那麼一天，就要精進念佛。

（2）上品中生

上品中生的人，要深信佛法的第一義諦。什麼是第一義諦？佛法有真諦、俗諦、第一義諦，俗諦就是世俗的知見，真諦是出世的道理，譬如苦、集、滅、道四聖諦，及苦、空、無常、無我等。而一般人追求的幸福快樂、榮華富貴、平安健康、吉祥如意，這都是俗諦。凡是有所祈求、企圖，想在三界之中得到報酬、得到回饋的，都叫作俗諦。也就是說，三界之中一切的因果法則都叫作世俗諦；出三界的、解脫道的一切因果法則，是真諦。

第一義諦則是即真即俗，非真非俗，亦真亦俗，也就是「佛法在世間，不離世間覺」。菩薩已經從世間的煩惱解脫，但是他不厭離世間人煩惱的環境，為了度眾生而到世間來。第一義諦又叫作中諦，就是天台宗所說空、假、中三諦的中諦。

相信第一義諦即是大乘，而往生淨土者都是大乘，所以上品中生者對第一義諦要有信心。不要害怕，覺得好不容易才到了西方極樂世界，還要再到娑婆世界度眾生，實在太恐怖了！真的就有人這麼認為，既然去了以後還要來，等於不去，為什麼還要去？就是因為怕苦，才到極樂世界，為什麼還要來度眾生？其實在極樂世界已經得解脫，即使再到娑婆世界來，也是自在的、自由的。

凡夫是以業力、業報而生娑婆世界，是為了受報；菩薩則是以願力來到娑婆世界，是為了度眾生。凡夫因業報而生娑婆世界，雖然有可能是享受福報，但是福報終有到頭的一天，畢竟還是不自由的；不像菩薩是為了度眾生到娑婆世界來，需要他，馬上就來，任務一了，立刻就走，不害怕也不貪戀，這就叫作中諦，也叫作第一義諦。

上品中生的人命終時，也是西方三聖來迎接，還有無量聖眾圍繞，托的是紫金蓮台，還有千佛授手；即一千尊化身佛，每一尊都伸出手來，歡迎你去西方極樂世界。然後在一念之間，就到了西方極樂世界，再於蓮花裡坐上一夜，即花開見佛，聽佛說法，七天以後得不退轉。

不退轉有三個層次，第一是位不退，即從此不再退入凡夫界來。第二是行不退，即大乘菩薩從此不再退為二乘。第三是念不退，即念念與佛的法身相應，念念都是佛心；佛的心就是自己的心，自己的心就是佛的心。而上品中生者是得位不退。

(3) 上品下生

上品下生，要「亦信因果，不謗大乘，但發無上道心」，就是要相信因果，不誹謗大乘經典、大乘佛法，尤其是對彌陀淨土這種殊勝的法門，同時還要發無上菩提心。

往生時，西方極樂世界的三聖，以及其他大菩薩、阿羅漢們都一起來迎接。上品中生是千佛授手，上品下生則是五百佛授手；授手就好像是要攙小孩子過馬路一樣。這五百尊化身佛，一時間都來到往生者面前迎接，這時往生者看到自己坐到金色的蓮花之中，一坐上去之後，蓮花就合攏了。到了西方極樂世界之後，經過一日一夜，蓮花漸漸開放，七天之中就能夠見到佛，但心中還不是很明瞭，一直要到三七二十一天之後，才非常清楚地見到了佛，同時聽到一切聲音都在演唱佛、法、僧，因此開悟。開悟之後就能遊歷十方世界，供養十方諸佛，經過三小劫就能登菩薩的初地，也就是歡喜地。

不論是上品上生、上品中生或上品下生，也要具足《無量壽經》講的上輩往生的四個條件，它雖然簡單，但是很明確。很重要的一個條件，就是要出家，因為出家要有菩提心及出離心。菩提心，就是發願將來要成佛、要修菩薩道；出離心，是離世間一切福報的快樂。世間一切福報的快樂，一種是欲樂，是五欲之樂，是屬於欲界；一種是定樂，定是禪定，是屬於色界、無色界。這種三界的樂都不能持久，是無常法，因此需要離開。出離三界的欲樂和定樂，才能真正得解脫的大樂，得解脫的大樂之後，還要能不捨一切眾生、救濟一切眾生，這就是出離心和菩提心的配合。

2. 中品

中品蓮花一共有三等，往生的條件，從《無量壽經》來看，雖然不用出家，但是要發菩提心、修一切善法、一向專念阿彌陀佛。在家學佛的信男、信女，如果修行解脫道最高只能證到三果，如果要證四果，一定要現出家相。而中品生的眾生，他們在世的時候，雖然修了解脫道的三十七道品，可是尚未證到聖果，還是凡夫，雖然有修行解脫道的基礎、有出離心的基礎，但是並沒有真正出離，所以還是要發菩提心，修一切善法、一切功德，然後念佛發願往生西方極樂世界。往生西方極樂世界後，原則上都要先繼續完成在人間尚未證得的聲聞果位，然後再迴小向大，成菩薩果位。

(1) 中品上生

中品上生，要「受持五戒，持八戒齋，修行諸戒，不造五逆，無眾過惡」。首先要持五戒、八關戒齋，修行一切的戒；這裡所謂的一切戒其實就是五戒和八關戒齋。如果有人出了家，雖然受過比丘戒或比丘尼戒，但是他們並沒有發大乘心，基礎還是小乘，那也是生中品。除持戒外，還要不造五逆罪，而且沒有其他的過失和惡業，如此往生西方極樂世界，就是中品上生。

臨命終時，阿彌陀佛及大比丘眾都來到這個人的面前，也是化身佛，來接引這位菩薩到西方極樂世界。到了之後，坐在蓮花上面，佛為他說苦、空、無常、無我等佛法，聽四聖諦法，立即證得阿羅漢果。

（2）中品中生

中品中生不同於中品上生必須終生受持五戒、八關戒齋，它的條件更寬鬆一點。只要一日一夜持八關戒齋，或是一日一夜持沙彌戒，或是一日一夜持比丘、比丘尼的具足戒，同時在這一日一夜之中威儀齊整，沒有一點缺少，是清淨的，再加上《無量壽經》的條件，以這樣的功德求生西方極樂世界，即得中品中生。可見得出離心的重要性。

往生的時候，即能見到阿彌陀佛及西方極樂世界的一切菩薩、阿羅漢、大眾，持七寶蓮花來到面前歡迎他。往生者看到自己坐上蓮花，蓮花立即合攏，變成花苞，片刻便到了西方極樂世界。經過七天，花就開了，開花後聽聞佛法而得初果，再經半個小劫，就得阿羅漢果。

（3）中品下生

中品下生的人，生時要孝養父母，修一切善法，積功累德，臨命終時，遇善知識為他們說阿彌陀佛及極樂世界種種莊嚴的事蹟，也告訴他們阿彌陀佛在因地，也就是法藏比丘時，所發的四十八大願。命終後，就在像武林高手的手臂一伸一屈之間，那麼短的時間內，到了西方極樂世界。經過七天，就看到觀世音菩薩、大勢至菩薩說法而得初果，然後再經過一小劫，即得阿羅漢果。

3. 下品

（1）下品上生

《無量壽經》說，下品往生者只需要兩個條件，即發無上菩提心、一向專念念阿彌陀佛。而根據《觀無量壽經》，下品上生是造了很多惡業，而且沒有慚愧心的人，如果命終之時，剛好有善知識為他讚歎大乘十二部經的名字：長行、應頌、記別、諷頌、自說、因緣、譬喻、本事、本生、方廣、希法、論議，這即是經的十二種體裁，就像我們寫文章，有散文、韻文、頌文、論文、小說等。由於聽聞這十二部經名的善根而合掌叉手，稱念南無阿彌陀佛，於是派遣阿彌陀佛和觀世音、大勢至菩薩的化身來接引他。往生者坐在寶蓮花中到了西方極樂世界，經過了七七四十九天，觀世音、大勢至菩薩即來為他說法，此時還見不到阿彌陀佛，然後要再經過十個小劫，才進入初地菩薩的位次，登初地果位。

（2）下品中生

下品中生的人，也是做了很多壞事的人，受五戒犯五戒，受八關戒齋犯八關戒齋，受具足戒破具足戒，而且「偷僧祇物，盜現前僧物」，也就是偷僧團、道場的財物。道場的財物有兩種，一種是十方僧物，是十方一切僧眾所共有的；另外一種是現前僧物，是屬於現在共住一寺的僧眾共同所有，一旦離開就不再擁有。

還有「不淨說法，無有慚愧」，就是以染心說法還不知道要慚愧。所謂染心說法就是以貪心、企圖心說法，譬如說法時，心裡一直在想信眾會供養多少紅包。但若是鼓勵大眾布施三寶、布施貧窮，則不是染心，而是功德心。

雖然什麼壞事都做了，但是至少受過五戒、八關戒齋，甚至比丘、比丘尼的具足戒。而要偷僧祇物或染心說法，至少已經出家，曾做法布施，因此也算是種了善因，結了善緣。所以，本來應該要墮地獄的，可是在臨命終時，由於往昔生中的善根，臨命終時聽到善知識為他讚歎阿彌陀佛的功德，也讚歎戒、定、慧、解脫、解脫知見五分法身；修戒定慧而得解脫，真正知道解脫是什麼，就是「解脫知見」。因為讚歎這些法的種種功德，地獄之火馬上化為涼風，涼風又將天上的花送到往生者的面前，而花上坐的是化身的佛、化身的菩薩，前來迎接往生者到西方極樂世界去。

到了西方極樂世界後要經過六劫，才能看到花開，然後是觀世音菩薩、大勢至菩薩來為他說大乘經典，要他發起無上菩提心，至於什麼時候才能登到初地，經裡沒有說到，但若能發無上菩提心，將來總是有希望成為初地的菩薩。

有很多出家人，覺得自己雖然受了戒，但是常常犯戒，戒行不清淨。不要失望！犯了戒要懺悔，懺悔以後念阿彌陀佛，至少能生下品中生。

（3）下品下生

下品下生的人，則是造了五逆十惡的重罪。五逆是殺父、殺母、殺阿羅漢、破和合僧、出佛身血。五逆之中，一般會犯的只有殺父和殺母，因為現在要見到阿羅漢、佛不容易，而要挑撥離間，使一個僧團分裂成兩個，也不簡單。

有一對夫妻，太太是虔誠的佛教徒，貼了一張佛像在牆上，有一次，先生撿到一根針就順手插在佛像上，太太罵他：「你出佛身血，會墮地獄！」這個先生就問：「血在哪裡？佛在哪裡？我是插在紙上。」這說的也有道理，但是不恭敬，只是還沒有到達五逆罪的程度。

造種種的惡業，應該要墮入三惡道，先墮地獄，再到餓鬼，再到畜生，然後才會轉生為人。成為人後，依然是貧窮下賤、身心不全，這種障礙非常痛苦，經歷的時間也很久。

如果還有一點善根，臨命終時會遇到善知識為他說大乘佛法、教他念佛。能夠出聲的出聲念，如果病得非常重，或在彌留之際，根本連聲音都發不出來，那就默念。在心裡不斷地默默告訴自己：「雖然我現在不能出聲念佛，但還是要皈依阿彌陀佛，我要誠懇地、一心一意地求生西方極樂世界。」如此至少十聲，而這十念中的每一念，念念都能除八十億劫的生死罪。所以一生之中雖然造了許多的惡業，但由於念佛的功德，能滅除許多的生死之罪。所以經常有人說：「念佛一聲，罪滅河沙。」如果每一念能消除八十億劫生死之罪，而每一劫中又有許多的罪，然後十念就是八百億劫，八百億劫的生死之罪，就是恆河沙數的罪了。

此時往生者能見到像太陽那麼大的金色蓮花在面前出現，而且在一念之間即生到西方極樂世界。但到了西方極樂世界之後，還只是在花苞裡面，要經過十二大劫花才能開，才能見到觀世音菩薩、大勢至菩薩說大乘實相無相的佛法，因此滅所有的罪，發無上菩提心，最後也能成為聖人的菩薩，乃至於成佛。

以上講的即九品蓮花的往生情況，每一品都有它往生的條件，每一品都能使眾生有往生西方極樂世界的希望。到了極樂世界後，能成就不退轉的果，以至無上菩提的果。所以，彌陀淨土是所有一切法門之中最殊勝的，也因此《阿彌陀經》是釋迦牟尼佛無問自說，因為沒有人知道要問，出於釋迦牟尼佛的慈悲，告訴我們西方極樂世界的諸多好處。

四、帶業往生與消業往生

(一)消業往生

往生有帶業往生、消業往生，根據《觀無量壽經》，可知上品、中品往生者與難行道的菩薩相同，都是在沒有往生西方極樂世界之前就已經修一切功德，戒、定、慧、解脫、解脫知見五分法身都已經具足，所以是消業往生。

譬如說上品或是上輩的往生，需要現出家相、修沙門行，還要具足眾戒，包括五戒、八關戒齋、沙彌或沙彌尼戒、比丘或比丘尼戒，這就是離欲行，就能夠生上品，未出家者則生中品。

修上品的人到了極樂世界之後，立刻見佛聞法，得不退轉；中品的人見佛聞法的時間稍微晚一點，但是一聽聞佛法之後，中品上生可以得阿羅漢果，中品中生和中品下生得初果。但中品中生和中品下生得初果以後，要得阿羅漢果的時間不同；中品中生快一些，中品下生則需要長一點的時間。不論快慢，他們都是先修三十七道品裡的法門，等消業以後，才證得聲聞果，然後還要迴小向大，發無上菩提心，再修大乘法。

(二)帶業往生

1.下品往生者

下品往生者則為帶業往生，他們多是造惡業的人，雖說帶業往生，但也必須在命終前念佛消部分業障後才能往生。譬如下品上生的人，雖造種種的惡業，但是因為有善根，臨命終時能聽到善知識的開導，告訴他們大乘經典的名字，還有勸他們合掌念南無阿彌陀佛，先消了五十億劫的生死之罪，命終後就能往生西方極樂世界。就好像我們要坐船過河，那是一艘很小的船，可是你有二百公斤、三百公斤重，一上船，船很可能會沉掉。於是臨上船前先動外科手術，把身上的脂肪去掉五十公斤、八十公斤，然後就可以坐船過河了。

你身上還有重量，但是因為有船的關係，所以過河了。我們雖然還有罪，但是由於阿彌陀佛的願力幫我們除掉那麼多的罪，就可以到極樂世界了，這就是帶業往生。

但到了西方極樂世界，也沒有辦法見到佛，也沒有辦法見到大勢至菩薩、觀世音菩薩等諸大菩薩，也沒有辦法聽到佛法，要在蓮花花苞裡待上一段時間，下品上生者要七七日、下品中生者要六劫、下品下生甚至要十二大劫蓮花才會開。

十二大劫究竟有多長？娑婆世界經過成、住、壞、空四個時期是一個大劫，每一時期為一個中劫，一個中劫為二十小劫。一個小劫有多久呢？人從十歲開始，每一百年增加一歲，一直增加到八萬四千歲，這叫作增劫；然後從八萬四千歲，每一百年減一歲，減至人壽只有十歲時，就是減劫；這一增一減的過程，總稱為一小劫。

這個時間相當長，但是在生時沒有修行，臨命終時才念了十句佛號就可以往生，還是很合算。所以要勸人，就是到了臨命終時也應該求生西方極樂世界。

2. 托質蓮胎

根據《無量壽經》，三輩往生都是蓮花化生，但為攝受一切眾生，淨土法門開了一個更大的方便門，那就是托質蓮胎，是胎生，也是帶業往生。

有一些愚癡的眾生，人云亦云，人家要往生，他也要往生，但人家問他什麼是阿彌陀佛極樂世界，問他什麼是正見、因果，他都不知道，大乘經典也從來沒有看過，完全不知道什麼是佛法，或是即使聽了佛法也不懂，就是糊里糊塗的，但是他願意去，阿彌陀佛還是讓他們去。

但是到極樂世界之後，因為沒有智慧，業也沒有消，所以是在邊地的宮殿裡；也就是在蓮花池的邊緣地帶，這個宮殿就叫作「蓮胎」或「蓮宮」。他們在蓮胎中等於是閉關，五百歲不得見佛聞法。因為是在蓮胎裡，其他人看到的只是一朵一朵的蓮花苞；而且因為在花苞裡，別人也聞不到他們的味道，也不會傳染給人。

這裡所說的「五百歲」，是極樂世界的時間，與我們的時間相差很多，究竟有多久？

並不清楚，但人間的五百年就已經相當長了，何況是極樂世界的五百年？它的意義類似《觀無量壽經》所說的下品下生十二大劫不見佛，但如果問這五百年是否相當於十二大劫，則不能確認。

不管如何，雖然在這段期間看不到佛，也看不到菩薩、聖眾和諸上善人，但是那個宮殿裡的環境就像天宮一樣，所以還是值得去。這樣聽起來，阿彌陀佛的淨土法門好像是專門幫助壞人，專門做惡人的避風港？其實這只是暫時不受果報，但還是要發無上菩提心來成就佛果，以後倒駕慈航，廣度眾生，做大布施。

所以，消業往生是先修福德先還報，帶業往生是後修福德後還報。報一定要還，即使是釋迦牟尼佛，到了最後生時還是要還報。因此，並不表示我們到了西方淨土就可以賴帳，欠了帳不還，一走了之。如果在生時不先修福業，把業消掉，成佛解脫以後，還是一樣要還，不過那時不會痛苦、不會有煩惱，因為已經得解脫了。而已經從生死煩惱得解脫，再來人世間廣度眾生，一邊度眾生一邊來還報的，就是乘願再來的人。

五、修行淨土法門的正確心態

很多人修行淨土法門，往往只知道要念佛，希望臨命終時能夠心不貪戀、意不顛倒，然後一心稱名求生西方極樂世界，願阿彌陀佛與觀世音菩薩、大勢至菩薩，還有諸大聖眾手執金台來接引。

這雖然不能說全錯，但是並不足夠。因為念佛只是往生條件之一，而且淨土法門是大乘佛法，如果只是一味要求別人成就自己念佛，一味求生淨土，沒有想要度眾生，沒有想要廣結善緣，那與小乘有什麼差別，甚至連小乘也不如。小乘人在證到阿羅漢果之後，至少還會在人間行化，一直到色身死亡為止，從此才不再到人間來，即「不受後有」。

因此修行淨土法門應該要有正確的心態，否則即使念到一心不亂，最後往生西方極樂世界，對人間究竟有什麼好處？最多說這是一位大修行人，並沒有為人間帶來什麼希望。

(一)正行助行兩種往生資糧皆要修

修淨土法門應該要有兩種行，一種是正行，一種是助行；正行即是稱念阿彌陀佛名號，助行則是修一切善法；正、助二行加起來，就可以往生。

但是為什麼《無量壽經》說，只要臨終十念就可以往生呢？這不是要我們等到最後再來念十句彌陀名號，或是等人家來幫我們念十念阿彌陀佛，而是因為聽聞佛法比較晚，已經沒有時間再做功德，沒有機會再修其他的福德行，是不得已的辦法。要不然淨土行者就成了懶人，而淨土法門就成了不知慚愧的法門，與佛法的精神相違背。應該是一聽聞佛法，不管還剩多少時間，立刻要修一切善行、修一切功德，立刻要發無上菩提心，然後時時念彌陀的名號，這才是大乘的菩薩行。

有的人說：「我實在沒福報，這一生除念佛外，什麼也不想了，而我現在自己都已經是泥菩薩過河，自顧不暇了，也別說發菩提心，還是等到了西方極樂世界，再由阿彌陀佛幫我發起大菩提心吧！阿彌陀佛，請您趕快來救我。」如果是抱持這種心態，絕對去不了，因為西方極樂世界是大乘佛國的淨土，一定要發菩提心，修一切的功德。

再說臨終要十念也不容易，念佛要兼具信、願、行，信心不夠、願心不足，臨終不一定念得出，更別說去西方。我曾問很多人為什麼來學佛？有人說因為父母來，所以跟著來。我問他自己信不信呢？他說因為父母信，所以也跟著信。這個信好像有，但並不是很踏實。

「信」絕對不是盲目的信仰，因為別人信而跟著信，那是姑且相信，不是真正發自內心。堅固的信心一定是要從實際的修行中建立，有了體驗之後，才能真正把信心建立起來，才能把願心堅固起來。《無量壽經》上也說得很清楚，假如有信，但是信得有些勉強或是不清楚，茫茫然地，人家問他信什麼？他說不清楚；再問他為什麼要信？則說因為大家都說好。如果是這樣的人，即使是乘佛願力到了西方極樂世界，也不能見到阿彌陀佛。

助行做為輔助的修行，必須要持戒清淨；對眾生要有慈悲心，對於父母、師長、親屬，要有感恩心、報恩心、尊敬心，這樣才能順利往生極樂世界。

平日我們雖然沒有造五逆，但是多多少少都造了一些十惡罪。十惡是從五戒來的，五戒是不殺生、不偷盜、不邪淫、不妄語、不飲酒，十惡沒有飲酒，但將妄語分成妄言、綺語、兩舌、惡口，再加上意業的貪、瞋、癡，合起來就是十惡業。十惡雖然沒有飲酒，但酒能使人亂性而犯了十惡，最好不喝。

十惡業有輕也有重，一般人大概不會犯重的，但輕的幾乎每一樣都犯過。我們雖然不可能殺人，但是卻常常殺蒼蠅、螞蟻、蟑螂、蚊子；雖然不可能做強盜、土匪和小偷，但是偶爾還是會占一點小便宜，譬如隨手用辦公室裡的紙、筆、信封、郵票、電話來處理私事，或是看到路旁的花很漂亮，就跑去聞一聞；不過若是花香自己隨風飄過來的，那就不算竊盜。邪淫是指不正當的男女關係，譬如婚外情、做第三者，但是若有勾引人的念頭，讓人不舒服，也是犯了邪淫。妄語的話，我們犯的機會就更多了，偶爾不高興就大聲吼別人，背後說人壞話、道人家長短，或是唱靡靡之音；總之，只要因言語讓人家受傷害、受損失，就是犯了妄語，是不慈悲的行為。會造惡業都不離意業的貪、瞋、癡，此三毒需要用戒、定、慧來熄滅。其實若能時時刻刻覺察，不讓貪、瞋、癡表現出來，並常常以慚愧心念佛，這樣就是正行和助行兩種往生資糧皆修了。

(二) 生時先修難行道

此外，如果我們在人間先修難行道，再將一切功德迴向往生西方極樂世界，兼修易行道，這樣就等於是在阿彌陀佛極樂世界掛了號、投了保，絕對萬無一失。而且往生的時候，不管是否已經得解脫，至少可以生中品，絕不會下品下生。

有的人沒有信心，依賴心很強，自己不想修行，只希望死後，阿彌陀佛來接引，或是臨終時，請人家來助念，這種只求下品下生的想法實在很可憐。而且也不知道自己因緣成不成熟、善根福德夠不夠？能不能去得成？因此，我們應該在健康時，不管年齡大或小，要趕快修難行道，不要依賴易行道，否則臨終往生西方的可能性實在就很小了。

(三) 把握人間修行機會

《無量壽經》勸我們在娑婆世界時就要趕快修行，因為在人間修行一天要比在西方極樂世界修行百年功德還大。人間困難、障礙很多，在此惡世之中修行，功力、功德才會增強得快，就像順水游泳，很容易游得好，但若是逆水游泳，則必須不斷鍛鍊，技術才會愈來愈好，所以說逆水行舟才是真工夫。

在人間才能發菩提心、持戒、修十善，還有孝順父母、敬順師長。在西方極樂世界，沒有父母可以孝順，因為都是蓮花化生，即使看到蓮花說要孝順，也使不上力。此外，在西方極樂世界，思衣得衣、思食得食，隨時隨地都是法音宣流，沒有什麼善好修，也沒有什麼戒好破，唯有在人間，才需要約束自己不犯戒、訓練自己修十善，這就是在積功累德。

有人聽我這樣說，就認為我不鼓勵生淨土。其實我是鼓勵大家要及時努力修行，及時努力成辦淨土資糧。不要覺得無所謂，反正到了西方樣樣都是現成的，這樣會存著僥倖的心理，就會懈怠。既然佛已經告訴我們，人間修行一日一夜要超過在西方極樂世界修行百年，這樣為什麼不珍惜在人間的時間，在人間趕快修行呢？娑婆世界雖然有許多的苦難、障礙，我們要把它當成修行的資糧，鍛鍊我們、訓練我們，讓我們一方面能消舊業，一方面能修淨業、培福慧。如果再配合念佛發願往生西方淨土，就算臨終不能以自力得解脫，也能往生極樂世界，這是念佛法門的好處。

第五章　淨土釋疑

淨土法門是佛教修行的方便道，很多部分看似與佛教教義衝突，或與其他宗教混淆，其本身也因各部經典的介紹有些許出入、矛盾，而產生很多疑問，為此天台智者大師還曾寫過一本《淨土十疑論》，其實若能釐清三身四土的觀念，很多問題就能迎刃而解了。

一、何謂三身四土

(一)佛的三身

佛有三種身，化身、報身、法身。「化身」是凡夫所見的佛，是由凡夫的人間身所生，跟人類的身體完全一樣，不過比一般人健康、高大莊嚴，讓人自然生起恭敬心；那也是福德相，是為了度凡夫眾生的脫胎化身。

例如歷史上的釋迦牟尼佛就是化身，而經典上說他有一丈六尺高，比正常人高了一倍，很多人覺得不可思議，其實有時我們看到偉大的人時，即使他長得和我們一樣高，也會覺得他比我們高大。記得我的師公，他的個子很矮小，但是我每次看到他坐在那裡，心裡總覺得他比我高很多。所以我想釋迦牟尼佛大概沒有那麼高，只是一般人看到他，心中自然就生起高大莊嚴的感受。

「報身」是佛修行的功德所成的身體，是福德智慧莊嚴身；它不是人間父母所生的身體，而是一種功能所產生的現象身。佛在他願力所成就的佛國淨土說法度眾時，用的就是報身，超凡入聖的菩薩們所見、所接觸的也是報身，但是不同福報的菩薩所見並不相同，因此可以是千丈身，也可以是萬丈身。

唯識宗說報身佛有自受用和他受用之分。所謂自受用，是只有他自己知道自己有，自受用報身其實就是「法身」；而他受用報身即前述的報身，法身顯現的報身。每一尊佛都有自己的國土，這個國土是由他的願力、福德智慧所成，在此佛國淨土裡，對他自己來講就是自受用報身，而對初地以上的菩薩，即法身大士，所顯現的就是他受用報身。

我們常聽人誦：清淨法身毘盧遮那佛、圓滿報身盧舍那佛，聽起來好像是兩尊佛，其實盧舍那佛、毘盧遮那佛在梵文裡是同一個字（Vairocana），都是指他受用報身。自受用報身沒有名字，因為遍於一切，為了區隔，才稱佛的法身為毘盧遮那佛。

凡夫所見的一定是化身，所以我們在這個世間所見到的釋迦牟尼佛是千百億化身，但是同樣是釋迦牟尼佛在世間說法，譬如在法華會、華嚴會上，大菩薩、阿羅漢及聖人們所見的是報身佛。

法身無身、法身無相，它是實相，遍於一切而不等於一切處、一切時。什麼人才能見得到呢？法身即法性身，法性是一切法的自性，一切法的自性就是空性，見到法身其實就是見到空性，原則上要初地以上的菩薩，已經破一分無明，才能見到一分法身。

(二) 四種淨土

淨土的分類法有很多種，除淨土宗本身以外，天台宗、唯識宗也有自己的分類法。佛法是整體的，而不僅是某一個宗派的，對照來看，還是以天台宗的分類法最適宜。

根據天台宗的介紹，也就是智者大師的分類，西方極樂世界一共有四種淨土，第一種是凡聖同居土，第二種是方便有餘土，第三種實報莊嚴土，第四種是常寂光淨土。這四種中，我們凡夫所見、所生的是第一種。

1. 凡聖同居土

凡聖同居土有兩類，一類是穢土，即我們這個五濁惡世、娑婆世界；一類為淨土，即兜率內院及西方極樂世界。既然是五濁惡世，為什麼還是淨土？因為諸佛菩薩會化現種種身分到濁世中度眾生，此外，娑婆世界也有人能超凡入聖，譬如佛陀就是在人間成佛的。

從凡夫到聖人，有它的次第階位。凡夫分成兩類，沒有學佛的是外道凡夫，學了佛的是初發心菩薩，即凡夫菩薩。凡夫菩薩又分成幾個階段，起先是十信位，稱為外凡，然後是三賢位，即十住、十行、十迴向，稱為內凡。內凡的菩薩能伏煩惱，不過煩惱還未斷，只是不會再傷害人，不會再把煩惱顯露出來。等破一分無明，證「無生法忍」，成為初地菩薩後，才是聖人，稱為菩薩摩訶薩，即大菩薩。

煩惱一共有三類，見思惑、塵沙惑、無明惑。見、思二惑要阿羅漢、辟支佛、地前菩薩才能斷，塵沙惑則要菩薩才能斷，而無明必須成佛才能斷。

見思惑，「見」是知見，是觀念的，「思」才是真正心的煩惱。見惑，是指佛法的知見不純或曲解佛法，包括身見、邊見、見取見、戒禁取見、邪見五種。身見是對身體的執著；邊見是執空或執有；見取見是執取某一觀念，並將它視為最重要的一種思想；戒禁取見是認為持某一種外道的戒即能夠得解脫；邪見則是包括一切不正見，凡是與佛法正知見相左的就是邪見。何謂佛法的正知見？主要是三法印，即諸行無常、諸法無我、涅槃寂靜。因此若執著我、執著常，就不會想要得解脫，也沒有辦法涅槃。總之，對於世間有所執著，不管是執著什麼，都叫作邪見、不正見，就是見惑未斷。

思惑就是貪、瞋、癡、慢、疑；凡是與煩惱心相應的情緒、執著、衝動或掙扎，都稱為思惑。和見惑相比，思惑比較難斷。相信大家都有一種經驗，明明知道那是不對的，是無常、無我的，但是就沒有辦法不貪、不恨、不討厭、不懷疑，也不能不嫉妒。思惑必須要經過修行才能漸漸淡薄，首先要從持戒、修定開始，否則不容易斷。

見思惑雖然不容易斷，但只要依照《無量壽經》說的條件來修行，凡夫還是能夠往生凡聖同居土的淨土。到西方極樂世界時，感受到的環境是清淨的，雖然當中有凡夫、有聖人，可是諸上善人俱會一處，看起來好像都是聖人。因為衣、食、住、行都是現成的，用不著去貪著或占有，所以不會犯戒。其實我們打佛七也像在淨土一樣，沒有犯戒的機會，即使心裡偶爾出現一些怪念頭想要罵人或打人，也不會真的行動。所以只要修行，淨土就會出現；即使還在娑婆世界，我們的心也還沒有成為聖人，但是是清淨的。

2. 方便有餘土

第二層是方便有餘土。菩薩雖然可以斷煩惱，但是為了度眾生，為了方便與眾生、凡夫接觸，讓眾生、凡夫願意接近，所以他們也現凡夫相，現凡夫的習氣，看起來好像也有煩惱的樣子，這就是「有餘」；餘習氣、餘煩惱，也就是為了留惑潤生。

譬如我，就像個凡夫的樣子，人家看到我也是個凡夫，所以都不害怕，樂於和我接觸。但是如果我裝得像一個聖人，就沒有人敢親近了，一方面覺得神聖不可侵犯，一方面覺得自慚形穢，只敢遠遠地看一眼，深怕得罪我。如果是這樣，只能夠嚇唬眾生，只能讓人迷信、禮拜、供養，而沒有辦法用愛語、布施、同事、利行之四攝法來度眾生。要度眾生，一定要與眾生密切地互動，這叫作「方便」。

方便有餘土是聖人為了利益凡夫眾生，根據他們意願所現的環境。主要是給斷了見思惑的阿羅漢、辟支佛二乘人所居，大乘的三賢位菩薩，見、思二惑亦斷，快要進入初地，這時也可以進入方便有餘土。但是因為無明沒有破，還有執著，執著空、執著涅槃、執著清淨，淨和不淨還畫分得很清楚。《維摩經》裡有一個故事，有一位大菩薩化身為天女在天上散花，當花散到大菩薩身上時，花很自然就掉下來，可是撒到阿羅漢身上時，卻緊緊黏在身上。阿羅漢覺得很難看，想把花拿掉，但是怎麼拿都拿不掉，這是因為沒有全部放下，還執著清淨、不清淨的緣故，從這個角度也可以說「有餘」。

方便有餘土的眾生，雖然分段生死已了，但是還有變易生死未了。只要變易生死一分一分地除，無明就會一分一分減少。一開始破無明，就能夠生實報莊嚴土，而破了一分無明以後的菩薩即登地菩薩，已是菩薩摩訶薩。

3. 實報莊嚴土

實報莊嚴土，可以說在西方，也可以說一切處都有佛的實報土。為了願力度眾生而呈現的國土，有方便有餘土、實報莊嚴土；實報莊嚴土住的是成就的聖人，聖人沒有成佛之前，還是要有一個地方繼續修行。

實報莊嚴土裡的大菩薩已經斷了煩惱，不再留下什麼習氣，對他自己來講，已經沒有任何牽掛、沒有任何與煩惱相應的東西。他們在實報莊嚴土所見到的阿彌陀佛是報身，但是已經可以見到一分的法身，或是多分的法身。他們不是為了度眾生，而是因自己的功德所享有的果報身，這是凡夫見不到的，唯有聖人能見到。

從初地菩薩一直到一生補處位，譬如觀世音菩薩，還有最後一品無明尚未斷盡，他們雖然住在實報莊嚴土，但是已經體驗到、見到法性土，一直到斷盡最後一品無明，成佛時，才能夠進入常寂光淨土。

4. 常寂光淨土

常寂光淨土，也是在西方極樂世界，但是這個西方極樂世界並不一定有它的範圍、方向。在實報莊嚴土已經有見法身的，在常寂光淨土所見的已是法身佛。

法身是無身，遍於一切。法身的常寂光就是無量壽、無量光，因為光明無量、無限，所以不局限在任何一個地方。他的光是慈悲光和智慧光；對眾生來講是慈光，對他們自己來講是智光。只要有眾生與他們的願力相應，就能被他們的慈悲光和智慧光所遍照。

我們現在修行念佛法門，雖然只能看到電燈光、太陽光、月亮光，看不到、也感受不到阿彌陀佛的光，但我們還是沐浴在阿彌陀佛的常寂光中。他是不動的，不動他的本位而遍照於一切處、遍照於一切時，這就是真正的無量壽、無量光。如果這樣來看阿彌陀佛，無論哪一宗、哪一派，修行到最後所見到的佛都是相同的。

常寂光淨土，又叫作法性土。法性是什麼？是一切諸法的本性，含有一切功德；十方三世一切諸佛的功德，十方三世一切眾生的功德。法性又叫作稱性，意思是有多少工夫、多少智慧就能體驗多少的法性。也叫佛性、真如，或是本地風光、本來面目，我們的老家、一切眾生的源頭。

一切諸法都是從法性流出來的，而一切諸法也不離法性，但那究竟是什麼？就是《中觀論》說的「因緣所生法，我說即是空」，即空性。但它不是虛空的空，也不是無、沒有的空，而是在一切因緣法裡。一切因緣法因為空的關係，所以可以因緣聚、因緣散，因緣生、因緣滅，宇宙大地會成、住、壞、空，我們的心會生、住、異、滅，身體則會生、老、病、死。

任何一切法一遇到緣就會改變，只要一項就會改變，而成就了其他的法。所以一切都是由空而有的，當有的時候並沒有離開空，否則它不會消滅。所以，任何一樣東西在成長了以後，就會慢慢地衰老、慢慢地死亡，然後再消失。但消失以後是不是就沒有了呢？等另外一個因緣聚合時，又會出現了。

譬如我們這一生，因為有各種各樣的因緣，所以生在某一個家庭裡，在某一個環境裡慢慢地成長，然後衰敗死亡，接著另外一次生死開始，又到了另一個家庭，甚至另一道去。如果我們造了不好的業，結果就變成三惡道，但是等果報全部受完了，又可以出來了。因此任何一道、任何一類，任何一樁事、一個人、一件物，無一不是由於因緣而有生、有滅。所以說因緣所生法，一定是從空性而產生的。

既然常寂光淨土就是法性土，法性土就是空性土，它是遍於一切，它是稱性而住、而在，並沒有一定的形相，那麼西方極樂世界就不會離開法性或常寂光，而且如果能夠實證常寂光淨土，是不是在西方極樂世界也沒有關係了，因為不僅在西方，東方、北方、南方也有法性土，處處都有法性土，法性是遍於一切，那是空性。那麼西方和他方世界法性土的佛會距離很遠嗎？它是法性土，是沒有空間距離的。

什麼人能進入常寂光淨土呢？只有佛。常寂光淨土也是佛的果報土，果報土分成兩個部分，一是他受用報土，一是自受用報土。自己受用的報土，實際上就是法性聖土，就是常寂光土。以他自己來講，是不動的，從此以後，不增、不減、不生、不滅、不來、不去、不一、不異、不垢、不淨，永遠常住於常寂光淨土。雖然法身常住於常寂光淨土，但是他可以顯現無量身、無量相來度眾生，變成了顯現報土的佛身，包括實報莊嚴土、方便有餘土、凡聖同居土的佛身，這樣就可以利益所有一切眾生。

以上即四種淨土的概況，而任何一尊佛的國土都有此四種淨土，以釋迦牟尼佛來說，他的常寂光淨土遍於一切，實報莊嚴土在色究竟天，方便有餘土在五淨居天，凡聖同居土即在我們這個人間。人間有聖人嗎？釋迦牟尼佛及阿羅漢都是在人間成就的，此外還有許多菩薩化現到我們這個世界上來，否則我們就拜不到觀音了。

(三) 修行層次不同，所見不同

雖然西方極樂世界只有一個，只有一尊阿彌陀佛，但是由於修行的人是眾生，根器不同、程度不同，斷煩惱的多寡不同，所以到了西方極樂世界所見的佛、所見的淨土也有不同。

1. 凡聖不同

凡夫眾生生到極樂世界時，因為尚未實證方便有餘土，只能見凡聖同居土。雖然見得到佛、聽得到法，也是蓮花化生，但所見的是化身佛而不是報身佛，坐的蓮花和聖人的蓮花座也不相同。

九品蓮花是為凡夫所說，給凡夫所見、凡夫所坐的，它有形象，而報身佛坐的蓮花，則是一種功德身，功德莊嚴，並非我們所能想像得出。凡夫眾生所見到的一切聖人，佛及菩薩，都不是他們本身的形相、本來的面目，而是為了度眾生顯現的身相，是他們的方便。因此如果我們到了西方極樂世界，見到的阿彌陀佛有四十萬里高，這並不是他本身的高度，而是為了到西方極樂世界的凡夫眾生所現的身，這還是化身。

而且是什麼程度的眾生，就顯現出有多大的身相。他是自在的、自由的，眾生是因個人的福德智慧不同而看到大小不同。所以，他們的身體可以大到無限大，也可以小到無限小，沒有一定大小；如果還有一定大小，那表示功德不夠大。

實報莊嚴土是大菩薩的功德果報所現的莊嚴土，它也有等級差別，從初地到十地，每一個層次都不一樣。證初地的菩薩是斷一分無明，證一分法身，因此只能見一分佛的實報土和佛的報身，和十地菩薩所見的就不相同，而等覺菩薩所見的又與十地菩薩所見的不同。

只有佛的實報土是圓滿的，而其他所有一切層次的聖人所見的實報土都有差別，見到的佛的報身也有大小，所以實報土也好，方便土也好，凡聖同居土也好，極樂世界的各種設施、各種依正莊嚴，都因每一個眾生自己福德智慧的程度而體現出不同的大小、好壞。

所以不要認為進入淨土以後，大家見到的都相同，只有相同層次的人見到的相同。

就拿我們這個世界來講，大菩薩雖然是與我們生活在一起，但他們以福德智慧的功德所感受到的並不是五濁惡世，而是淨土，其實對他來講，任何一個地方都是淨土。只有我們眾生，因為煩惱重、業障重，所以才感覺在五濁惡世之中。這就是唯識所造，唯心所現，我們所有見到、體驗到的環境，完全不出於自己的心，只要心轉變，環境也會隨著轉變。

2. 九品不同

凡夫往生凡聖同居土，不論是《無量壽經》的三輩，還是《觀無量壽經》的九品，每一輩、每一品所見的佛及淨土，在感受上、體驗上都不一樣。其實不只三輩九品，詳細地分，可以有無量品，各有各的業、各有各的福德智慧。

到了極樂世界以後，如果是相同層次的人見到的是相同層次的莊嚴，有多大的福德，所見到的環境就有多好、多美。只有上一層的人看下面各層人的蓮花、七寶池、宮殿有大小，而下一層的人看上一層的則完全相同；因為福報就這麼大，所以看到的就是這麼大。若心中知道佛、菩薩的福德比你大，所以他的宮殿也大、蓮花也大、身相也大；如果你心中沒有認知哪一些菩薩是大菩薩，你看到那些大菩薩也跟你一樣。這狗眼看人，人也變成狗，鬼看人，人變成鬼，就看自己的誠心、福德是什麼，你看到的莊嚴就不一樣。

此外，我們的福德是跟隨著自己的，因此在極樂世界，無論到哪裡，自己的宮殿、蓮花就到哪裡，即使人家要搶你的蓮花也搶不到，而人家的蓮花你也搶不到。個人有個人的蓮花，個人有個人的宮殿，個人有個人的七寶池，它的依正莊嚴是跟隨著你。所以，我們在人間的時候，要好好修行淨土資糧，愈努力修行，修行得愈多、愈好，我們到了西方極樂世界，你的蓮池就會大一些，你的身相也會大一些，你的宮殿也會莊嚴一些。

就像我們人間的小學，每一個都好像是一般的小學生，沒什麼不同，其實每一個人的品質不同，在學校裡所感受的也不同，得到的結果也不一樣。那就是由於個人的資質不同，所以雖然同時在一個小學、同一個教室上課，但是有的收穫多、有的收穫少，有的很乖、有的很皮，有的很用功、有的很懈怠，有的非常樂於助人、有的專門欺負人。一個班三十個學生，就是三十個不一樣的人。

從這個比喻我們就可以推想，同樣是上品上生，每一朵蓮花也許是差不多大，每一座宮殿也許是差不多莊嚴，但還是有千差萬別，各有各的因緣果報，各有各的福德莊嚴。上品上生可以再把它分成九品，九品裡面，上品上生的上品上生又可以分成九品，這就是因福德不同所見的佛身、所見的淨土也不同。

到了極樂世界，雖然同時見到阿彌陀佛，同時見到大勢至、觀世音菩薩，雖然同時生在七寶蓮池，同時坐在大如車輪的蓮花之上，雖然同時看到七重欄楯、七重羅網、七重行樹，但是你看到的與他看到的不一樣，你聽到的與他聽到的也不一樣。所謂「佛以一音演說法，眾生隨類各得解」，不同的眾生所聽到的、見到的並不相同。

但不管相不相同，到了極樂世界就是極樂世界了。譬如我得到博士學位的那一年，已經是四十六歲，但是不論什麼年紀得到學位，都是博士，都是相同的，沒有因為你老了就不如年紀小的。可是我的年齡、體力畢竟沒有辦法跟年輕人比，能服務的時間就比較短，這個就是不一樣。

還有，同樣得到博士學位的人，福報並不相同。有的雖然完成了博士學位，可是沒有機會發展所長，那就是福德、因緣不具足。以我為例，雖然完成了博士學位，但還是要到美國流浪街頭。學問也有差別，譬如我和印順長老，雖然同樣是博士，但他的學問比我好，智慧比我高，我沒有辦法和他相比。但我比上不足，比下有餘，有一些博士，我就覺得他們的智慧、學問不如我。

二、釋疑

(一) 淨土法門與天國思想的差異：淨土為凡夫而說

一神宗教鼓勵信徒們生天國，到天國的天園或樂園，又稱伊甸園，那是一個理想的世界。天國、天園裡集合了人間所有最美好的景象，擁有人間當時，也就是編寫宗教經典的那個時代環境中，最好的設施和享受，以誘導人相信天國、嚮往天國。而為了求生天國，於是接受天的啟示，不做壞事、多做好事，以期與天相應，生天國去。

這是因為對人間無可奈何而產生的希望，這希望不在人間，而是在天國。因為人間有生老病死，有災難、戰爭，還有種種苦惱，已經沒有大希望，只能將希望寄託在天國，才能把心安住下來，而不再徬徨無依。

所以，一神教講信、望、愛。信，是因人間的苦難而要對神、上帝生起信心；望，是希望有個天國可以去；愛，是指上帝、神有愛，因神愛世人，所以把天國賜給人。只要你信他，他就愛你，把天國賜給人，人可以上天國而得救。

這與淨土法門說的信、願、行，還有教、理、行、果，有什麼差別呢？阿彌陀佛發願成就眾生，以其慈悲願力完成了極樂世界。我們要信佛所說，信佛所說的彌陀淨土法門，然後要相信，修行淨土法門是因，能得往生西方極樂世界的果。但是如果是這樣，我們信基督教就可以了，何必還是要信佛教的淨土法門呢？

從三身四土的觀念我們可知，阿彌陀佛的極樂世界依不同的修行層次而有不同的等級，雖然都能夠到達極樂世界，可是有的是已斷除煩惱的人，有的是已經修到登地菩薩的人，有的甚至於已是一生補處位的菩薩，有的則還是凡夫。

我們看到「淨土三經」所講的種種極樂世界的依報和正報，都是為凡夫說的，所以介紹的都是有形的、有相的。

在極樂世界有樹、鳥、水、風、音樂，種種的建築，譬如宮殿、水池、羅網、欄楯等，都是有形有相、有聲有色，這是為了誘導凡夫的眾生，特別是欲界的眾生。眾生都有一種共通性，厭苦而欣樂。欣就是喜歡，喜歡求得快樂，而厭離痛苦和災難。因此就說西方極樂世界是遠離眾苦，沒有任何災難的地方，有的只是快樂，因此叫作極樂。也就是說，這是為了配合、迎合凡夫的習性而說的，因為如果不這麼說，凡夫不會願意去，而這一點與其他宗教共通。

淨土的經典雖是為凡夫說，是為凡夫開的方便門，但是裡面有大道理在。以《阿彌陀經》來看，經中說到了西方極樂世界時，阿彌陀佛變化的種種鳥都在說法，除了說四聖諦、三十七道品，還說六度、四攝，這意思就是要我們在往生之前勤修四聖諦、三十七道品，以及六度、四攝。

另外，在《無量壽經》也提到，雖然上品上生還是凡夫，但要求上品上生，必須要有四個條件：一是要出家、現沙門身，二要修一切功德，三要發無上菩提心，四要一向專念念阿彌陀佛。這裡就已經要求我們，雖然以信、願、行而生淨土，可是這個行是萬行，包括人天善法，譬如《觀無量壽經》裡講要孝養父母、奉事師長、慈心不殺，還要具足眾戒，修十善法，威儀不犯，還有要發無上菩提心。這些都是在其他神教裡沒有的，這就是要我們踏實地修行，以人天法為基礎，解脫法為過程，菩薩道為根本，然後求生淨土，這是最可靠的。

這樣修有一個好處，我們在人間修人天善法，修解脫道的三十七道品，修菩薩道的四攝、六度萬行，持一切淨戒，本來應該要三生六十劫、四生一百劫，才能夠出三界、得解脫。而要成佛道的話，還須修三大阿僧祇劫。但是如果修淨土法門就不需要這麼長的時間，在還沒有修到能出三界時，也就是說還沒有證阿羅漢果，大乘的話，就是還沒有證到初地，或天台宗所講的圓教初住及別教初地的菩薩，還沒有見到法性、沒有見到法身，你就可以往生西方了。

其他宗教的天國是永遠跟神在一起，而神永遠是神。與神在一起的叫作天使，或者稱為神的子民、神的僕人，永遠不能成為主。神是主、上帝是主，而信他的人到了天國以後，是僕、是子。父永遠是父，子永遠是子，主人永遠是主人，僕人永遠是僕人。到了天國了，他們說：「上帝已經這麼有愛心，把我們救上了天國，你還要搶上帝的位子！上帝只有一個，不可能有兩個。」這種思想在人間叫作君權，在天上叫作神權。而佛法是講眾生佛平等的，西方極樂世界如同訓練所，我們去那裡是為了成長。那裡的校長是阿彌陀佛，學務長、教務長是觀世音菩薩、大勢至菩薩，其他的老師都是一生補處的菩薩，同學們都是阿羅漢，以及初地以上的大菩薩。

在那裡持續修學，成了一生補處位的菩薩，以後就能成佛了。所以在西方極樂世界，一生補處的菩薩相當多。一生補處的「生」是變易生死，因為聖人無明還沒有完全斷，要斷最後一品無明時才能成佛。像觀世音菩薩，就是還有最後一品無明沒斷，所以是一生補處。所以這個生並不是說還要轉生，而是說斷最後一分無明就成佛了。

我們在好多地方都可以看到，觀世音菩薩是西方極樂世界的一生補處菩薩，譬如《觀世音菩薩授記經》裡就明確地講到，他不僅是阿彌陀佛極樂世界的一生補處，而且還是補阿彌陀佛的位置。而觀世音菩薩也不是極樂世界完成以後才開始修行的，他在無量劫前就已經發心，已經修行，普門示現，後來才到西方極樂世界輔助阿彌陀佛。大勢至菩薩也是一樣，那裡所有的大菩薩們都不是阿彌陀佛接引的，而是這些菩薩們與阿彌陀佛的願力相應，所以就輔助阿彌陀佛，到極樂世界來度眾生。

而到了極樂世界以後的所有眾生，是眾生心、佛心，心與心都是同樣的平等。佛心就是眾生心，眾生心就是佛心，所不同的是眾生的心沒有斷煩惱，有煩惱的障礙覆蓋了智慧，而佛所有的煩惱全部都斷了。可是我們的本性與佛無二無別，只要能把所有一切粗的、細的煩惱全部斷盡，我們就跟佛一樣，也能成阿耨多羅三藐三菩提，也就是無上正等正覺。這一點就與天國很不一樣了。

天國，我們相信它有，也是一種方便。我們從人間根據淨土的經典來修行，所生的西方極樂世界是有形有相、有聲有色的，它的莊嚴比我們大得多。那裡的樹有四十八萬里高，這還是普通的，菩提樹就有十二萬由旬，也就是四百萬里高。佛在四百萬里高的樹下成佛，佛身的廣大實在難以想像。我們凡夫到了極樂世界以後，因為我們自己坐的蓮花就有四十里大，那我們的身體至少也有八十里高。以八十里高的身體來對比四十萬里高的佛，這個阿彌陀佛就很大很大了。

我們凡夫到達極樂世界看到的是佛的化身，還沒有看到佛的報身，因此現在經典描述的西方極樂世界都是凡夫所見的景象，是有相的。凡夫沒有辦法無相，所以一定要講出極樂世界有種種的設施。

(二)佛的壽命是有常還是無常

有人問，一切法是無常的，為什麼佛永遠是無量壽呢？

阿彌陀佛的壽命有多長？要看問的是法身慧命還是色身——肉體的生命。如前所述，佛有三身，從化身來講，就像我們這樣的色身，是為了適應凡夫眾生的需求而顯現，當任務結束，就進入涅槃，所以是有量的。譬如生在印度的釋迦牟尼佛的肉身，到八十歲就涅槃了，這個生命就是有生有滅、有始有終的。

佛的報身，也就是他受用報身，是功德身，他是有始無終的；有始就是報身完成，無終就是與法身結合。他是因某一類眾生的需求而顯現，這些眾生特別在這個時段、這個範圍之內，因共同的願力、共同的功德、共同的福德智慧，而受某一尊佛來度化，當這一類的眾生度盡，他受用報身就不存在了，從這個角度來說，他也是有限的。所以，他受用報身其實跟化身很類似，只是化身是度凡夫，而他受用報身是度聖人，當跟他有緣的一類聖人，菩薩也好、阿羅漢也好，緣盡緣了，這個他受用報身也就不存在了。

法身，也就是自受用報身；他是自性身，是自性的清淨功德莊嚴身，是無窮無盡、無始無終的。我們也有法身，但是因為愚癡、煩惱重，所以被障覆而看不到。而我們說佛是無量的，即是指自受用報身。

那麼，既然阿彌陀佛是無量壽，為什麼還需要觀世音菩薩做阿彌陀佛的一生補處呢？不要用人間制度來想像極樂世界，在人間，一個國家只能有一個國王，否則國家會分裂，但是在西方極樂世界，觀世音菩薩成佛並不妨礙阿彌陀佛還是佛；不能說觀世音菩薩成佛了，就要阿彌陀佛涅槃，從來沒有阿彌陀佛會涅槃的說法。同樣的，阿彌陀佛不涅槃，也不妨礙觀世音菩薩成佛，何況觀音菩薩本來就是佛，他是過去古佛，名為正法明如來，只是顯現觀世音菩薩身來度眾生。

而觀世音菩薩補阿彌陀佛的佛位，代替阿彌陀佛接管極樂世界、廣度眾生的說法，指的應該是阿彌陀佛的他受用報身。他的因緣圓滿了，觀世音菩薩以佛身繼續在極樂世界度眾生，但是阿彌陀佛的自受用報身還在，還可以以他的本願力用種種方式廣度眾生，就好像觀世音菩薩一樣，可以用佛身度眾生，可以用菩薩身、阿羅漢身、魔王身、女人身，以至於用任何一種身分來度眾生。

然而又有人開始煩惱，到時候要念阿彌陀佛還是觀世音菩薩呢？如果我們現在念阿彌陀佛到了極樂世界，每一個人都能得到不退轉，保證可以成佛，那念不念觀音菩薩、阿彌陀佛都不是問題了。阿彌陀佛發了四十八願，願度一切眾生，只有當四十八個願「沒有用」的時候，才不能度眾生。

所謂「沒有用」是說眾生福薄、智慧淺，聽不到阿彌陀佛的法門，極樂世界才沒辦法接引眾生。可是在《無量壽經》裡也說到：當這個世界都沒有佛法時，唯有彌陀法門還可以持續一百年，度末法障重的眾生。這一百年究竟是人間的還是極樂世界的？如果是人間的就很短，如果是極樂世界的那就很長了。

如果娑婆世界的眾生都不知道有佛法、淨土法門時，極樂世界還有人要去嗎？請大家不要擔心，娑婆世界與極樂世界最有緣，所以釋迦牟尼佛介紹了阿彌陀佛的法門。而且娑婆世界的教主是三千大千世界的教主，地球這一個小小星球毀滅了，其他的星球、其他的世界還在；雖然在我們人間的釋迦牟尼佛已經涅槃了將近兩千六百年，可是他還在三千大千世界之內的其他的世界說法，還在介紹阿彌陀佛。因此不要擔心，地球的人不見了、地球的人不學佛了，極樂世界沒有人去。

阿彌陀佛的願力宏深，極樂世界是無量壽、放無量光，觀音菩薩成佛，阿彌陀佛不需要退休，也不需要請阿彌陀佛涅槃。觀世音菩薩、大勢至菩薩是先協助阿彌陀佛完成他的本誓願力，但是觀世音菩薩、大勢至菩薩自己也有自己的願力，也有自己要莊嚴的國土，將來不一定是在極樂世界，也許可以成就另外一個國土來度無量眾生，這也叫作一生補處。也就是說，在極樂世界的所有菩薩之中，是以觀世音菩薩補阿彌陀佛的位，也可以說觀世音菩薩本來也是佛，但是他的慈悲願力僅次於阿彌陀佛，也就是沒有像阿彌陀佛那樣，所以還是叫作一生補處。我們不要擔心菩薩與佛哪個先涅槃，或哪個成佛了，哪個佛就涅槃了。

此外，苦、空、無常、無我是對凡夫講的，凡夫的心是煩惱心，煩惱心就是執著的心、有我為中心的心、有所住的心，是無常的、經常在變的。無處住心是一切智，一切智就是佛的法性身，證一切智就見佛的法性身。他是不變的、不動的，是永遠有的。

但是如果你執著他一定有一樣具體的什麼東西，那就變成了一神論，變成了常見外道；如果說他是普遍的、永恆的存在，又變成了泛神論，也是常見外道。不住一切、不即一切而不離一切法，這就是空性，就是無量壽。

不要一聽到「常」，就執著於常；一聽到「無常」，就覺得沒有希望了！這都是凡夫見，不懂佛法。懂佛法的人，一聽到「無常」，很歡喜，因為黑暗過去了總會亮，所以煩惱可以斷，苦難可以消，業報可以了。聽到「常」，也很歡喜，不用擔心自己不存在，因為存在一切處、一切時，而不受一切處、一切時的困擾、束縛，是真正的大自在。阿彌陀佛是如此，極樂世界的眾生也是如此。因為那裡的人民都是往生極樂世界以後的諸上善人以及蓮花化生的人；蓮花化生的身體實際上就是報身，所以不會消失。

生死有兩種，一種是分段生死，另一種是變易生死。分段生死是凡夫，是指我們肉體的生死；而出離三界的聖人，則是變易生死。從分段生死來講，他是永遠不會再死亡，沒有死亡這回事，所以是永遠的、永恆的；而從變易生死來講，他們還會成長，一直成長到像觀世音菩薩這樣「一生補處」的菩薩，再一生，就能斷最後一品無明，而成佛。

我們說極樂世界人民也這麼長壽，是指他們已經出離分段生死，所以我們一到了西方極樂世界，就不會再有身體的死亡，也是無量壽了。不會說，因為念佛念得很好，蓮花長了，所以到了極樂世界；可是到那裡以後不念佛了，蓮花枯萎，自己也不見了。因為到了西方極樂世界不可能不念佛，因為無論正報、依報隨時隨地都是在念佛、念法、念僧，不可能不精進。所以到那裡，蓮花品位只有品品高升，不可能有機會往下沉淪。所以，如果大家要求長壽，這是最好的一個辦法。

阿彌陀佛已經成佛十大劫了，但從無量無數恆河沙劫開始算的話，這十劫的時間很短，因此阿彌陀佛的極樂世界在十方所有一切諸佛國土之中，算是一個新形成的佛國淨土，所以極樂世界的壽命還有很長很長。

(三)極樂世界的距離

有的人懷疑，《阿彌陀經》說極樂世界的位置在「從是西方過十萬億佛土」，一個佛土就相當於一個三千大千世界了，何況是十萬億佛土，距離我們這麼遠，去得成嗎？

常寂光淨土、阿彌陀佛的法身遍於一切處，所以，雖然有十萬億佛土的距離，或是如《般舟三昧經》說的千億萬佛土，往生時也是屈伸臂頃，或是一彈指頃、一眨眼間就到了。其實屈伸臂頃的描述還算慢，手臂一伸一屈，再快總還有幾分之一秒，其實只要心念一動立刻就到了，它的速度是無法形容的。所以，西方極樂世界距離我們其實很近很近。

去極樂世界的不是身體，我們的身體叫作軀殼、臭皮囊，臭皮囊裡面有一樣東西叫作心，這個心叫作理，也就是佛性，也就是佛的清淨心，那就是我們能夠成佛的本性。這個本性不需要坐火箭、不需要坐飛機、不需要坐任何的交通工具，它不占空間，無所謂時間的長短、空間的大小，當我們用心念佛的時候，佛就在我們心中，我們的心就與佛在一起。

阿彌陀佛是不離本座而到我們這裡接引眾生，因此想去的人只要修行、只要發願，具備淨土資糧，距離一點也不遠。因為沒有修行、沒有要去，才會覺得好遠。

那麼佛在西方極樂世界，我們念佛他聽到嗎？如果我們無心念，不用心念阿彌陀佛，就與阿彌陀佛不相應；如果我們用心念，就與阿彌陀佛相應，與阿彌陀佛的願力相應了，自然是聽到了。

第六章　念佛法門的難行道：禪觀法門

一般人提到淨土法門，想到的不外是念佛、靠阿彌陀佛的願力往生淨土，而能「九品蓮花為父母，不退菩薩為伴侶」，也就是修易行道。但是淨土法門的內容不僅如此，譬如《觀無量壽經》的十六觀中，除後三觀在講九品蓮花外，前十三觀均是觀想法門，可謂難行道的禪觀法門。那麼修禪觀法門與修易行道的精進念佛有什麼不同的好處呢？我們可從《觀無量壽經》第八觀來看。

一、法身遍入一切眾生心想中

佛告阿難及韋提希：見此事已，次當想佛。所以者何？諸佛如來是法界身，遍入一切眾生心想中。是故汝等心想佛時，是心即是三十二相八十隨形好。是心作佛，是心是佛。諸佛正遍知海從心想生，是故應當一心繫念，諦觀彼佛多陀阿伽度阿羅訶三藐三佛陀。

想彼佛者，先當想像，閉目開目，見一寶像如閻浮檀金色坐彼花上。見像坐已，心眼得開，了了分明。見極樂國七寶莊嚴，寶地寶池寶樹行列，諸天寶幔彌覆其上，眾寶羅網滿虛空中。見如此事，極令明了，如觀掌中。

見此事已，復當更作一大蓮花在佛左邊，如前蓮花等無有異。復作一大蓮花在佛右邊。想一觀世音菩薩像坐左花座，亦作金色如前無異，想一大勢至菩薩像坐右花座。此想成時，佛菩薩像皆放光明，其光金色照諸寶樹。一一樹下亦有三蓮花，諸蓮花上各有一佛二菩薩像，遍滿彼國。

此想成時，行者當聞水流光明及諸寶樹鳧鴈鴛鴦皆說妙法。出定入定恆聞妙法，行者所聞，出定之時憶持不捨，令與修多羅合。若不合者名為妄想；若與合者，名為粗想。見極樂世界。是為像想，名第八觀。作是觀者，除無量億劫生死之罪，於現身中，得念佛三昧。

《觀無量壽經》第八觀，是觀「諸佛如來是法界身」，意思與《法華經》中稱述阿彌陀佛的「法界藏身阿彌陀佛」相同，而「法界藏身」即一切如來以十法界為身的意思。十法界是四聖六凡，十法界任何一界、任何一處，不管是凡夫界或聖人界，不管是世間或出世間，都是他的法身所在。

諸佛如來的法身是遍在、無處不在的，因此《觀無量壽經》接著又說：「遍入一切眾生心想中。」這一點蕅益大師也強調，是說眾生現前的一念妄想心，並沒有離開諸佛的法身，也可以說眾生的煩惱心與佛的心、佛的法身相同。但是諸佛怎麼會和眾生一樣有煩惱呢？其實心都是相同的，只是眾生因為心與煩惱相應，所以稱為煩惱心，而諸佛的心是智慧，稱為無上菩提心。那麼諸佛的法身究竟在哪裡？是在我們一切眾生的心想中。

念佛的時候，佛就在念佛的這一念之中，因此當我們念阿彌陀佛時，心就與阿彌陀佛相應，阿彌陀佛一切功德都變成我們的功德，現前一念心就能接通阿彌陀佛的無上菩提心，這就是所謂佛的不可思議功德。於是《觀無量壽經》鼓勵大眾：「是故汝等心想佛時，是心即是三十二相八十隨形好。是心作佛，是心是佛。」所以，當我們的心想著佛時，就具足了三十二相八十隨形好。這三十二相八十隨形好，是佛具備的莊嚴身，轉輪聖王雖然也有三十二相，但是他缺少八十隨形好。

「是心作佛，是心是佛」，這二句話常常被禪宗的古大德引用，意思是說，如果我們的心在觀想佛，此時不僅我們心裡有佛，我們的心就是佛，佛就是我們；也就是說，在想佛時，當下這一念心就是佛。「一念相應一念佛」就是從這二句話延伸出來的：觀想佛時，當下這一念就與佛心相應，這時你就是佛，因此念念相應、念念是佛，此即「是心作佛，是心是佛」。如果前念想佛，第二念不再想佛，那前念的心是佛心，第二念的心則是凡夫眾生心。這也是為什麼我們要念念佛，或者念念觀想佛的原因。

經中接著又說：「諸佛正遍知海從心想生。」「正遍知海」是無上正等正覺的無上菩提心、大菩提心，也就是正等正覺的智慧，是一切智。這知海不是佛賜給我們的，而是「從心想生」。「想」是想念的意思；眾生想念佛時，佛的智慧就從我們的「念」裡生起來，所以這與一神教所說的「神賜我們生命」、「神賜我們天國」不同。而我們因為想著佛，是自己的心在想佛，自己的心當下就是佛，因此，我們應當「一心繫念，諦觀彼佛多陀阿伽度阿羅訶三藐三佛陀」，也就是念念一心一意繫念著佛、好好觀想著佛，觀想佛的無上正等正覺，也就是「多陀阿伽度阿羅訶三藐三佛陀」，就是無上正遍知覺，也就是觀佛的功德。

此外，也可以想佛的依報，即佛坐的蓮花、住的世界，譬如極樂世界的七寶蓮池、七重行樹等，不過更重要的還是要觀佛的功德；從佛的相好、佛的身相來觀佛的功德。

佛像還有個形貌可以觀，可是佛的阿耨多羅三藐三菩提無形無貌要怎麼觀呢？佛的阿耨多羅三藐三菩提是大智慧、大慈悲，大慈悲就是度一切眾生的功德，由於他願意廣度無量無邊一切眾生，所以我們稱他為大慈悲父。他沒有先選好哪一些眾生要早一點度，哪一些晚一點度；也沒有說哪一些眾生要擺到下品下生，哪一些要擺到上品上生。佛看一切眾生都是平等的，重點不在佛度不度眾生，而是眾生要不要被度。佛已經沒有自我中心，所以也沒有一定要選擇什麼，只是眾生求度，他就去度。

我們常常聽人說眾生的「根性」、「根器」，眾生的根性有利、有鈍，有的則是在中間，一般人以為利根的人可以先得度、先成佛，鈍根的人則後得度、慢慢成佛，其實不一定，往往鈍根眾生比利根眾生還容易度。根性之說是指眾生有不同性格，因此有不同入門的方便，而不是佛事先看準了哪些人應該先度，哪些人慢慢度；哪些人放在蓮池中間，哪些人放到蓮池旁邊；哪些人蓮花給他大一些，哪些人蓮花給他小一點。蓮花的大小或在蓮池的位置，全看眾生自己心量的大小。

如果眾生的心豁然開朗，馬上就能見到極樂世界，見到的極樂世界就是大的、高的、莊嚴的。所以，我們觀阿彌陀佛是要觀無我相、無人相、無眾生相、無壽者相。雖然阿彌陀佛是無量壽，但不是長壽的意思，他根本是無始無終，所以也無所謂長壽不長壽。我們自己的法身也是無量壽，因為也是無始無終。所以，如果能不被任何一個境界所限制，就已經在觀阿耨多羅三藐三菩提了。

慈悲，是對一切眾生完全平等。眾生是有的，但是因為平等看待，就不會執著哪一個眾生。譬如現在有幾百位菩薩在這裡聽我開示，究竟我在度哪一個人？對哪一位說法？其實我沒有一定要度哪一個人，我對每一位菩薩都是相同地說。但是說了以後，有的菩薩在打瞌睡，我講十句，他半句也沒聽到，不是我不講開示給他聽，是他自己打瞌睡。有的人聽得非常認真，而且能照著去做，他得到的利益就大了。我不需要那麼麻煩，事先看一看，這個人我要多灌他一點，那個人可以少灌一些。「佛以一音演說法，眾生隨類各得解」，我是平等地說法，諸位得到的益處不一樣，不是我說法的人有大小眼，而是聽法的人各有各的狀況。如果聽不懂或不想聽，表示因緣不成熟，可能是我講得不好，也可能是講的法正好不對機。

觀一切諸佛的阿耨多羅三藐三菩提，是觀他的同體大悲、無緣大慈。同體大悲，是眾生的身體和我的身體是一個身體，最好是觀自己的身體是空、是沒有的，而眾生的身體也沒有，那就是同體。無緣大慈，就是不一定要與我有什麼關係或有什麼理由，才給予幫助。同體大悲、無緣大慈，這就是觀佛的功德。

觀佛功德時，我們一定是觀「空」，空是實相，實相是無相，如果是這樣觀，就是佛性，就是佛的相，佛的根本相。

此時你「閉目開目，見一寶像如閻浮檀金色坐彼花上」，無論睜眼、閉眼，心中所見的所有眾生都具備一切眾生本地風光，都具足三十二相八十隨形好。這時還有眾生嗎？沒有一個眾生，因為眾生都是佛，而你自己也是佛。此時，我們心中一點煩惱都沒有，心開意解、了了分明，雖然還沒有到極樂世界，但極樂世界的依正莊嚴就已經出現在面前，隨時隨地就是在極樂世界的上品上生了。

二、現生即得念佛三昧而除無量億劫生死之罪

如果能修成《觀無量壽經》的第八觀，即如經上所說：「作是觀者，除無量億劫生死之罪，於現身中，得念佛三昧。」便能現身即得念佛三昧，而除無量億劫生死之罪；也就是說，得念佛三昧就已經出生死了，不一定要到極樂世界後，才慢慢地修行出生死。

什麼是念佛三昧？念念與佛相應，時時與佛相應，處處與佛相應，所聽、所看、所想、所觸，心裡都覺得與阿彌陀佛的功德相應。阿彌陀佛的功德是阿耨多羅三藐三菩提，無上正等正覺，時時與他相應，雖然還沒有成佛，可是已經不在生死中了。

這是用阿彌陀佛的功德及阿彌陀佛的依正莊嚴來做觀想，仍然屬於阿彌陀佛的法門，

可見得淨土法門不完全要靠阿彌陀佛的願力。而這個方法與禪宗禪修或是參話頭、默照的方法雖然不相同，但結果相同。一般禪修是參話頭或是觀自己的身心，默照的照就是清清楚楚，表示它有功能，默則是心不動、不受環境影響，默照同時就是智慧、就是三昧，就是定慧均等；而《觀無量壽經》第八觀所得的念佛三昧，也是定慧均等、定慧不二。

所謂念佛三昧，念念與佛相應，並不是一個人關起門來，老是在念阿彌陀佛、阿彌陀佛，一天到晚念、時時刻刻念，不見人、不做事，飯別人煮了給他吃，衣服別人洗了給他穿。如果是為了精進用功，一段時間是可以的，譬如佛七期間有護七的人，護持大家一心專念念阿彌陀佛。可是大家都要生活、都要工作，要求大家來護你的七、成就你，難道那些人都是傻瓜，專門來成就你的嗎？另一方面，我們也不能想：「反正我是成不了，你們去成吧。」淨土法門應是人人可用，人人都要用，在家居士也一樣。

念佛三昧如果修成的話，他是吃飯、做事、待人、接物，無一處、無一時不在三昧中，這與《金剛經》所講的「應無所住而生其心」相同。心是住於無住，念一句阿彌陀佛不是為了追求什麼，也不是為了期待什麼，只是已經念得很習慣了。阿彌陀佛如果已經念得非常純熟，念佛三昧已經非常深入，他所見到的每一個人、每一個眾生都是阿彌陀佛，無論是蒼蠅還是螞蟻都是阿彌陀佛，而且任何東西都是七寶所成；但並不是說看到杯子說這是七寶，而是把杯子看作與西方七寶蓮池等同樣的珍貴。

如果滿地是金、滿地是寶，心中很歡喜，但是沒有貪念：看到每一個人都是三十二相八十種好，心中不會有討厭或喜歡的心，譬如看到某個人很好，不會有娶她或嫁給他的念頭。因為已經是佛了，心中不會再有對立的念頭，不會有排斥或追求的念頭。但是生活還是生活、工作還是工作，一切照常，這就是修成念佛三昧了。

所以最好能修成念佛三昧，因為這樣你隨時隨地都在極樂世界之中，不要等到臨命終時阿彌陀佛來接引，也不要等死了以後人家給你超度，或者是臨命終時請助念團去助念。但是如果修成了，助念團來助念時，一來就看到一尊佛，這是送一尊佛、大菩薩到極樂世界去，功德無量。

總之，彌陀淨土並不僅是給無知的人修的，也並不僅是給下根器的人、造業重的人修的。因為彌陀淨土法門不捨任何一個眾生，所以不論是什麼根器的眾生都能夠接引；念佛法門的可以，修禪觀法門的也可以。禪觀法門是念佛的相好、念佛的功德、念佛的國土，這也是念佛。通常我們只知道念佛名號，因為它是生淨土最容易的方法。到了淨土之後，有的要慢慢地才能得不退轉，有的則很快，慢和快全看自己在生前用功多少了。

聖嚴法師教淨土法門

無相念佛——念佛禪

第一章　何謂念佛禪

一、念佛即禪的法門

㈠從禪出教，藉教悟宗

念佛通常被認為是淨土法門，為什麼變成禪了呢？其實沒有一樣特定的東西或法門叫作禪，因為中國禪宗是「以無門為法門」，而念佛根本就是禪法中的一個項目，所以不需要特別把淨土法門獨立出來。

禪宗包羅涵容，是正確的大乘佛法，並沒有說自己一定是什麼宗，只是中國人自認為這是禪宗、那是淨土宗，或是什麼宗。

就整體佛法來講，有兩句話非常重要，就是「從禪出教」、「藉教悟宗」。「從禪出教」就是以禪修而明心見性，也就是開悟，然後由開悟而說法。我們現在之所以有佛經可讀、可誦、可看，就是因為佛陀在菩提樹下打坐，修行禪法，因此明心見性、大悟徹底而成道。成道之後說法度眾生，說法的內容被記載下來，漸漸流傳，變成經典，這就是「從禪出教」。所以明心見性這句話，可說是從佛陀開始的；而禪宗講的明心見性，使用的也就是佛陀成道的語言。因此禪其實是從釋迦牟尼佛開始，不是中國才有的。

「藉教悟宗」則是說，若依照釋迦牟尼佛所說的佛法修行，最後也能明心見性。這個「宗」就是「心」，佛心眾生心，是同一個心；那是智慧、清淨、慈悲的心。

從禪出教、藉教悟宗是佛法基本的原則，不管哪一個宗派都是如此，即行解並重，也就是觀念和方法，這叫作「法」。我們經由觀念和方法來達成解脫的目的，因此，在我來說，一切法門都是走向同一個目標，就是離苦得樂，消業除煩惱。一切佛法的原則就是如此，也就是禪。因此，不要誤解淨土與禪是對立的。

禪的意思是要我們除煩惱得智慧，從娑婆世界這個不清淨的環境轉變為清淨的樂土，念佛不也是如此嗎？它就像話頭禪用話頭、默照禪用默照一樣，念佛禪只是是用念佛的方法而已。如此不僅淨土宗能生西方淨土，禪修也可以生西方淨土；而念佛禪依然要修淨土，任何一個法門都要進入淨土。

(二)念佛非專屬淨土宗：從念佛的起源和發展來看

再從念佛的起源來看，念佛的起源相當早，在《阿含經》中，即有釋迦牟尼佛教導六念法門的記載。所謂六念，即念佛、念法、念僧、念施、念戒和念天。

「佛」、「法」、「僧」是三寶，包含一切佛、一切法、一切僧，「施」是布施，「戒」是持戒，「天」則是指修十善，因修十種善法可以生天。當人在恐懼或臨命終時，不知道誰可以來救濟或是會到哪裡去，就可以念佛、念法、念僧，念自己曾經持戒、修布施、修十善的功德。所以皈依三寶的人應該常修六念法門，經常想到自己是三寶弟子，應該要持戒、修善、布施，以這些功德至少會生天。

天有欲界天、色界天、無色界天。欲界天是因為修了人天的福報，也就是布施、修善、積德的功德而生。但是欲界天的第四天兜率天，它分為內、外二院，其中內院是給發願親近彌勒菩薩的人去的，將來彌勒菩薩到人間成佛時，他們也會到人間來成為菩薩、阿羅漢，所以很多人願意往生。

色界天、無色界天則是因修禪定而生，分成兩種，一種是凡夫所生，即外道修四禪八定所生的禪定天；另一種是學佛者修行禪定、梵行證得三果（阿那含果）後所生的天，即淨居天，因為共有五個地方，所以稱為五淨居天。生到五淨居天的人可以直接從這裡得解脫，不會再回到凡夫界證阿羅漢果，所以又稱五不還天。

念天並不是為了到欲界天享福，兜率內院及五淨居天都是方便大、小乘聖者，進一步完成最後歷程的轉換歇腳之處。

除六念外，還有八念、十念。八念就是六念再加上念呼吸和念死亡，若再加上念休息和念身體，即為十念。念呼吸是清清楚楚呼吸的出入，也就是數息觀；念死亡即不淨觀，也就是觀死；念休息是休息萬事，讓心不要太忙了；而念身體，其實就是四念住裡的身念住。

諸種法門中以念佛最容易入手，此即「念佛禪」的來源。原先可以念佛的功德、佛的相好，也可以念佛的名號，最後則發展出現在的持名念佛。最初是念釋迦牟尼佛，後來則是十方一切現在諸佛中選一尊來念，慢慢地發展出專念幾種佛，譬如阿彌陀佛、藥師佛、彌勒佛；彌勒佛就是未來佛。念菩薩也可以，譬如觀音菩薩、地藏菩薩，這也算是念僧。當中還是以念阿彌陀佛最容易得力，因為阿彌陀佛曾發凡是持「阿彌陀佛」名號者均得救濟的本願。

念佛不僅是「六念」的一種，也是「五停心」裡的一種。五停心是禪觀修行法門，是小乘最基礎的修行方法。「停」是停止，停止散亂心、分別心，讓心安住在非常穩定的狀態。五種幫助我們的心從妄念紛飛中停下來，再進一步統一的方法，就是五停心。包括數息觀、不淨觀、因緣觀、慈悲觀、界分別觀。界分別觀就是觀十八界，十八界包括六根、六塵、六識，因為不容易著力，很難觀成，所以在漢文典籍中也有以「念佛觀」來取代界分別觀的，而這六種方法都是修行基礎禪法時使用的。

用五停心中的任何一種方法不斷修持，心漸漸就不會散亂，妄想減少，為集中心。然後再進一步，身心和環境統一，失去了身心與環境的分別和障礙，這時就是統一心出現。心停在方法上，叫作止於一境，就是三昧，就是定。統一心雖然可以入定，但是我們大乘中國禪法的目的不是入定，而是要正念分明，心裡非常明朗、清楚、安定、寧靜，就是定慧不二。因此當統一心出現之後，如果是念佛，就可以參話頭，如果是用數息法，則可以進入默照的層次。

所以，六念實際上與五停心是相應的，修的都是「觀」。「觀」是用心來覺照，這不是覺悟的覺，而是「很清楚的」，心很清楚地在方法上。運用在念佛，就是隨時隨地將心繫在念佛的方法上，這就是覺照，是基礎的修行方法。所以，念佛法門根本就是基礎的修行方法，也是禪宗的基本修行方法。

念佛達到統一時，身心環境全部融化在佛號之中，只有佛號，沒有感覺到自己有身體，沒有什麼雜念妄想，也不會覺得有什麼人在干擾自己。前後左右的人依然看得到，但是不會再起分別心，不會說這個人妨礙我、誘惑我、讓我覺得不舒服，或是這個人我滿喜歡的，種種念頭都沒有。

此時還是持續念佛，念到最後佛號沒有了，就可以問「念佛的是誰」、「誰在念佛」，這就是參話頭。不過，念到佛號沒有了，並不表示已達統一心了，有時是因為念得很累、很無聊，不想念了。此時頭腦裡雖然也沒什麼雜念妄想，但其實是在休息，是偷懶、懈怠。這時參話頭也沒有用，應該要馬上精進，再提起心力繼續念佛。

此外，念佛也是《觀無量壽經》十六觀中的一種，所以大乘的淨土也修觀，只是到了《阿彌陀經》時，只講念佛，沒有講其他的觀，而《無量壽經》與《阿彌陀經》的性質相同，也是專門講持名念佛，但其內容又比《阿彌陀經》更詳細。

其實持名念佛也不是淨土宗專有的法門，譬如唯識宗念彌勒佛，是念未來要成佛的當來下生彌勒佛，此外還有念藥師佛、觀世音菩薩、文殊師利菩薩、地藏王菩薩、普賢菩薩的。不過有好多經典都勸大家往生西方極樂世界，譬如《藥師經》，所以念阿彌陀佛成為一種普遍的修行法門，無論漢傳、藏傳，或哪一宗派都非常重視。

(三)佛法只有一味：一切法門均為求解脫

最後，再從修行的基本原則來看。修行的基本原則是修心，也就是鍊心，把雜亂的妄想心鍊成清淨的三昧心。凡是修行，不論是大乘、小乘都叫作「觀行」，觀是用心思惟，不是思想。思惟的意思就是覺照，非常清楚地觀照自己的心，用方法使得自己知道自己的心在做什麼，使得自己雜亂的妄想心變成了清淨的三昧心，就是修行。

有人認為禪修與念佛是不同的法門，這絕對是錯誤的觀念。佛法是整體的，不要把它切割成禪和淨土，即使主張「禪淨雙修」，那也好像是把地瓜、米飯和在一起吃，結果地瓜是地瓜、米飯是米飯，還是不同。其實兩者都是食物，都能填飽肚子，就如同佛法只有一味——解脫味，沒有必要再分什麼淨土和禪。

佛法是一味的，就是解脫味，修任何法門都能得解脫。我曾以「百川歸海」來比喻，河流不論是往西或往東流，最終都會流到大海。就像台灣，它是海中島嶼，不管是向東、西、南、北哪一個方向流，最後都歸於大海。譬如《華嚴經》有二十一個念佛三昧門，《楞嚴經》有二十五圓通，《圓覺經》有十二圓覺，門門都是通向解脫；《法華經》「會三乘歸一乘」，三乘就是二乘聲聞、緣覺，即一般說的小乘，再加上大乘的菩薩，即不管大乘或小乘終究會歸於一佛乘。所以不能說有幾個法門就建立幾個宗派，說這是什麼宗、那是什麼宗。

念佛法門是所有法門之中的一種，而又涵蓋著一切法門；菩提達摩的禪宗其實就是念佛法門裡的無相（或稱實相）念佛，譬如禪宗經典中的《六祖壇經》，就曾引用《觀無量壽經》、《法華經》，以及《文殊師利所說摩訶般若波羅蜜經》的一行三昧，可見得它們並非背道而馳的。

念佛法門就是修行佛法，沒有必要說它是淨土；其實古代很多禪師也修念佛法門，譬如五代的永明延壽禪師即是如此。明朝末年，專弘淨土的蓮池大師——雲棲祩宏，在其《阿彌陀經疏鈔》中，則將持名念佛分為事持、理持兩類。事持是念心外的阿彌陀佛，理持則是念我們本具的清淨佛性。念佛若能從「事持」進入「理持」，當清淨的佛性與阿彌陀佛的法身完全相應時，即一心不亂、明心見性，就與禪宗的開悟完全相同。

蓮池大師一生都強調修念佛三昧，從持名念佛自然而然完成了明心見性的目的。所以，蓮池大師雖是淨土宗的第八祖，但是又被稱為禪師。此外，還有一位較蓮池大師年輕的蕅益智旭大師，他是蓮池大師戒子，也主張修念佛三昧，並且稱之為寶王三昧，認為是一切三昧中最好的，是三昧之中的王。

三昧是「即慧即定」，又是定又是慧；當念佛念到非常純熟，心中沒有煩惱、沒有雜亂，只有一句佛號時，自然會開出智慧，此時即修成念佛三昧。可見念佛三昧的修持方法即禪修的法門之一，因此我們法鼓山的佛七實際上也可以稱為念佛禪，能夠達成自心淨土的目的。

我們法鼓山提倡人間淨土，又經常指導禪修、推廣禪修，好像沒有要生西方彌陀淨土。其實我們是一致的，不會把它分得那麼清楚，只是因應人的根性而有不同的修行方法。有人喜歡念佛，有人則願意用禪修法門，雖然走的路不一樣，但是殊途同歸，條條馬路都是到羅馬。就像佛殿有六個門，雖然每一個都有點不一樣，方向也不一樣，每一個人進來時的路線也不一樣，但全部都能進入佛殿，而且見到同樣的西方三聖，見到同樣的我在這裡向諸位說法。因此說「歸元性無二，方便有多門」。

禪修是鍊心，就是用方法從散亂心到集中心，再從集中心到統一心，最後到達無心的過程。念佛也相同。念佛是一向專念念阿彌陀佛，一直念到一心不亂。一心不亂有事一心和理一心之分；事一心就是統一心，此時定境現前，已經入定；理一心則是禪修最後所到達的無心，心無執著，不顛倒、不貪戀、不攀緣，是清淨的，這就是《金剛經》所說的「應無所住而生其心」的無住心。

達到理一心（無心），已經離煩惱了，如果死亡時能持續保持，往生西方淨土就已超過上品上生。如果是事一心（統一心），好像煩惱不起伏，可是一離開定境，在平常生活中還是會波動起伏，往生西方極樂世界，則是九品蓮花裡的上品和中品。如果是散亂心，則是生下品，但也必須十念不斷才能進入下品。

因此，禪修也可以往生西方極樂世界，而禪、淨這兩個法門只是型態不一樣，但是功能類似、目標也是一致的，因此，我也勸禪修的人能夠發願往生西方淨土。

二、念佛禪與佛七的差異

念佛禪與佛七最大的不同，在於無相或是有相。佛七，要求感應、要迴向願生西方淨土，可以觀像念佛，也可以觀想念佛，所以絕對是有相。念佛禪則是無相，它不求感應，甚至連這種念頭都不要有，即使真的看到佛、蓮花、菩薩或是聽到聲音，也不要執著它、在乎它、留心它，就裝作沒有看到、沒有聽到。

某次佛七，有一位菩薩，她說自己每念一句佛號，身上就長出一朵蓮花，結果念著念著，渾身都是蓮花了。我問她：「你看得到嗎？」她說：「我看得清清楚楚。」我又問她：「眼睛是睜著還是閉著？」她說：「睜著！」我就說：「那你再念念看，讓我看看蓮花。如果其他人也看得見，那是感應、神通，是瑞相，但與解脫不一定有關係；但如果只有自己看得到，那就是心相，是從心裡、頭腦裡出來的。」

念佛時，身體有什麼感受或聞到什麼味道，是正常的，有時甚至會聞到死屍臭，因為有很多靈界眾生都會來這裡聽聞佛法。此時念佛就好，不要在乎它。假如是瑞相，很好，但是不要執著它，念佛的目的不是為了得瑞相。

過去我們每次打佛七，油燈上都會結出許多舍利花，至今都還供奉著。後來因為好多人在休息或過堂時間都會跑去看有沒有結舍利花，是大是小？是什麼顏色？而我們不希望用燈花舍利來誘惑人、干擾人，所以就不再點油燈了。其實這沒有什麼，只要一心念佛，就會有燈花舍利，那只是一種感應。

總之，「念佛禪」是用念佛的方法達成禪修的效果，它的方法其實與佛七相同，就是念阿彌陀佛一句佛號，沒有其他複雜的方法，這就是一門深入。

時時刻刻想到，現在念的是一句佛號，不要想剛才有沒有打妄想，也不要想等一下會如何，這些念頭通通不要有，不斷地「現在念佛」、「現在念佛」。之前我已經說過，念佛的念上面是「今」，下面是「心」，就是用現在心，現在這個時間的心，不要跑到剛才，也不要跑到未來。既然是來參加念佛禪七，從進入禪修道場開始，就應該把過去及道場之外的一切，還有剛才發生的事，未來可能會發生的事，全部割捨放下，只有專心念阿彌陀佛。

此外，還有一點要特別注意，念佛禪不是要念到「入定」。「入定」就是自己沒有在念佛了，心很安定、很安靜，沒有雜念妄想，甚至於身體不見了，環境也看不到了。而是要清清楚楚地知道自己在念佛，聽著大家念佛，漸漸地身體和環境都是一句佛號，沒有妄念，只有佛號；即使是與佛號合而為一，還是繼續念佛。若興起「自己究竟是誰」的疑情時，就可以開始參話頭，參「念佛的是誰？」。當話頭參得沒有力量時，回到身體又是身體、環境又是環境時，這時就老老實實地再念佛號。所以，念佛禪以念佛為根本，如果在念佛禪七中，一次話頭都沒有用上，也沒有什麼關係。

第二章　念佛禪的基本觀念

一、念佛修成念佛三昧

(一)什麼是三昧？

「三昧」，梵文「Samādhi」，它有很多種意思。小乘經典裡講的三昧是「禪定」，所以我們常稱入定為得「三昧」。若譯成漢文就是「等持」，又叫作「等止」，即心平等地保持同樣的狀況，止於一境、止於一念、止於一點，不再動搖，持續保持著，而且是均等地保持著，力量沒有大、沒有小，在一個非常穩定的狀態。

我們修「任何法門」都可以入定，包括之前介紹過的五停心觀，這是最基礎、最基本的法門。但修定只是安定，不一定能產生智慧，所以在小乘的次第禪觀裡，修「五停心」之後還要接著修「四念住」。

其實「五停心」也是「觀」，只是它的重點是得「定」、得「三昧」；而修「四念住」雖是「觀」，但它其實同時也在修「定」，只是重點在「觀」。

修「四念住」時，若沒有「止」的基本工夫，是觀不成的，很容易打妄想，一定是「止」的工夫修得很好，「觀」的時候才能很穩定、很清楚，沒有妄念，這叫作「禪觀」。而這個從禪定產生智慧的整個過程，我們也稱為「三昧」。

持「戒」能夠幫助修「定」，「定」能夠幫助修觀，觀能夠產生「智慧」，叫作觀慧，因此佛教以戒、定、慧為修學綱領，稱為「三無漏學」，次第修行即能得解脫。

總之，在基礎的佛法中，三昧主要是指禪定，由禪定發生的無漏智慧則稱為「般若」。但是對大乘佛法來說，三昧的意思是定慧均等，也叫作「等持」，又叫作「等止」，「止」就是到達的意思。能夠從修行的方法使得心念不雜亂，是平衡的、平穩的，你的心念是清楚的，這時是即定即慧，就是《六祖壇經》講的「即慧之時定在慧，即定之時慧在定」，那就是定慧均等，也就是止觀不二，這就是大乘的三昧。所以在《楞嚴經》裡講的「由戒定慧入三摩地」，三摩地就是大乘的三昧，也就是從戒定慧得解脫、解脫知見，都叫作三昧。

(二) 什麼是念佛三昧？

1. 淨土宗一般的說法

念佛三昧這個名詞，不同的人有不同的解釋法，一般淨土宗的大善知識，如曇鸞、道綽、善導等大師，都是根據《觀無量壽經》、《無量壽經》和《阿彌陀經》來解釋，主張不論用哪一種念佛的方法，只要能不斷地修持，最後就能證得念佛三昧。

念佛的方法有觀想、觀像、持名三種，而這三種都是有相的。觀像是觀佛的化身，有三十二相八十種好，譬如白毫相，是指阿彌陀佛眉間的白毫相光；因為白毫太長，所以向右旋成一個螺旋形的點。它有五個須彌山那麼大，如〈讚佛偈〉所說的「白毫宛轉五須彌」。把自己融入白毫的光芒之中，這也是念佛三昧。但這個念的意思是觀，是用心念，而不是用嘴巴念。因為三十二相八十種好相當複雜，所以很不容易觀成，也很少人觀。

觀想念佛是觀佛的功德。以阿彌陀佛來講，佛的功德就是由四十八願所成就之西方極樂世界的依正莊嚴。若觀成功了，則處處見佛、處處見菩薩，時時見佛、時時見菩薩。不僅能見阿彌陀佛，也能夠見一切諸佛。因為一佛的功德與無量佛的功德是相通的，佛佛相通、道道相同。所以，把阿彌陀佛的功德觀成，就見到諸佛現前，這也是念佛三昧。因此，念佛三昧的「念」，不一定是用嘴巴念，而是用心去觀。

至於持名念佛，《無量壽經》和《阿彌陀經》都提倡，中國的淨土宗大概也都是如此主張，因為持名念佛最容易。古代有很多不同的念佛方法，譬如高聲念佛，就是大聲地念佛，還有五會念佛。明朝時，曾有人提倡小豆念佛，有點像現在的人持念珠念佛，但一串念珠念完，只有一百零八聲，它是一斗一斗的小豆，可能是豌豆或綠豆，念一句佛號拿一個豆子，不斷地念。這種念佛法很好，口念、心念，手也在念，能讓人專心，因為身、口、意三業相應。當時有人念到手還沒有拿，豆子就已經跳過去了。手不斷地動，豆子就不斷地跳過去；嘴巴不念了，豆子還在跳。因為嘴巴雖然沒有在念，但心在念，所以豆子還在跳。念佛念到這樣，也是念佛三昧。

因此，不論你用哪一種方法，修到妄念不起，念念都是佛，不論是佛號也好、佛的相好也好、佛的功德也好，只要念成功都是念佛三昧。

2. 蓮池大師的說法

(1) 念佛三昧即見法身佛

蓮池大師非常強調《阿彌陀經》的持名念佛，也鼓勵念佛行者修持，他的弟子、特別是在家弟子，修成念佛三昧的相當多，在明末一些《居士傳》、《淨土聖賢錄》中都有許多紀錄。影響所及，中國近代也十分盛行持名念佛，並尊他為淨土宗第八祖。但是他主張的念佛三昧的修法其實和歷代祖師不太一樣，他依據的不是「淨土三經」，而是《文殊師利所說摩訶般若波羅蜜經》。

《文殊師利所說摩訶般若波羅蜜經》有兩部，一部是兩卷本、一部是一卷本，這兩部都提到修行「一行三昧」、「不思議三昧」（不可思議三昧）的方法。「一行三昧」與「念佛三昧」相同，都是稱念佛的名號；「不思議三昧」雖然不一定要念佛名號，但同樣需要專注於某一個「所緣境」。

「所緣境」就是「方法」，譬如念佛的人，佛號就是所緣境；參話頭的人，話頭就是所緣境；數息的人，數數就是所緣境；修不淨觀的人，不淨的境，即不淨的身體，就是所緣境。緣一境，然後繼續不斷地修，這與《佛遺教經》的「制之一處，無事不辦」完全相同；也就是心繫於一境，就能夠入定，入定而能夠產生三昧，從三昧而得智慧。

雖然修「一行三昧」與「念佛三昧」相同，要稱念佛的名號，但是經中並沒有指定哪一尊。阿彌陀佛是最重要的一尊佛，能念當然最好。不論念哪一尊，就心繫於那一尊佛的名號，如果能夠不斷稱誦，念念不斷，前念後念念念相續，就能見到過去佛、未來佛、現在佛，乃至一切諸佛。

那麼顯現的是佛的化身、報身還是法身？《文殊師利所說摩訶般若波羅蜜經》並未明說。之前我曾經解釋過何謂三身，簡單來說，化身即類似於人間的色身；報身是圓滿的功德身，是對初地以上菩薩顯現的；而法身則是法性身，所謂法性即一切法的自性，也就是空性。眾生所謂「見性成佛」、「明心見性」，見的是佛性；對眾生來講叫作「佛性」，對一切諸法來講叫作「法性」，因此佛的法身是遍於一切處、處處都在的。而經中說一行三昧修成功即能見到過去、未來、現在一切諸佛，又說：「念一佛功德無量無邊，亦與無量諸佛功德無二，不思議佛法等無分別。」一尊佛的功德有無量無邊，而這一尊佛與一切佛的功德不一不二，真是不可思議，可知見的是法身佛，也就是禪宗說的明心見性，見的是佛性。

蓮池大師講「一心稱名」，即《阿彌陀經》的一心不亂，並進一步將一心分為事一心和理一心。事一心即我們說的統一心，理一心則是我們說的見性、開悟，就與《文殊師利所說摩訶般若波羅蜜經》所說相同。

見佛性叫作「理」，入定叫作「事」，有定可入不是真正見到佛性、法身。《文殊師利所說摩訶般若波羅蜜經》也說：「思議定者，是可得相，不可思議定者，不可得相。」定如果有定相，就是可思議，不可思議的三昧是沒有定相的。既不入定也不是散亂，既沒有雜念妄想也不是進入不動；身心照樣活動，但不受煩惱所困擾；心中沒有與煩惱相應的念頭，但還是有心理的功能，這就是《金剛經》所說的「應無所住而生其心」。

「無所住」就是沒有執著、與煩惱不相應的意思，而生其心的「心」則是智慧心。心是有動作、有功能的，但它不與煩惱相應，是以無我的智慧來應對、來生活，這就叫作

「應無所住而生其心」，這就是「不思議三昧」。念佛三昧修到這種程度就叫「不思議三昧」、「不可思議三昧」，與禪宗完全相同。因此，當時也有人稱蓮池大師為禪師。

曇鸞等大師雖然也說到念佛能夠見佛，甚至讓他人見佛，但都是以有相念佛來修念佛三昧。蓮池大師的想法為什麼不同於他們？或許與當時主張禪淨雙修、禪淨合流的潮流有關。

(2)修行念佛三昧的態度：不以有心念，不以無心念，不以亦有亦無心念，不以非有非無心念

要如何修成念佛三昧呢？蓮池大師說：「不以有心念，不以無心念，不以亦有亦無心念，不以非有非無心念。」不以有心念就是念佛即念佛，不要執著自己在念佛，或為了什麼目的在念佛，譬如我現在跟你們說法，如果心裡一直期待有人能夠開悟，那就是有心。又譬如我們常說某人是「有心」人，這「有心」可能是好的，也可能是不好的；可以是計畫讓人一步一步完成某一個目標，也可以是計謀要人一步一步跳入他的陷阱，這都是「有心」人。

世間的法都是有心的，可是佛法卻不能有心。如果有心念佛，目的就是要開悟，即使念破了嘴也開不了悟。如果說無心念佛，這也不對，那是不專心念佛、心不用在念佛上，

我們念佛就是要專心一意地在佛號上。前面的有心是一種企圖心，用心念佛的心則是要把身心和環境融入於佛號，一切只有佛號。心在佛號裡，這是用心，否則就打妄想去了，所以也不能夠說無心。

「亦有亦無心」就是有時候有、有時候又沒有心，「非有非無心」就是好像有、又好像沒有心，這二者也是錯的。就是專心念、一心念，但是不要有企圖心、等待心、渴望心，這就是無相（或稱實相）念佛了。而蓮池大師就是要我們從有相進入無相念佛。

非有心念，非無心念，非亦有亦無心念，非非有非無心念，念到「念而無念」，念念不斷在佛號上，不念而自念，不論是睡著或醒著都在念佛，就已經修成念佛三昧。蓮池大師說：「念而無念，是名一心。」又說：「一心不亂，不異一念不生，焉得非頓。」這個一念是妄念、分別、執著，能夠一念不生實際上就是無相念佛。永明延壽禪師，每天要念八萬聲佛，之所以會有這麼多時間念佛，是因為他已經修成念佛三昧，念念都是在念佛，不論待人接物、處理事情、寫文章、看書，都在念佛，可見蓮池大師與永明延壽禪師的念佛是相應的。

無相念佛有兩個層次，第一，有佛號，但不執著、不期求、不等待，就是念念念佛；此時不生妄想心，即一念不生。第二，不一定還有佛號，不需要出聲念，心中也不需有什麼六字洪名或四字佛號，可是心與佛的心是相應的，念念跟佛相應。佛的心是智慧心、慈悲心；無緣大慈、同體大悲，還有無我的智慧，能念念與這三種相應，就是無相念佛。這也正是我們提倡的人間淨土。

我們的人間淨土就是「一念相應，一念是佛，一念見淨土；念念相應，念念是佛，念念見淨土。一人相應，一人是佛，一人見淨土；人人相應，人人見佛，人人見淨土」。念念都與佛號相應，念念都與佛的慈悲、智慧相應，你就是佛。與佛相應，佛就在你面前出現，即見到佛的法身。這就是無相念佛。

(3)念佛三昧的層次：事一心與理一心

古代許多善知識們對於念佛三昧的說明都不太一樣，經典間也是，看起來都很有道理，但是又彼此矛盾、出入，其實如果把念佛三昧層次化之後，會發現各家所講的內容是統一的。

蓮池大師將一心念佛，也就是念佛三昧，依程度的深淺分成兩個階段或兩種層次，一種是「事一心」，另一種是「理一心」。如果念到忘掉了自己的身心和環境，只有佛號，此時即「事一心」。「事一心」即一心不亂，心很安靜、很安定，沒有雜念、沒有妄想，念念是佛號，但還有一「心」不亂。這是最淺的念佛三昧。

一心不亂並不難，只要照著師父指導的方法、原則來念，一定會有「事一心」的經驗出現，或許只出現三秒鐘、兩分鐘，或一炷香。但是如果一天到晚胡思亂想，絕對得不到「事一心」。

深的念佛三昧就是「理一心」，是念到無佛可念，親見佛的法身，即見空性，也就是見佛性。此時煩惱、我執沒有了，身、心負擔也沒有了，雖然已經沒有什麼事情可做，但是因為還有眾生需要度，慈悲心、願心出現，就與阿彌陀佛的願力、慈悲相應。這時是開佛知見、頓開佛慧，佛的智慧在你心中現前，這是深的念佛三昧。

從禪的立場來講，這是明心見性，雖然已經知道什麼是沒有煩惱，什麼是空性、佛性，什麼是「理一心」，但未必已得無生忍，也不一定等於解脫。可是淨土宗說的「頓開佛慧，得無生忍」，則是決定解脫、即將解脫；雖然還未解脫，但已從凡夫進入聖人的位次，即進入初地（據《華嚴經》）菩薩位，只餘若干煩惱沒有斷。而真正解脫生死，必須是第八地菩薩，小乘則是阿羅漢果，所以沒有那麼容易。

一般人認為解脫生死是不再輪迴生死，其實只對了一半，應該是煩惱從此以後不生不滅；因為沒有煩惱生，所以也沒有煩惱可滅。生死有兩種，一種是分段生死，一種是變易生死。分段生死是一生一生的投胎出生，然後死亡，一段一段的生與死，這是普通的凡夫。證無生法忍、得不退轉的初地菩薩、法身大士，雖不再輪迴生死、解脫了分段生死，但還有變易生死。然而隨著不斷地除煩惱、不斷地長智慧，變易生死就能一分分了，一直到第八地菩薩為止。而這才是真正了生死的意思，也是真正念佛三昧的完成。

求生西方極樂世界還是有相的，我們到了西方極樂世界，雖然三界之內輪迴六道的生死暫時沒有，但是變易生死還在，並沒有真正解脫生死。因此到了西方極樂世界之後，還要不斷地成長，才能真正了生死。每個人在極樂世界的蓮花大小，或開花見佛的時間，都是依個人的蓮品來決定的。因此我們在人間應該要好好修行念佛三昧，到西方極樂世界以後，蓮品才會快速高升，否則等到了西方極樂世界再說，那要很久的時間，所以《無量壽經》也說，在我們娑婆世界一日一夜精進修行要超過在西方極樂世界一百年。

二、修行從有相開始

(一)念佛要從有相達到無相

念佛法門有「有相」和「無相」兩種。在念佛目的方面，有人念佛是希望求福報，有人是希望求富貴、求長壽、求平安、求智慧，也有人是希望累積淨土資糧，這些目的都是有相，而淨土經典裡描寫西方極樂世界的依正莊嚴也都是有相的。

通常人講淨土時，大概只講到念佛求生西方淨土。這是我們共同的願望，並不能說錯。但是因為佛法的本質一定與空、般若的智慧相應，唯有發般若的慧才能徹底除煩惱。就是到了西方極樂世界以後，還是要聽聞佛法，發起無漏的智慧，證無生法忍。

無生就是不生不滅，是說佛性的不生不滅。雖稱之為涅槃，實際上是空，但是並不妨礙智慧和慈悲的功能。也就是有慈悲和智慧的功能，但是沒有自我的執著；沒有小我，也沒有大我。如《心經》說「行深般若波羅蜜多時，照見五蘊皆空，度一切苦厄」，以及「無苦集滅道，無智亦無得，以無所得故，……得阿耨多羅三藐三菩提」。得阿耨多羅三藐三菩提就是成佛，但是既然無智亦無得，為何又要得阿耨多羅三藐三菩提？這是說連智慧都不執著了。不執著煩惱，就是沒有煩惱，沒有煩惱，也就沒有智慧了，這是空，叫作畢竟空。

多半的人以為往生西方極樂淨土，上品上生就已經足夠，其實即使上品上生也還是凡夫，並沒有進入初地，還要修行，才能花開見佛，得無生忍。而上品上生還是有相，不是無相，這一點一定要知道。

(二)自認是下根之人，老實念佛

無相還是必須從有相的方法著手，否則沒有著力點。有相念佛是有阿彌陀佛的聖號，以西方極樂世界為方向，有阿彌陀佛的依正莊嚴為目標。我們修念佛禪，則是從念阿彌陀佛名號開始，但是念的時候不要觀想佛的模樣，只是不斷地持名，慢慢就能進步到達無相念佛，修成念佛三昧。

念佛非常簡單，只要會念「阿彌陀佛」四個字就行了，三歲的小孩、甚至剛學會說話的一歲小孩都會念，所以是三根普被，所謂三根，是指不論上、中、下何種根機，都能從念佛法門得到利益，只是深淺有所差別而已。譬如上根人念佛很快可從有相進入無相念佛，中根人則要多花一些時間，而下根人恐怕沒有辦法體會到無相念佛。

下根人善根不夠，知見又不正確，如果立刻無相念佛，會以為自己與佛無二無別，因此不相信有阿彌陀佛，也認為不需要念阿彌陀佛、不需要求生西方極樂世界，這是大傲慢心、大愚癡心，是邪見、外道，很容易入魔，十分危險。更何況如果你的「我」還很大，或者根本連「我」是什麼也不知道，那還說什麼「無我」呢？因此，不要好高騖遠、不切實際，寧可相信自己是下根人，業力很重、障礙很多，老老實實地從基礎的有相念佛、取相念佛著力；如果你是上根人，照著師父教的方法去做，很快也能從有相進入無相。

不過，在今天末法時代，上根人很少，即使釋迦牟尼佛時代也是如此。佛經中曾有一個比喻：「菩薩發大心，魚子菴樹華，三事因時多，成果時甚少。」意思是說，世間有三樣東西，因的時候很多，但真正結果的卻很少。第一樣是魚子，因為魚一次可以產很多的魚卵，但是從魚子變成小魚然後再變成大魚的數量很少；可能還未長成小魚就被吃掉了，即使長成小魚也有可能被大魚吃掉。第二樣是菴樹華，就是芒果花；芒果花很小又很多，一串花蕊上就有上百朵，但最多只能結二個芒果，否則無法承載重量。最後一樣則是初發心菩薩，就是剛剛發心要修菩薩行、修菩薩道的人；發心修行菩薩道的人很多，但是能持續培養菩提心，增長道心、道業的人卻很少，一遇到惡因緣、逆境、障礙，很容易就退縮，放棄修行，這是業障、報障。

所以我們修行，就好像一艘在海裡航行的帆船，遇到了逆風，老是在原地繞圈子，沒有辦法前行，也因此《大乘起信論》說，要堅固信心需要十大劫之久，而且在這段時間內，必須非常努力，否則很可能只修行幾次，就打退堂鼓了。我有好多在家弟子就是如此，像打擺子、患了瘧疾一樣，一下子好熱心，一下子消失了，過了一陣子，又突然出現了。問他原因，多半是因為事情繁忙，不然就是因為懶散，像這樣一暴十寒，修行要成功、要成為上根人，很不容易。

若你自認為根機不夠，要有慚愧心，並且要多花時間修行，除了參加精進共修，平常也應該隨時不忘念佛，才不會連下根也斷掉，而能繼續成長，變為中根，然後變成上根。下根雖然是有相念佛，但是要知道還有無相念佛的目標。佛法不論是哪一宗、哪一派，不論是哪一部經典、論典，雖然講的法門不同，可是目標都是要我們破我執。破我執就是無我，就是無我相，就是無相。我相沒有，佛的相也沒有；不取自己的我相，有誰去取佛的相呢？所以實證無相，阿彌陀佛與自己就是不一不二，一切諸佛與自己是一個鼻孔出氣。

我在呼吸就與一切諸佛同時在呼吸，我在吃飯就與一切諸佛同時在吃飯，如同禪宗所說的「夜夜抱佛眠，朝朝還共起」。這不是真的說我每天早上都與佛一同起床，每晚都抱著一尊佛入眠，其實抱的是無相、是實相，是與佛的法身不一不二。

三、有相到無相念佛的過程與方法

(一)散心念佛

有相念佛到無相念佛有一定的過程，禪修、念佛都是相同的，就是從散心念佛、專心念佛，到一心念佛。散心念佛就是一邊念佛，一邊想其他的事、做其他的事，可以嘴上念或心中念，但是因為繁忙、懈怠、昏沉的時候，很容易中斷，所以是斷斷續續的。我們平常生活大概只能散心念佛，因為待人接物、處理公務，或者讀書、研究，都需要用頭腦思考，或是用語言、肢體去應對，很難專心。

平常生活之中能想到念佛已經很不容易，通常要遇到困擾，心裡覺得煩惱時，才想到要念。其實如果被讚歎，心中覺得有些得意、傲慢，這也是心的煩惱，同樣要念佛。所以我們要養成心情起落不定就念佛的習慣；只要內心一波動，都可以念佛。譬如別人罵你，先不考慮對錯，就是一句阿彌陀佛。如果自己真的不對，念阿彌陀佛是感謝他人指正；如果不是事實，念阿彌陀佛可以讓對方少造口業，否則你回嘴，他可能會更生氣、罵得更凶，所以這是做好事，也是慈悲，自己也不會那麼傷心、痛苦。如果是讚美，也是一句阿彌陀佛，表示慚愧、感謝。你想：「真慚愧，我並沒有他說的這麼好，這只是他的看法，十分感謝他。」這種種狀態都是散心念佛。

(二)專心念佛

專心念佛，通常是在道場共修，首先是要把身體放鬆、心情放鬆，然後念念不離一句阿彌陀佛。念佛有種種姿勢，包括坐姿、立姿、繞佛、拜佛，不管採取什麼姿勢，都要記住上述兩個原則，不要因為換了姿勢，心情改變，原本放鬆的身體又變成緊張的，或是又忘記念佛。總之，在任何時間，都要保持身體輕鬆、頭腦不緊張，但是非常專心。

念佛時，主要是聽著大眾的聲音，然後跟著大眾的聲音念。你可以很大聲地念，但是速度一定是與大眾一致，這個原則一定要掌握住，否則會干擾其他人，而你也會覺得被干擾，因為其他人的聲音與你不同。當念到不知道自己在哪裡、不知道自己究竟是誰時，請不要擔心，也不要問「我是誰」，念佛的那個就是你，否則一轉念，又變成散心。所以是不注意、不管它，盯著一句佛號一直念下去，這是從散心變成專心念的過程。

不過，剛進入道場共修，通常還是散心念佛，腦海裡還會有其他念頭出現。我相信來參加共修的人，沒有人願意散心念佛，所以如果發現自己有妄念，不要懊惱、不要後悔、不要難過，也不要去思考剛才為什麼會散心？或擔心等一會兒會不會散心？否則還是在散心狀態。

變成專心念最好的方法，就是不管身體、不管環境，把身心和環境融入於一句佛號；也就是只管念佛，而不管自己累不累、身上有沒有出汗，或者時間到了沒？也不要管天氣好不好、冷不冷、熱不熱，或者其他人的怪模怪樣、怪聲怪調，只管念一句阿彌陀佛，清清楚楚地高聲念。知道有妄想，不要去在乎它，趕快用方法，提起佛號來。我們不僅要聽到殿內每一個人都在念佛，也要感受到世界上每一樣東西都在念佛，就是把一切聲音、一切狀況通通融會在一句佛號裡；我們就是在一句佛號裡、投入一句佛號裡，一句佛號融合著我們，不僅是人，還包括柱子、桌子、坐墊和地板。

默念時，雖然不出聲音，但是念佛的聲音應該還是迴繞在環境裡。雖然耳朵沒有聽到，但是腦海裡還是有念佛的聲音。這聲音是一種印象，不是真正有聲音；就像歌聲很好聽，雖然已經唱完了，可是還能繞梁三日。不要認為反正現在沒有在念佛，而且剛才已經念得很累了，應該可以休息一下，如此很可能又開始打妄想或打瞌睡。此時也可以用印光大師的念佛方法：從南無阿彌陀佛一、南無阿彌陀佛二，一直數到南無阿彌陀佛十，然後再從頭開始，南無阿彌陀佛一、南無阿彌陀佛二……南無阿彌陀佛十。如果數到一半忘掉了，請從頭再開始。凡是忘掉，就從頭開始，不可以隨便接下去胡亂數，才是真正的專心念佛，否則又變成散心念佛。不要認為數數目浪費了念佛的時間，這是幫助你攝心，讓你沒有機會打妄想。

拜佛時，通常有三種方法，第一種是跟著梵唄聲，一邊念佛一邊拜佛。剛開始時，知道有動作，一邊念佛一邊知道自已在拜，然後漸漸變成自然地拜。聽到引磬聲拜下去，聽到引磬聲站起來，雖然在拜，但是不注意拜的動作，而心是在佛號上。拜下以後，如果中間有一段時間沒有梵唄聲，還是要把剛才念的一句佛號貼在心上，聽到第二句佛號出來，再跟著念，口口聲聲都是佛號，心心念念都是佛號。

第二種是沒有聲音的拜，這是個人運用時間來拜的；這時雖然沒有梵唄，但自己心中還是要念阿彌陀佛。念的速度可快可慢，可以比照梵唄的速度，也可以禮佛一拜、念一句佛，或是不管拜的動作，依照自己的速度持續念佛，不一定要配合拜的次數，這個要領在於不讓心有起妄念的機會，就是一直拜、一直念。

第三種是懺悔禮拜。唱誦〈懺悔偈〉時，一句一拜，在句與句的空隙，也就是沒有唱誦的時候，就念南無阿彌陀佛。這是練習在任何狀況下，只要有空隙的時間，都在念阿彌陀佛的佛號，這樣就沒有雜念、妄念了。

我們要隨時隨地融化在一句佛號裡，不管是喝水、上洗手間或睡覺。有一位居士告訴我，他醒的時候知道要念佛，可是一睡覺就忘記，醒來後，也要過好久好久，才想起要念佛。這是因為工夫不夠。只要按照我所說的方式來念，三天、四天以後，漸漸就會養成習慣，夜裡一醒來會趕緊念佛，睡著時也不會不念佛。但我不希望諸位在做夢時念佛，這雖然好，但很可能是因為神經衰弱。白天很緊張，晚上睡覺又老是提醒自己念佛，結果睡得迷迷糊糊、緊緊張張，變成了神經衰弱，影響第二天的精神。當然，如果第二天精神不受影響，表示真的是佛號不斷。

要使念佛不斷，共修是很好的方法。大家同在佛殿上，大家看到你，你也看到其他人；大家聽到你念，你也聽到其他人念。當你有雜念時，聽到人家念，趕快回到佛號上，這比用數息、話頭或默照還好。因為用數息、話頭或默照，沒有聽到人家在念，坐在那個地方，很容易打瞌睡或打妄想去了。可是念佛，你不念時，人家還在念，特別是有人突然間大聲一念，馬上又被叫醒了。所以，我們要高聲念佛，不但可以振奮自己，也可以幫助他人，讓他人清醒和驚醒，這就是共修念佛的好處。

(三)一心念佛

當念到沒有環境裡的人、事、物，也就是沒有想到有其他人與自己一起念佛，就變成統一的心，我們稱為一心念。此時聽到的聲音就是一個聲音，不要思考這是自己的聲音還是他人的聲音。譬如現在我們念得很整齊；如果不整齊，你不要管，也不要考慮少數幾個怪腔怪調或者快慢不一的人，就是跟著全體的速度、聲腔來念。這時你的心是非常穩定的，在一個穩定的狀況下一直念佛，只有佛號，沒有其他的東西出現，這就做到了一心念佛的第一步。

第二步，我們稱為「不念而自念」，就好像汽車發動了以後，它會持續上路；這是動者恆動，靜者恆靜的原理。身體是靜態的，心也是靜態的，沒有動，嘴巴繼續在念佛。在繼續念佛的狀況下，沒有用心說：「我念了一句，再念一句；念了一句，再念一句。」就好像開車不用老是踩油門、也不要注意煞車一樣，一直非常平穩、平順地念下去。

此時念佛的聲音還是很大，但是不覺得費力，沒有「我要念佛」的念頭，就是跟著念。人家聽到你在念，而你已經沒有注意到自己在念，也沒有注意到自己要念，可是還是念得很好，不斷地念佛。如果能念到這種程度，晚上睡覺、夜裡做夢也會念佛，因為已經不需要用心來指揮嘴巴念佛，也不要老是提醒修正自己：這個妄念我不要，我要念佛；我不要有妄念，我要念佛。沒有這種心，就叫作不念而自念。

不念而自念，就是沒有專注要自己念，但是自己在念，而且念的時候絕對沒有妄想。如果嘴巴在念佛，但是心裡在念孩子、念丈夫或念太太，就不是不念而自念，而是散心念。

第三章 念佛禪的修行方法：念佛禪的三種文獻

關於念佛禪有三種文獻，分別為《楞嚴經》之〈大勢至菩薩念佛圓通章〉、《般舟三昧經》及《文殊師利所說摩訶般若波羅蜜經》，從這三部經典我們可以了解念佛禪的修行方法。

一、〈大勢至菩薩念佛圓通章〉：念佛三昧

〈大勢至菩薩念佛圓通章〉是淨土五經之一，淨土五經就是淨土三經再加上〈大勢至菩薩念佛圓通章〉及《華嚴經》的〈普賢行願品〉。

大勢至菩薩是西方極樂世界阿彌陀佛的兩大脅侍菩薩之一，另一位是觀世音菩薩，因為觀世音菩薩將來要繼承阿彌陀佛成佛，因此阿彌陀佛以觀世音菩薩為第一位大弟子，而

大勢至菩薩是繼觀世音菩薩之後成佛，所以是阿彌陀佛的第二個佛子，也就是第二位大菩薩。我們修淨土法門，臨命終時，如果是上品的蓮花，是由阿彌陀佛親自來接引，如果是中品、下品就是由觀世音菩薩、大勢至菩薩來接引。

因為大勢至菩薩是阿彌陀佛極樂世界的一尊大菩薩，所以〈大勢至菩薩念佛圓通章〉被視為淨土經典。但〈大勢至菩薩念佛圓通章〉的性質其實與淨土三經不同，淨土三經主要是講阿彌陀佛的法門，而〈大勢至菩薩念佛圓通章〉主要是講修禪定，我們常說的「都攝六根，淨念相繼」就是出自這部經。

〈大勢至菩薩念佛圓通章〉是《楞嚴經》二十五圓通法門之一，所謂圓通，就是修行時可以從不同法門進入，無論用什麼法門，只要修行成功，體證到的內容完全相同。所以說門門相通，無論從哪一個門進去，進去以後都是同一間房子。所以修行時一定要一門深入，不要看到這一門也想進去，那一門也想進去，結果一門也進不了，一事無成，變成門外漢。

大勢至菩薩就是因念佛而證圓通的，此段經文就是大勢至菩薩在向釋迦牟尼佛及所有的聽眾說明自己的修行方法。

(一)大勢至菩薩修學念佛三昧的因緣

大勢至法王子，與其同倫五十二菩薩，即從座起，頂禮佛足，而白佛言：我憶往昔恆河沙劫，有佛出世名無量光，十二如來相繼一劫，其最後佛名超日月光，彼佛教我念佛三昧。

「大勢至法王子」就是大勢至菩薩，「大勢至」是什麼意思？據《觀無量壽經》，因為這位菩薩能夠以他的大智慧來救濟眾生，使得眾生離生死煩惱之苦，得到涅槃解脫的安樂，這股力量很強、很大，所以叫作「大勢至」。《思益梵天所問經》則說，大勢至菩薩只要一腳踩地，就能使大千世界全部震動，連摩醯首羅天天魔的宮殿都為之震動，因此稱為「大勢至」。

那什麼又是「法王子」呢？法王是指佛，因為佛是智慧圓滿的人，說無量的法，法就是佛的心，一切法不出佛的心；能夠於一切諸法得自在，能夠用一切法通達一切法，運用一切法來廣度一切眾生，所以是法中之王，稱為「法王」。但現在這個稱呼不一定專指佛，在西藏，有一些大喇嘛就被稱為法王。這可以說對，也可以說錯。「對」是因為他們是大成就者，「錯」則是因為他們畢竟都不是佛。這樣的用法是緣自明朝，後來漸漸成為習慣，所以一直沿用至今。今天如果我見了他們，也會如此稱呼，否則會覺得不夠禮貌，但是要知道，真正的法王是佛。

一般我們比較常聽人稱文殊師利菩薩為法王子，其實凡是「一生補處位」的菩薩都是。所謂「一生補處位」是說，這是最後一生，下一生就準備要成佛了。因此除了我們熟悉的文殊師利菩薩外，地藏菩薩、普賢菩薩、觀世音菩薩、大勢至菩薩、彌勒菩薩也都是法王子。根據經典，我們知道觀世音菩薩將補阿彌陀佛的位於西方極樂世界成佛，至於大勢至菩薩則沒有進一步說明。

「與其同倫五十二菩薩」，所謂同倫即同修的道侶，一起修行、一起在同一個師父座下修行，或修同樣的法門，不管是出家、在家，都叫作「同倫」。這五十二位菩薩與大勢至菩薩都是修念佛三昧，同時也用念佛三昧來教化一切眾生，所以是同倫的菩薩。

在楞嚴大會上，大勢至菩薩與這五十二位同倫菩薩們，也從個人的座位站起來，走到佛的跟前「頂禮佛足」。這是頭面接足禮，拜佛的時候，應該要很誠懇、虔誠，心裡要觀想自己是拜在佛的腳面上，用自己最尊貴的頭面接觸到佛的腳面。

頂禮釋迦牟尼佛之後，大勢至菩薩開始敘述自己修習念佛三昧的經過。他回憶過去，像恆河沙數量那麼多的劫數之前……。這個劫是指「大劫」，劫有大劫、中劫和小劫，通常經中沒有直接說明時，大部分是指大劫。

一個大劫等於四個中劫，也就是一個三千大千世界成、住、壞、空的四個階段。大千世界經過成劫慢慢地形成，進入住劫才開始有眾生，到了壞劫，漸漸不適宜眾生居住，一直到最後被毀滅，整個消失，就進入空劫。空了以後，又會再漸漸形成，又進入另一個成、住、壞、空的循環。這四個階段的每一階段都需要二十個小劫，一個小劫的計算是：人壽從八萬四千歲開始，每一百年減一歲，減到人壽只有十歲；再從人壽十歲開始，每一百年增長一歲，增長到八萬四千歲；這樣一增一減就是一個小劫。

一個小劫就這麼長，然後要經過二十個小劫才是一個中劫，四個中劫才是一大劫，這時間真是難以想像，何況這裡講的是像恆河沙數那麼多的大劫，更是無法想像。

總之，在很久很久以前，久到沒辦法計算，那時有一尊佛，叫作無量光佛，出現世間度眾生。無量光即梵語阿彌陀的意譯，所以就是阿彌陀佛。無量光出世之後，在接下來一劫中，陸續又有十二尊佛出現，第十二尊佛叫作超日月光佛，就是這一尊佛教大勢至菩薩修行念佛三昧法門。

(二) 念佛如憶母

譬如有人，一專為憶、一人專忘，如是二人，若逢不逢，或見非見。

「憶」是憶念、回憶的意思，就是不斷地念著。這一段是說：有兩個人，當中一個一心一意地念著另外一個人，另一個人則專門把對方忘掉。這兩個人有時可以遇到，有時遇不到；遇到時彼此相見，遇不到時彼此就不相見。

這個譬喻是在說什麼？古來有很多人解釋，通常是將專念的那一個人比喻為「佛」；我們只要念佛的名號，佛就會專門念著你。《楞嚴經》並沒有說這是哪一尊佛，其實千佛萬佛都是相同，只不過我們對阿彌陀佛最熟悉。

阿彌陀佛在初發心時發了本誓弘願，據《無量壽經》講是四十八願，也有經典說是二十四願、三十六願，無論幾願，願願都是在成就眾生、成就國土。成就眾生就是度眾生、接引眾生；成就國土就是要完成一個西方極樂世界，讓接引來的眾生可以安樂地修行。阿彌陀佛是如此念念念著眾生，希望一切眾生都能到極樂世界去，可是眾生之中又有多少是念著要去西方極樂世界的呢？

沒有學佛的人，在我們這個世界上多如牛毛，沒有聽過佛經、聽過阿彌陀佛的人，比聽過的人還多得多。現在世界的人口大約有五十多億，佛教徒只占當中的一小部分；而佛教徒中，也不是全部人都想去。有的是要到彌勒內院，有的是發願下一生再來人間行菩薩道，還有南傳國家，他們沒有《阿彌陀經》、沒有淨土法門，所以也沒有人要去西方極樂世界。此外，通常念佛的人都是散心念，還不是專心念，所以念一念就忘掉了。因此，這一個專門忘的人，指的就是念佛的凡夫。

另外還有一種解釋，也是我的說法：專忘與專憶的人分別是指你與佛號。你是能念的人，佛號是所念的對象。佛號對你來講，應該沒有什麼去和來，也沒有什麼離開或不離開；因為它就在你嘴邊，但不念就沒有辦法。

如果參加精進修行，我們會不斷地、專門地念佛，但是一回到家以後，就變成專門在忘。其實佛號並沒有離開你，只是你經常把它忘掉，尤其是在得意忘形、遇到仇人時，根本就不記得要念佛。因此，想到時就念，想不到時就不念；念佛時就能遇到佛，不念時就遇不到佛了。其實佛沒有離開你，只是自己心中沒有佛而已。

一般人只有在發生麻煩時，才會想到念阿彌陀佛求感應，這是臨「時」抱佛腳。但有事時還能想到阿彌陀佛，已很不錯了。還有一種更差的，就是臨「死」抱佛腳，在生時不想念佛，快要死了才說：「阿彌陀佛！救我，我不想到地獄去，我要到極樂世界。」這雖然也有用，但是平常不念佛，臨死能想到念佛嗎？如果福德因緣夠，臨命終時可能會有人在身旁念佛或開導，但這是多生結的善緣，才有這個福報。

雖然現在有助念團幫人助念，但凡被助念的人，都是在往昔生中種了善根的，否則他的家人也不會准許蓮友為往生家屬助念的。所以，想等臨命終時有人來幫你念佛，或是來開導你，十分渺茫。所以，最好是活著時趕快念佛、時時念佛。

二人相憶，二憶念深，如是乃至從生至生，同於形影，不相乖異。

活著時要趕快念佛、時時念佛，如何念呢？就像這段經文所譬喻：兩個人你念著我、我念著你，念念念著對方，而且愈念愈深、愈念愈接近。本來只念著他的名字，念著念著，慢慢地，兩個人變成一個人，就像形影般不離。凡是身體所到的地方，只要有光線，影子就會跟著一起跑。

這個譬喻有兩種意思，第一種，這兩個人是指念佛的人和佛，譬如你在念阿彌陀佛，而阿彌陀佛是永遠念著眾生的，因為阿彌陀佛的願力就是：只要有眾生發願往生西方，不管是怎樣一個人，臨命終時一定會來接引，不會說沒有聽見或是不曉得在哪裡。不像在人間，即使發了求救訊號，有時是沒人接收，或接收了，但是不知道要怎麼救援的狀況。即使無量恆河沙數世界的一切眾生同時念阿彌陀佛、同時發願往生，阿彌陀佛也能同時接引。所以阿彌陀佛從來沒有離開任何一個人，只有我們離開了他。所以，我們隨時死亡，隨時發願往生，隨時就能見到阿彌陀佛。

第二種意思是說，兩個人互相憶念，就是佛念我們、我們念佛，這叫感應道交。當念得愈來愈深時，就得念佛三昧。念佛三昧有淺、有深，淺的是「事一心」，深的是「理一心」，愈來愈深指的是「理一心」。而要達到「理一心」的念佛三昧，必須念念不離彌陀、念念不離佛號、念念不離佛的功德。若不能達成，至少可以做到「事一心」。

這裡的「從生至生」也有兩種意思，一種是只要念佛，不需要求生西方極樂世界，佛就經常和我們在一起。當我們念到「事一心」不亂時，就已經不會離開佛；如果念到「理一心」不亂，看到的世界就是佛國淨土的景象，當下就已在西方極樂世界中。也就是說，我們不需要離開人間，就能見到西方極樂世界。所以這裡的「從生至生」，就是說我們一生一生都要在人間修念佛法門，廣度無量眾生，弘揚念佛法門。而修念佛三昧，我們一生又一生，都不會離開阿彌陀佛，阿彌陀佛也不離開我們，這已經有了安全的保障，就不必擔心會去地獄，連餓鬼、畜生都不會去。

另外一種是指「變易生死」，到了西方極樂世界之後，雖然「分段生死」已了，但還有「變易生死」，就是功德身。因為去的時候還是凡夫，但在極樂世界，煩惱會愈來愈少。當煩惱身減少，功德身、智慧身就會增長，即慧命增長，這也就是「從生至生」的意思，而佛號與你當然也永遠不會分開。

十方如來憐念眾生，如母憶子，若子逃逝，雖憶何為。子若憶母，如母憶時，母子歷生，不相違遠。

這段經文一開始就講「十方如來」，表示每一尊佛都是相同的。十方佛選一尊念，無論哪一尊，選定之後就認定一尊，那一尊佛就會像母親思念自己親生、年幼的孩子一樣思念著你。

母親的愛是無私的，但對待子女還是有階段性。我記得我母親曾告訴我們：「手心是肉、手背是肉，無論碰破哪一塊皮，我都會痛；因此我對每一個孩子是一樣地疼愛，沒有特別喜歡或不喜歡哪一個。」但對我來講，我感覺母親特別疼愛我，因為我年紀最小，有時候我的哥哥、姊姊要跟我爭搶東西時，她一定會責備他們：「他是弟弟，你們應該要讓他。」當時我很高興，覺得母親對我最好，最喜歡我了。稍微長大一點才明白，其實母親對待孩子，總是對小的多照顧一些。我相信我哥哥、姊姊小時候，母親也是這般地疼愛。

但是佛不一樣，他對任何一位眾生都是平等對待，每一個都像他年幼、不懂事的孩子，永遠不會捨離、永遠不會失望。即使不理睬他、不相信他，也只會覺得這個孩子好可憐，不曉得有家、不曉得有父母，不會因此不認孩子、不管孩子。《法華經》中有一個故事，就是敘述一個孩子離家出走，為了謀生四處打工行乞，十分潦倒。父親為了找尋他，跑遍了好多城市、好多國家，五十年過去了，才在某一個城市安頓下來，並且成為大富翁。後來那個小孩也來到了這個城市，父親看到他，本來想帶他回家，他卻害怕得逃走了，因為不曉得這麼一個大富翁找自己一個乞丐做什麼？結果他父親只好想盡辦法，運用種種善巧方便，讓他慢慢成長，等他能獨立有自信之後，才與他相認。

念佛的人就好像是離家出走的小孩子，經常因為忙於事業、財產、戀愛、兒女和家務，而將佛號拋到九霄雲外。有時想到了，又開始念佛，此時就是浪子回頭，但是很可能轉一圈又跑掉了。我們的心不念，與阿彌陀佛就不相應，但阿彌陀佛慈悲，還是會念著我們，希望救助我們。

所以經中接著說：「子若憶母，如母憶時，母子歷生，不相違遠。」如果孩子想念母親就像母親想念他一樣，母子就能相遇，永不分離。因此修行念佛三昧的人就要像孝順的孩子，不斷憶念著佛，這樣就能經常在一起，就像形影般不離了。

形與影，並不是說真的像身體與影子般亦步亦趨，即使是夫妻倆天天在一起，也不可能如此，總是有時走得遠一點，有時走得近一點。這意思是彼此關心，譬如有親人遠在國外，雖然不住在一起，可是隨時隨地都會想起對方。記得我在閉關或到日本留學，甚至到美國弘法時，都會按月寫信向師父報告近況，表示做弟子的對師父的關心和思念。雖然我人在天邊，但心還是跟師父在一起，相信他也會關心我。

如果在平常生活之中，你也能常常想到阿彌陀佛，念佛三昧一定會成就。所以，念佛三昧不一定要在精進修行期間才能成就，只要時時刻刻「如母憶子」地念佛，你就在念佛三昧之中，一定可以成就念佛三昧。

(三) 念佛見佛

> 若眾生心，憶佛念佛，現前當來必定見佛，去佛不遠，不假方便，自得心開。

如果眾生憶念佛能夠像母親思念子女一樣，「現前當來必定見佛，去佛不遠」。「現前」就是馬上，馬上或未來一定見佛，那離佛就不會遠了。如果徹悟，見的是法身佛；如果沒有徹悟，是有相的，見的是報身佛。所以，有很多人念佛見佛，不一定是佛來了，而是觀想成就，佛相現前，也就是善根成熟的意思。

但要注意，若以念佛為禪修方法，當見到佛時，請不要執著，否則會被佛的形象分了心神。很可能一坐下去，就期望再看到佛，念一念，就想：「佛怎麼還沒出現？」念一念，又想：「大概快出現了！」這樣要如何專心呢？本來見到佛的相好是好事，可是如果因此而散心念佛，那就變成干擾了。因此，念佛時見到佛出現或放光，不要在乎它，還是繼續念佛。如果阿彌陀佛說：「不要念了！我已在你面前了。」那一定不是真的阿彌陀佛，而是魔障出現。

念佛的人與所念的佛彼此憶念，就是繫念；「繫」是用繩子或線把東西串連起來。如果到這個程度，你不離佛、佛不離你，便能「不假方便，自得心開」，自然而然從有相念佛到無相念佛。「心開」是開智慧的心，「方便」是要用種種技巧使得自己開悟。這不是求佛替我們開智慧，而是自己念佛，念念與佛的智慧和慈悲相應，與佛的功德形影不離。

智慧和佛性不是因為修行而有的，無論你修行不修行，智慧和佛性都在那裡。只是不修行，見不到智慧或佛性，因為佛性被煩惱所纏繞、掩蓋，只見煩惱而不見佛性。因為心中都是執著、分別，是染污心，智慧的功能就產生不起來；但是只要放下分別、執著，智慧的功能就會出現了。這是禪宗的觀點。

所以，心開出智慧，不是因為修行，而是眾生本身就有智慧。如《華嚴經・如來出現品》說：「無一眾生，而不具有如來智慧，但以妄想顛倒執著，而不證得。」當釋迦牟尼佛成佛時，看到一切眾生都具備如來的智慧、福德，只是眾生愚癡，只看到煩惱、只顯現煩惱，沒有看到智慧，也沒有看到如來的福德。因此只要我們好好念佛，心裡不再有分別、執著、染污，就能明心見性，心就會豁然開朗。

譬如下大雨時，天空被烏雲遮住了，我們知道雨過會天晴，或是雪下完以後，又可以看到萬里無雲的晴空，但晴空是因為雲走了才有的呢？還是本來就有？如果此時坐飛機穿越雲層，就會發現天空從來沒有被什麼東西遮住。雲不是從天上來的，而是從地面上，它升不高，所以只有我們在地球表面的人常常會遇到，風、雨、雪也是一樣。

煩惱心就好像雲，它是從自己的心裡出現，這個心是分別、執著、混亂的心。它也像水面，水面如果被風吹皺了，反映出來的天空、太陽或月亮都是破碎的，就像一條條晃動的金蛇。如果此時我們也在水面上照一照的話，人的樣子也會變成片段的。可是我們本身並不是片段的，那是因為水面被風吹皺的緣故。心也是一樣，本身並沒有問題，完全是因境界的風，也就是被種種境界所困擾的原因。我們從無始以來，總是喜歡攀著境界，結果你扯我、我扯你，把心弄得七上八下，十分混亂，智慧就顯現不出來，看到的都是煩惱，這就是所謂「心隨境轉」。所以並不是說我們沒有智慧，智慧還在那裡，只要不隨境轉、不受境影響，心的水面就會變成像鏡子一樣平靜，這時看到的太陽、月亮、星星，以及你自己，都是明明朗朗、清清楚楚，這叫作明心見性。

所以，煩惱沒有什麼好除的？愈討厭煩惱，煩惱愈多，只要好好地不被環境所動，煩惱就沒有了。可是現在做不到，該怎麼辦呢？要用方法，譬如念佛、持戒、布施、懺悔、拜佛，這就好像是在做防風的工作，風吹不進來，水面就不會被吹皺了。

這也像是一個武功高強的人舞劍，如果你向他潑水，水完全無法潑到他的身上，都被他的劍擋住了。我小時候就曾看過一位法師表演過，當時他還向身旁的人誇下海口：「假如真的能潑到我的話，就直接拿這把刀砍我吧！」結果真的一點也潑不進去。速度之快，真不簡單。如果我們念佛能念到如此，妄念不入，讓妄念、外境沒有機會來干擾你，就已得一心不亂。

如果念到事一心，就能有這種工夫，但只能暫時免除煩惱；如果念到理一心的話，已由伏心菩提進入明心菩提，從此以後不會再受外境干擾，已經免疫，無論給你什麼誘惑、刺激，都不會被利、衰、毀、譽、稱、譏、苦、樂等八風所吹動。

如染香人，身有香氣，此則名曰，「香光莊嚴」。

當念佛念到智慧心開，進入理一心的時候，因為離佛很近，時間久了，自然而然身上也會有香味，就好像熏香一樣。而這個香就是佛性，就是佛的法性身。法性身以空為性，它的功德是戒、定、慧、解脫、解脫知見，我們叫作五分法身。五種功德結合起來叫作法身功德，那就是報身。佛的報身有香：五分功德法身香，這就是功德香。我們人所見的佛是化身，就是人間身的佛，以三十二相八十種隨行好做為佛身莊嚴，就是相好莊嚴。可是如果能夠親見法身，親證法身一分，就有五分功德法身香，以這五分功德法身香做為莊嚴。而這個香是有功能的，對自己有益，對眾生也有利。對自己來說是智慧，對眾生來講則是慈悲；以智慧來度無量的眾生，眾生便能感受到慈悲，這就是有光。

一般在佛的塑像或圖像上，都有頭光、背光和身光，這是用藝術方式呈現出來的。佛放的光，第一是佛的威德、慈悲和智慧，一看就讓人覺得和我們不一樣，因此接觸到他的時候，就覺得他很偉大，忍不住想要多看幾眼，想要向他頂禮膜拜。這個光也可以說是光彩、風光，譬如有人說：「你這麼棒，我要一直跟著你，因為只要大家看到你，我也被看到了，這是我沾了你的光。」此外有些人，有偉大的心胸、智慧、慈悲，讓人感覺非常光明磊落，非常值得信賴，跟他在一起感覺很平安，而這也是光。所以，不要將光想像成佛像上的光。

有人問我放不放光？其實我現在就在放光，當我在說佛法，說的是慈悲、智慧，就是在放慈悲和智慧的光。我是仗佛光明而放佛光，放的並不是我的光。我本身沒有光，但因仗佛光明而有了光，是沾了佛的光。

當我們念佛念到心開，這時也能放光，也能有香，因為已經得到一分佛的智慧、佛的慈悲。這就是香光莊嚴的意思，這也是我根據佛經的內涵來解釋的。

佛的智慧是無我的智慧，佛的慈悲則是平等的慈悲。什麼是平等的慈悲？就是平等地對待一切眾生；誰需要就給誰，不會只給自己喜歡的人、對自己好的人。也就是說，一切眾生只要善根成熟、因緣成熟，能得多少、接受多少，就給多少。過去中國人說：「傳子不傳婿，傳子不傳女。」這就不算平等。

什麼是無我的智慧？「有我」是煩惱的分別心、染污心，「無我」則是不把自我考慮進去，完全以眾生為立場。但因為每一個眾生都不一樣，即使同一眾生，在不同時間也有不同的狀況，所以眾生自身也沒有一定的立場。因此《金剛經》說：「無我相，無人相，無眾生相，無壽者相。」此即無相，也就是無我。但是無相並非沒有眾生，而是沒有定相的眾生，這是沒有眾生相。人沒有定相，都是因為因緣而變化，所以雖然度盡一切眾生，實在沒有一個眾生是我度的，這就變成了無我相。所以《金剛經》又說：「我應滅度一切眾生，滅度一切眾生已，而無有一眾生實滅度者。」無我是真正的智慧，以無我的智慧、平等的慈悲來幫助眾生，就莊嚴了你自己，此即香光莊嚴。

> 我本因地，以念佛心入無生忍，今於此界，攝念佛人歸於淨土。

大勢至菩薩現在是一生補處位的菩薩，但在還沒有成為聖者菩薩以前，就是像我們一樣在凡夫階段，尚在修行過程之中，此即「因地」；當時他發菩提心修菩薩道，就是以念佛三昧心而得無生法忍。

得無生法忍，就從凡夫進入聖位，也就是初地菩薩（此為《般若經》的說法，據《華嚴經》為八地）。初地以前是凡夫，凡夫有兩類，一類為外凡，即外道凡夫，是指十信位，意即信心還沒有完全建立的普通凡夫。已經發了心，進入伏心菩提階段，能夠降伏、調伏煩惱，即為內凡，是指十住、十行、十迴向，叫作三賢位。這個階段不會有大煩惱，但小的煩惱仍然會起，但是很快能用佛法的觀念和方法來調伏。等證了無生法忍，從此以後就不會再有新的煩惱生起，而得一分無漏的智慧。所以「無生」是指煩惱不會再生，「忍」則是智慧的另外一種稱呼，而無生法忍實際上就是無生法的智慧出現。為什麼叫作忍呢？因為他能忍受、忍耐，使得煩惱不會再起，就是耐得住，不會引起煩惱，也是我們現在講的明心見性。

「今於此界」：現在這個地方，就是娑婆世界，也就是在釋迦牟尼佛的楞嚴法會上。大勢至菩薩說，他要在這個娑婆世界誘導念佛的人回歸淨土。雖然他沒有指出這個淨土是哪一個，但因為他是阿彌陀佛的脅侍，所以指的應該是彌陀淨土。

(四)以「都攝六根，淨念相繼」為宗旨

佛問圓通，我無選擇，都攝六根，淨念相繼，得三摩地，斯為第一。

這一段則是說明念佛的方法。大勢至菩薩說：釋迦牟尼佛問我證得圓通的法門，我沒有其他選擇，因為超日月光佛教我念佛法門，我就一直使用，因此得念佛三昧，證無生法忍，進入圓通法門。至於這個念佛法門要怎麼修，很簡單，就是「都攝六根，淨念相繼」。

二十五種圓通中，大家最熟悉的不外是觀世音菩薩的耳根圓通，而大勢至菩薩則是整合的六根圓通。照道理，念佛應該是用心念，六根要怎麼念呢？其實就是把六根收攝在阿彌陀佛的佛號上，使眼、耳、鼻、舌、身、意六根不要到處攀緣。

六根是「能念」，而佛號是「所念」；被念的是佛號，能念的我、你、他，是用六根。口出聲念，是用舌根；耳朵聽自己在念，是用耳根；眼前所見的，都是佛國淨土的依正莊嚴，是用眼根；身上的每一個細胞都在念佛，全身融入佛號中，是用身根；鼻子聞到的任何味道，都是佛的法身香，則是用鼻根。

意根是什麼？我的前一念與後一念，以前一念做為後一念的根，這叫作意根。譬如前一念念的是阿彌陀佛，下一念又是阿彌陀佛，就是把前一念做為意根。如果前一念念的是阿彌陀佛，後一念念的卻是鈔票，那就不算意根；因為前後不相應，所以不是意根。一定是這一念與前一念是相應的、連貫起來的，才叫作意根。很多人解釋意根的意思不同，這是我根據論典、經典特別講述出來的。

如此眼睛看的、耳朵聽的、口裡念的、身體接觸的、鼻子聞的、念念想的，全部都是阿彌陀佛，這就是都攝六根。如果一切的一切都是阿彌陀佛，其他的雜念就沒有了，你的念頭就是清淨的。如果繼續不斷地持續下去，就是淨念相繼，就能得三摩地。

三摩地與三昧有些不同，三昧是定，三摩地則是定慧等持、定慧不二，因此《楞嚴經》說：「從聞思修入三摩地。」定慧不二就是在定當中，智慧、慈悲的功能照樣產生。雖然在動，但心不會混亂，是清淨的、是正念的，這時叫作三摩地。而大勢至菩薩就是修念佛三昧而得三摩地的，所以這是第一法門，是最好的法門。

然而通常的人念佛，耳朵沒有聽自己在念，沒有把身體放進去與佛號完全融合為一，也沒有想到環境裡看到的、接觸到的也是佛號之一，然後心在胡思亂想，沒有念念相繼，所以只是舌根在念。〈大勢至菩薩念佛圓通章〉的念佛法門，就是要我們用全部的身心，還有環境，全部融合在佛號裡，一定要「都攝六根，淨念相繼」，這是〈大勢至菩薩念佛圓通章〉的主要內容。

二、《般舟三昧經》：般舟三昧

天台宗智者大師的《摩訶止觀》將一切三昧分為四類：常坐三昧、常行三昧、半行半坐三昧、非行非坐三昧。平常我們修的大概都是半行半坐三昧或隨自意三昧，所謂半行半坐就是有時候坐，有時候經行，在禪堂裡是這樣，在佛堂裡也是這樣。此外，我們在吃飯時、出坡時、上洗手間時、盥洗時、睡覺時，若能隨時隨地都攝六根、淨念相繼，這就是隨自意三昧。至於常坐三昧主要是南傳禪法的修行方法，就是修次第禪觀，從五停心開始，然後修四念住。我們常聽人說去「坐」禪、學打「坐」，實際上就是常坐三昧。

常行三昧是什麼？就是般舟三昧。般舟是梵文「pratyutpanna」的音譯，意思是常行或者佛立，所以般舟三昧又叫作佛立三昧：十方諸佛悉在前立三昧，意即十方一切諸佛都站在我們面前接引。因為佛是立相，於是修行時就是採用行走的方式，慢慢地經行，不能坐。這相當不容易，過去在中國大陸曾有人修，而在日本，有一個專門提供人修般舟三昧的道場，叫作般舟三昧院。聽說中國大陸現在也有一個提供人修般舟三昧的道場，但是不是有人指導，就不清楚了。

般舟三昧是根據《般舟三昧經》來的，共有一卷、三卷兩種譯本，都是後漢支婁迦讖所譯。版本雖有兩種，但是內容大致相同，只是一卷本為簡譯，三卷本為廣譯，將全文翻譯出來，所以內容比較充實一點。我們閱讀時，可以兩種互相參考。而般舟三昧的修行法有七天和三個月兩種，這兩種在《般舟三昧經》中也都有介紹。

(一)般舟三昧是所有三昧中最好的

佛告颰陀和：有三昧名十方諸佛悉在前立。……有三昧名定意，菩薩常當守習持，不得復隨餘法，功德中最第一。

〈問事品〉（一卷本第一品）

釋迦牟尼佛告訴颰陀和菩薩，有一種三昧叫作「十方諸佛悉在前立」。意思是十方諸佛都在行者面前站立，也就是說，修行這個法門，十方諸佛都會現前，但這裡並沒有提到念什麼佛。

接著佛又說，這個三昧也叫作「定意三昧」，所有的菩薩都應當經常持守、學習、受持，不可以再隨其餘的方法修行，因為它是所有三昧中最好的，只要修了般舟三昧，其他的三昧就不需要再修了。

所有的經典都是這樣，佛在介紹每一個法門時，一定會說這個法門是最好的、最高的、最究竟的、第一的。因為佛說法是針對不同場合、不同對象而說的，所以對當時在場的眾生來說，目前所說的就是恰恰好的，所以一定會讚歎這個法門是最好的。但如果是在另外一個場合，對另外的大眾，因根機不同，所以又會講另外一個法門是最好的。也就是說，佛有八萬四千法門，門門都是最好的。只要你一門深入，對你就是最好的。因此，他鼓勵菩薩們應該要持守、學習這個三昧，而且學習以後，就要永遠地受持，不要放棄，也不要三心兩意。

但是眾生非常可憐，許多眾生因為善根不夠、信心不足，修任何法門只要稍感不得力，一聽說另外有什麼法門是最好的，馬上就跟著跑，結果什麼法門都碰一下，但都不能持久。

我認識的幾位居士就是如此，經常換師父，只要聽說某某大德、善知識很慈悲、很有道心、很有方便善巧，只要向他學，甚至只要在他跟前一拜，馬上就能得到利益，他們便會跑去。去的時候，往往還影響其他人一起去。學了一段時間，又覺得好像沒有想像中那麼好，似乎沒有得到什麼真正的力量。結果又聽說哪裡有某某法師或上師很好，又跑到另外一個地方去了。換了十七、八個之後，就覺得所有的師父好像都幫不了自己的忙。有的在外面轉了一圈，又回到我這裡，有的轉一轉就不見了，也不學佛了。因為怎麼學也學不好，所以乾脆就不學了。

推究其因，就是對自己沒有信心、對法沒有信心，只是在碰運氣。我戲稱他們信的是「摸門教」，到處摸門，不願進去，也進不去，又摸另外一個門，摸了十七、八個以後，覺得沒有門可以進，就放棄了。

同樣的意思在《般舟三昧經》三卷本第一品〈問事品〉裡也提到：「佛言，今現在佛悉在前立三昧……，一法行常當習持，常當守，不復隨餘法，諸功德中最第一。」

今現在佛，也就是現在十方世界國土中的一切諸佛。若修行這個三昧，現在十方世界國土中的一切諸佛通通都能在你面前出現，因此要專精修行這個法門，應當要經常學習、受持、守護，不可再隨其他法門修行，如此，這個法門是所有一切功德之中最最第一的法門。

什麼是「第一」法門？曾有弟子問我：「師父！您是不是世界上最好的老師？」我說：「我從來不以為自己是世界上最好的老師。」這個弟子又問：「既然您不是世界上最好的老師，我應該向誰學？」我說：「如果你是這樣的態度，恐怕就沒有福報找到好老師了。因為你不是世界上最好的學生，所以也沒有辦法找到世界上最好的老師。如果你不是好學生，我不會是好老師；如果我是你的好老師，你一定是我的好學生。」

所以，當我們接觸到一種法門時，一定要有信心，認真地用它；如果對它沒有信心，你就不會用它了。

(二)修成般舟三昧的條件：大信、如法行、持戒完具、獨一處止念西方阿彌陀佛

佛告颰陀和：菩薩欲疾得是定者，常立大信，如法行之則可得也。勿有疑想如毛髮

許，是定意法，名為菩薩超眾行。……其有比丘、比丘尼、優婆塞、優婆夷，如法行，持戒完具，獨一處止念西方阿彌陀佛。今現在隨所聞當念，去此千億萬佛剎，其國名須摩提，一心念之，一日一夜若七日七夜，過七日已後見之。譬如人夢中所見，不知晝夜亦不知內外，不用在冥中，有所蔽礙故不見。

〈行品〉（一卷本第二品）

這一段是介紹修成般舟三昧的條件。如果想要很快速地得到般舟三昧，也就是定意三昧，首先要對佛、還有對佛所說的這個法門建立起大信心。好比我現在正在介紹這個法門，你們必須相信，而且要生大信心。

什麼是大信心？就是要如法修行，照著經典所講的方法、原則去修行，不能有一點點懷疑，即使是像髮尖、汗毛尖這樣一點點的懷疑心都不能有。如果你說：「真的嗎？這個法門真的能讓我見到佛嗎？這個法門真的是最好的嗎？好吧！反正經典裡是這樣說，師父也這麼介紹，就姑且修吧！」這就不是大信心。能夠沒有絲毫懷疑地如說修行，即「菩薩超眾行」，超越於所有修行的法門。

信心有三種，第一是仰信，仰是瞻仰，就是聽法之後，我絕對相信它是最好的、最偉大的、最究竟的，一點懷疑都沒有。第二是解信，解是理解，就是聽懂了；因為我聽了覺得有道理，所以相信這是對自己最好的。第三是證信，照著佛說修行，真正實證、兌現佛所說時，此時建立的信心就是證信。譬如修般舟三昧，真的見到佛在前立，所建立的信心就是證信。但這個證不一定就是證悟、開悟，感應也能生證信。因此證信是有層次之分的，一個即如上述，是因感應而起信。通常的宗教是這個層次，譬如見到瑪利亞、耶穌、十字架放光，或是媽祖顯聖、關公顯靈，還有佛菩薩幫你治病，這都是自己見到的、體驗到的。另一個層次即證悟，證悟是見空性、見佛性，體驗到佛的法身是無相，這就比較難了。

除建立大信心、如法修行外，還要持戒清淨。若具足了持戒的條件之後，就單獨一人在一個地方一心一意地念阿彌陀佛，這個念是心繫念、口稱念，這是修成般舟三昧的最後一個條件。

阿彌陀佛的極樂世界有兩種稱呼，一種是蘇訶嚩帝（Sukhāvatī），一個是須摩提（Sukhāmatī）。蘇訶嚩帝的意思是極樂，須摩提則是安養的意思，因此極樂世界可稱為安養土或極樂土。

極樂世界距離我們娑婆世界多遠呢？娑婆世界是釋迦牟尼佛的化土，是一個三千大千世界，而地球只是娑婆世界中的一個小單位而已。極樂世界在娑婆世界的西方，之間的距離，據此經說是「去此千億萬佛剎」，《阿彌陀經》則是說「過十萬億佛土」，無論十萬億、百萬億、千萬億、萬萬億，在印度都是無數的意思。

因此，這段的意思是說，在娑婆世界西方無數國土以外，有一個極樂世界，也叫作安養世界。你要一心一意地念它，一天一夜，乃至七天七夜，過了七天之後，就能見到阿彌陀佛，以及十方諸佛在你面前出現。見到時，就像在夢中，但不是在夢中，是當前就已見到，只是像在夢中一樣。既不像在白天，也不像在晚上，既不像在室內，也不像在室外，更不是在黑暗中，沒有任何障礙，看得清清楚楚。

因此，我們講佛的光明是心光，是我們心裡的光，無法用燈光，或是太陽光、月光來比較、形容。不是真正地從光線看到，但是能清清楚楚地意識到，所以像是在夢中。這只是形容，當你見到十方諸佛出現在面前時，你會看得清清楚楚。但不要想像是在白天，因為有光亮，所以才看得清清楚楚。這是用你的心光看到的，佛以他的佛光在你面前顯現。

(三)般舟三昧的功德：見阿彌陀佛、具諸神通

過七日以後，見阿彌陀佛，於覺不見，於夢中見之。譬如人夢中所見，不知晝、不

知夜，亦不知內、不知外，不用在冥中故不見，不用有所弊礙故不見。如是颰陀和，菩薩心當作是念，時諸佛國界名大山須彌山，其有幽冥之處悉為開闢，目亦不弊，心亦不礙。是菩薩摩訶薩，不持天眼徹視，不持天耳徹聽，不持神足到其佛剎，不於是間終，生彼間佛剎乃見，便於是間坐，見阿彌陀佛。聞所說經悉受得，從三昧中悉能具足，為人說之。

〈行品〉（三卷本第二品）

這一段經文是說，專念阿彌陀佛，若一日、若二日，最多是七天，就能在夢中見到阿彌陀佛。這裡與一卷本的內容有些不同，一卷本是說，見阿彌陀佛時，感覺好像是在夢中，而這裡是說在夢中見。

人在夢中見到種種景象時，感覺不知道是白天或者夜晚，也不知道是在室內或者室外；也不是在黑暗中，也沒有什麼障礙，否則就不能見。此時，你的心應該這樣憶念或繫念：這時一切諸佛的國土之中，每一個佛土的中央有一座大山，叫作須彌山……。

我們娑婆世界的中心也是須彌山，地球是在須彌山的南方，叫作南瞻部洲，又叫作南閻浮提。再加上須彌山北方的北俱盧洲、西方的西牛賀洲、東方的東勝身洲，就是四大部洲，圍繞在須彌山的四周。

一切諸佛的國土都有一個大山，叫作須彌山，山的下方或山的裡面是地獄。地獄眾生藏在地底或陰暗處，沒有太陽、沒有光，叫作幽冥，地藏王菩薩就是幽冥教主。

幽冥的意思就是沒有光明處，本來是看不到的，可是如果得到了般舟三昧，佛土之中的任何地方，包括幽冥界，都可以看得清清楚楚，好像被打開了一樣。

視線清楚，好像無所遮蔽，心也不會受到任何妨礙；四方上下無量諸佛國土，你的心想要看什麼地方，就能看到什麼地方。

不需要用天眼、天耳，無論想看哪一個國土，或聽哪一個國土的佛說法或眾生講話，都能看到、聽到。也不需要神足通，想去哪一個佛國淨土就能立刻去，而且不是心去，是身體就能去。這樣不需要坐飛機，就可以到世界各地旅遊了。

神足通是變化自在，可以變多成少、變少成多，變大成小、變小成大，可以從近到遠毫無障礙，要到哪裡就到哪裡，就是飛行自在。

修成般舟三昧，就能具足以上所說的許多功德，不需要等死了以後，才由佛接引到佛國淨土去。活著時就能到十方一切諸佛的國土中，當然也能到西方極樂世界，見到阿彌陀佛、聽到阿彌陀佛說法，然後信受奉行。所以說般舟三昧是「功德中最第一」。

這裡只講七天，沒有講到三個月的修行方法，這部分後面會細講。如果七天能夠修成，很好，若修不成，則三個月，再修不成，再來三個月。

(四)修成般舟三昧能見佛的原因

1. 佛力所成

菩薩如是持佛威神力，於三昧中立，在所欲見何方佛，欲見即見。……是三昧佛力所成，持佛威神。於三昧中立者，有三事，持佛威神力，持佛三昧力，持本功德力。用是三事故，得見佛。〈行品〉(三卷本第二品)

這一段經文是說，修成般舟三昧的菩薩是由於受到佛威神之力的加被，所以才能建立般舟三昧的工夫或功德，無論想見哪一方向的哪一尊佛，都能見到。般舟三昧有這麼大的功能，就是因為佛力所成。前面我們曾講過，念佛必須要有深切的信心、願心，以及精進的修行，才能感應到阿彌陀佛的佛力加持，完成般舟三昧。

佛力一共有三種，除前述之佛的威神力外，還有三昧力、本功德力。佛的威神力就是他的福德智慧力，包括佛的十力、十八不共法力；佛的三昧力，就是他的定慧力；而佛的本願功德力，則是指佛在因地所發之本願的力用。每一尊佛都曾經發過本願，這是別願，譬如阿彌陀佛的四十八願，藥師佛的十二願，以此願力來成熟眾生、成就國土。此外，每一尊佛也有通願，就是「四弘誓願」，是每一尊佛都必須發的願。

只要你信、你願、你行，就能依此三種佛力的加持、加被而得般舟三昧，而能見到一切諸佛，想見哪一尊佛就見哪一尊佛。

2. 心清淨，佛由心生

> 年少之人，端正姝好莊嚴，已如持淨器盛好麻油，如持好器盛淨水，如新磨鏡，如無瑕水精，欲自見影，於是自照悉自見影。云何颰陀和，其所麻油、水鏡、水精，其人自照，寧有影從外入中不？颰陀和言：不也，天中天，用麻油、水精、水鏡淨潔故，自見其影耳，其影亦不從中出，亦不從外入。
>
> 〈行品〉（三卷本第二品）

這段經文是一個比喻，說明能見到佛的原因，還有這個佛是從哪兒來的？它意思是說，有一個很愛美的少年人，把自己打扮得非常莊嚴、美麗，因為想要看一看自己的樣子，於是拿了一個很乾淨的器皿來盛裝麻油，或者用一個質料相當好的器皿來盛裝乾淨的水，使它們就像是剛磨好的鏡子或是毫無瑕疵的水精一般，然後用它來照自己的身影。請問在麻油面或水面上呈現出來的身影，是麻油還是水的影子？當然不會是麻油或水的，而是自己的身影。

為什麼能看得那麼清楚？因為清淨。因此，如果自己的心清淨，就能見到十方諸佛。所以佛說，一切眾生是諸佛心中的眾生，一切諸佛是一切眾生心中的諸佛，因為心中有佛，修成了般舟三昧，你心中的佛就能顯現出來。但顯現出來的，並不是我是聖嚴就叫聖嚴佛，而某某人就叫某某佛，是心中就能出現一切佛，一切佛跟我的心是沒有分開的，因此修成般舟三昧，真的能見到一切諸佛。

佛言：善哉善哉，颰陀和。如是颰陀和，色清淨，所有者清淨。欲見佛即見，見即問，問即報，聞經大歡喜，作是念：佛從何所來？我為到何所？自念佛無所從來，我亦無所至。

〈行品〉（三卷本第二品）

這一段是講的「無相」。我們的心何以能顯現一切諸佛？佛讚歎颰陀和菩薩後，接著說，如果說色清淨，所有者也清淨。什麼是色？一切法分成兩類，一種是色法，另一種是心法；色法即心外的一切現象。如果對於色法沒有障礙，也就是色法不能讓你產生煩惱、執著、污染，一切色法、一切現象就是清淨的。

那麼綁票的人也是清淨的嗎？強盜、土匪殺人放火也是清淨的嗎？認為不清淨，是因為你的心不清淨，有分別心；真正得般舟三昧的人，沒有分別心，不會執著善、也不會執著惡，不執著是佛、也不執著是眾生，心、佛、眾生三無差別。因為心清淨，看到的國土就是清淨的。

所以色清淨，一切都是清淨的。國土是色法，你見到國土清淨，實際上你的心清淨。你看到一切環境都是清淨的，就是無差別心，已經沒有煩惱，因此見到的都是清淨的。殺人放火的人是他自己不清淨，對我們來說是清淨的；一切眾生都能成佛，殺人放火的人當然也能成佛，也有佛性。雖然現在做了壞事，一旦轉變過來，就能成佛。

如果清淨的話，要想見佛就能見到佛。見佛以後，再向佛請法。聽佛說法之後，生大歡喜心，這時會有一種無執著的念頭出現。這不執著的念頭是什麼？譬如：佛從何處來？我又到什麼地方去？然後自己回答說：「佛沒有從哪個地方來，我也沒有什麼地方可以去。」這是什麼意思呢？就是如來。如來是如來如去、不來不去。對沒有善根的煩惱眾生來說，佛是如去，因為心中沒有佛、也不信佛，所以佛是離開的。對有善根的眾生、正在修行的人來說，佛則是如來，當修行時，有佛來在我們面前立著，一切諸佛都來了。修成功以後，佛則是如來如去，不來不去，無來無去，這就叫如來。

3. 自心是空，佛亦是空

自念三處，欲處、色處、無想處，是三處意所為耳。我所念即見，心作佛，心自見；心是佛，心是怛薩阿竭，心是我身，心見佛。心不自知心，心不自見心；心有想為癡，心無想是泥洹，是法無可樂者，皆念所為。設使念為空耳，設有念者亦了無所有。如是颰陀和，菩薩在三昧中立者所見如是。

〈行品〉（三卷本第二品）

三界：欲界、色界、無色界，都是由我們的意念產生的。所謂「三界唯心，萬法唯識」，還有「心生種種法生，心滅種種法滅」，因為我們心中有三界的業或三界的念頭，所以有三界。如果心中沒有三界，是不是就沒有三界呢？那要看心中有沒有造三界的業。如果有，不管相信不相信、有沒有想到，心中還是有三界，這就是一切唯心造。如果心中已經造了欲界的業，就不能不承認，同樣的，如果已經修色界或無色界的定業，心中一定有色界或無色界。所以，要往生西方極樂世界一樣也需要造淨土業，那就是念佛、修一切善法，還有發願往生，這叫作淨業。

業有惡業、善業，淨業、不淨業，都是由心所造，由心所感，只要你念什麼，就能見什麼，因此念佛見佛，也就不稀奇了。

心中有佛就見佛，心中沒有佛就不見佛。所以，念佛的人可以見佛、可以生淨土，不念佛的人，心中沒有佛，與佛不相應，所以見不到佛，也不能生淨土。因此，這是由心產生的佛，佛是在心中。

心中有佛，所以念佛見到的佛，實際上是見到自己的心。如果自己的心是清淨的，心與佛相應，心就是佛。因此，《觀無量壽經》說：「是心作佛，是心是佛。」意即當下的心只要念佛，你的心就是佛。佛是你心中製造起來的，十方諸佛實際上就是我們心裡的反應。

如前面所舉麻油面、水面的例子，它裡面並沒有什麼影像，顯現的就是自己的影像。

也就是說，佛是清淨的，我們的心清淨就反映著佛的清淨，我們心中的佛自然顯現。

這裡有個名詞叫作「怛薩阿竭」，梵文叫作「Tathāgata」，也可以翻譯成為「多陀阿伽陀」，意思是如來，那就是心。心是如來，你就是如來。心是我的身體，我的身體是屬於色法，我的心怎麼也是色法？我們心造業，造業以後受報，這是我們唯心所造，唯識所現，是我們的心造了人間的業，受人身果報的還是心。心實際上與我的身體是同樣的東西。

心見到佛，見到的是自己心中的佛。可是說「看見」，那好像有一個對象，既然有對象，怎麼可能是自己？人可以看到自己的手、自己的腳，就是不能夠看到自己的面孔，一定要透過鏡子才能看到。照鏡子時，反映出來的是一個對象，而這個對象是誰？是自己。因此如果單單這個心，而沒有對象做為它的反映的話，心不能見到自己，根本不知道有心。

當我們知道有念頭在動的時候，是因為你這個念頭在攀緣的關係，不管想的是什麼人、事、物，或者什麼觀念、符號，都是有對象的。因為有對象，所以知道自己在想，如果沒有任何對象，你的心是沒有著力點的。沒有著力點，你就不知道自己的心是什麼。譬如，我在想你們、我在感謝你們、我在對你們說法，這全部都是因為有對象（你們）才知道有我，否則這個我是不存在的。所以，心不能知道自己，不能見到自己，一定要有對象。

念有清淨的念、不清淨的念，還有在定中，叫作等持，即定慧等持，又叫作心一境，此時不是在思想，思想一定是有幾個不同的念頭連貫起來。譬如「我想成佛」，這裡至少有三個念頭：我、想要、成佛。「我想成佛」是一種執著心，但在凡夫階段是好的，是清淨的念頭，可是在修行三昧時，則不能有，否則會打岔，就變成妄念了。

因此，下面就講，「心有想為癡」：心有想就是愚癡。這個地方的想就是思想，一切分別的念頭就叫作思想，又叫作戲論。愚癡與智慧相反，智慧是清淨的，沒有自我執著心。思想既然是分別心、執著心，所以是愚癡心。因此，在修念佛三昧時，如果一邊念佛，一邊在想這樣、想那樣，就是愚癡心。

「心無想是泥洹」，泥洹是涅槃的意思。無想有兩種，一種是有為的，就是外道修無色界無想天而入的無想定。入了無想定的人已經沒有任何念頭，但他們以定做為執著點，一旦定力退失或出定了，還是凡夫，還是愚癡。第二種是指聖人的無想定，已出三界了，就是滅受想定。因為與佛法的空慧相應，既不會執著定境，也不為出定以後的環境所困擾；不管出定或入定，都是在定中。因為既不執著定，也不執著不定，所以叫無想。

這裡的無想是聖人的滅受想定，生滅心滅了以後就能得到寂滅心，寂滅心就是涅槃，如同〈雪山偈〉所說：「諸行無常，是生滅法；生滅滅已，寂滅為樂。」涅槃樂是真的樂、究竟的樂，可是這只是形容，不要執著真有一個樂，否則又是執著。所謂解脫樂，並沒有樂這樣東西；沒有被我們覺得很貪戀、很執著的樂，才是涅槃。

一切都是由一念產生的，念空就能夠入涅槃；想不空、念不空，就不能得解脫。念本身不存在，假如還有念，表示沒有真正解脫。我再舉一個例子，譬如我們念佛，是因為有對象可念，但當我們知道自己與佛無二無別，自己就是佛時，還有佛可念嗎？就像你會念孩子、太太或丈夫，是因為有對象，但現在如果孩子、太太或先生就是你自己，根本沒有另外的人，我想孩子、太太或丈夫這種念頭就完全沒有了。所以，念就是空，般舟三昧的心就是念，因此要曉得菩薩在三昧中所見到的佛是自心中的佛。自心既然空，佛也是空。

因此要多念佛，若入般舟三昧，不僅能見十方一切諸佛在你前面立，還可以到十方一切諸佛國土。可是當你真正有這種經驗時，不要以為真有十方諸佛，也不要以為真有十方一切諸佛的國土，因為就是你自己，你已經與佛合而為一。一切諸佛，一切諸佛的國土都是自己心中顯現的，而顯現的心也是沒有的，那就沒有佛、沒有國土了。

如此我們還要修什麼行？其實意思是要我們袪除執著。無執著，才能證阿耨多羅三藐三菩提，證了阿耨多羅三藐三菩提，你就是佛。有佛可成嗎？有，但當你真正成佛以後，就沒有佛了。

佛與眾生是相對的，我們是眾生所以有佛，當自己是佛以後，看到每一個眾生都是佛，佛跟眾生無二無別，完全一樣，就不需要說心中、心外還有什麼佛，這樣才是真正的空無所有，才是實證如來的佛果。

(五)快速成就般舟三昧的四類四事

1.第一類四事

菩薩有四事法，疾逮得三昧，何等為四？一者所信無有能壞者，二者精進無有能逮者，三者所入智慧無有能及者，四者常與善師從事。是為四。

〈四事品〉（三卷本第三品）

般舟三昧的修法，一共有四項，第一項有四個條件，第一是信心，要信佛、信法、信老師，修行必須要堅定信心，才能修行得力。

第二是精進，即正念不斷、淨念相繼，隨時隨地念佛，精進到沒有人能比得上你。但精進不是拚命，要細水長流、持續不斷，如果像洪水氾濫，沖過以後就沒有水了。所以，修行的人一定要有耐心、耐力。

第三是智慧，是指般若波羅蜜，也就是能讓我們脫離一切執著的空慧，是甚深的智慧，即如《心經》所說的「行深般若波羅蜜多時」。

第四是常與善師從事，善師就是善知識，即好的老師。善知識也有朋友的意思，所以朋友間，若能有助於佛道的精進，也是善知識。善知識有同行善知識、依止善知識、教導善知識。同行善知識就如師兄弟，如果父母、兒女、夫妻在一起學佛，彼此也是同行善知識。此外，比丘依止出家者即為依止善知識，引導學佛的即教導善知識，譬如我在這裡講開示，就是你們的教導善知識。

2.第二類四事

菩薩復有四事，疾得是三昧，何等為四？一者不得有世間思想，如指相彈頃三月；二者不得臥出三月，如指相彈頃；三者經行不得休息，不得坐三月，除其飯食左右；四者為人說經，不得望人衣服飲食。是為四。

〈四事品〉（三卷本第三品）

第二個四事的內容，其實就是現在一般所知的般舟三昧，也就是三個月的修法。

第一，三個月之間，片刻都不可以有世間的思想，包括男女、名利、權位、是非等，種種世俗人喜歡談論的事情。從頭到尾就是精進念佛，使正念不斷、淨念相繼；一想到世俗的事，馬上提起佛號。

第二，三個月之間，不能有片刻的時間躺下來，也不能睡，全程就是經行或是站立念佛。我曾經看過有人修般舟三昧，因為很想睡，為了防止自己倒下來，就綁一根繩子在梁上，只要想睡覺時，就拉住那根繩子。這不算真正地精進，因為根本不能睡覺，就是抓住繩子，不倒下來，也是在休息。

第三和第四可以一起說，就是三個月之間，除了吃飯、飲食、上廁所，還有為人說《般舟三昧經》外，都不行坐下休息。但為人說經時，還不能有這種念頭：我為某某居士說《般舟三昧經》，他應該要給我衣服、飲食，為我護法。或是因為某某居士給我飲食、衣服，所以我要為他說法。

這四樁事相當難做到，所以大部分的人修般舟三昧都修不成，只能夠吃苦。如果見到佛菩薩在面前出現，往往是在做夢，因為白天已經很累了，有一點神經衰弱，於是有幻境、幻相出現，這與般舟三昧裡見到的十方諸佛在前面立是不同的。

3.第三類四事

一者合會人至佛所，二者合會人使聽經，三者不嫉妒，四者教人學佛道，是為四。〈四事品〉（三卷本第三品）

這是第三項四事：第一，邀請大眾一起到佛前或寺院；第二，邀請大眾一起到佛前或寺院聽經；第三，沒有嫉妒心，不要嫉妒他人修行得比自己好，或是高興他人修得比自己不好；第四，引導、教導他人學佛道、修菩薩道。

4.第四類四事

菩薩復有四事，疾得是三昧，何等為四？一者作佛形像若作畫，用是三昧故；二者用是三昧故，持好疋素令人寫是三昧；三者教自貢高人內佛道中；四者常護佛法。是為四。〈四事品〉（三卷本第三品）

第四項四事：第一，用各種各樣的技術、材料來塑造佛像，無論泥塑、木雕、銅鑄，乃至於繪畫，都可以。而造好的佛像可以讓我們供起來，然後修般舟三昧。其實佛像本來就是我們禮拜的工具，讓我們生起恭敬心。

第二，用上好的白絹，請人手書《般舟三昧經》。

第三，要引導貢高我慢的人進入佛道中。這一點比較難，因為貢高我慢的人自以為了不起，不容易聽取別人的意見。而且他們覺得自己很行，已經很聰明、很能幹、很慈悲、很有智慧，根本不需要學佛，要他們來聽法，猶如登天。

譬如經常聽人說：「心好就好了，吃什麼素，好心的人就是佛。」這種人就是貢高我慢，根本不知道什麼是佛法。他們非常自滿，一定要受到打擊、挫折，走投無路時，才會想到是不是還有什麼地方可以去，此時才會來學佛。因此，如果能讓那一些人來學佛，實在是一樁功德。

第四，是常常護持三寶，這也能得到般舟三昧。

一共有這四類修行方法可以得般舟三昧，其中第二類最難修，而一般人也認為第二類就是般舟三昧，其他的都不管。事實上，四類全部都修最好，般舟三昧就能更深入，更有大成就。

5.精勤修行趨向空慧

時佛說偈而歎曰：常當樂信於佛法，誦經念空莫中止。精進除睡臥，三月莫得懈。〈四事品〉（三卷本第三品）

釋迦牟尼佛講完四項四事後，便以此四句偈來作結。這四句話的意思是說，修以上四類中的三個月精進修行，應該要經常對佛說的法生起好樂、堅固的信心。而這裡說的佛法是指般舟三昧，以及所有念佛的方法及觀念。此外，還要誦經。如果是修法華三昧就誦《法華經》，修念佛三昧誦《阿彌陀經》或《無量壽經》，現在是修般舟三昧則誦《般舟三昧經》。而且念念要念著空，這個空是指空慧，實際上就是般若，就是般若波羅蜜的意思。

空慧，知道一切法都是空的。世間法是空的，出世間的佛法也是空的；連「佛」都是方便說有的，實際上是空。對我們凡夫，是方便講有佛，可是成佛之後，已經不執著佛，因為佛看眾生都和他一樣。所以，沒有佛的意思，是教我們不執著有佛；佛的福德智慧當然有，要空去的是執著。

譬如修成般舟三昧，能夠見十方諸佛、能夠去十方諸佛國土，如果你執著真的見到了十方諸佛，覺得能到極樂世界或十方淨土去，好有成就感，這就不是空，而有自我中心在裡面。有自我的執著，要修成般舟三昧很不容易，所以要袪除自我執著，要常常念著空。不能說，昨天空過了，今天要休息一下，明天再來空吧！

最後兩句：「精進除睡臥，三月莫得懈」，意思是我們修般舟三昧，真正的精進是三個月不睡不臥，期間不可以有任何懈怠。所以，般舟三昧不容易修。

(六) 修行般舟三昧的態度

1. 親近善師，尊重如佛

> 佛告颰陀和：如是等菩薩，當慈心常樂於善師，所視師當如佛，悉具足承事。……菩薩於善師有瞋恚，有持善師、短視善師不如佛者，得三昧難。〈四事品〉（三卷本第三品）

這一段是告誡修行佛法的人，不論修哪一種三昧，都應該經常很歡喜地親近善知識，也就是經中說的善師。而這善知識是教導善知識，是教你修行、教你佛法、教你修般舟三味、教你修念佛法門的善知識。如果你不親近善知識而盲修瞎練，是修不成的。一定要有善知識的指導，才不會走岔路，才不會沒有練出佛，結果練出魔來了。很多人修行修成魔，就是因為他們不樂於親近善知識。

對於自己的善知識，因為他教你佛法，所以一定要把他當成佛一樣地尊敬。在西藏就是這樣，藏傳佛教對自己的根本上師是絕對地恭敬，因為法是由上師所傳。有人因此覺得顯教好像比較不重視老師，其實般舟三昧同樣也是要我們尊敬老師像尊敬佛那樣。尊敬並不是嘴上講講就算了，而要事實表現。譬如親近他，做他的侍者，或是奉獻時間、心力，還有供養物質、財物給他，這才是真正的承事。所謂承事，就是老師需要的，我們做弟子的就應該要盡力協助，或奉獻、提供給他。譬如老師要準備弘法，或老師生病，要看醫生，弟子都要幫助他；老師沒有衣服穿、老師的道場要倒了，這些弟子們都要護持。

下面又說，菩薩對於善知識不能有瞋恚心。有時也許因為弟子習氣重，老師為了調伏他，往往故意讓他難堪，覺得沒有面子、沒有自尊心，很不舒服。因此，弟子就生起瞋恚心。

還有，不能看老師的短處。老師可能有短處，但我們跟老師學的是法；老師有短處是他自己的事，我們學法得到利益則是自己的事。譬如我是你們的老師，因為聽說我做了什麼壞事，結果就不承認我是你們的老師，把關係切得乾乾淨淨。既然我曾經教過你們佛法，不管如何，還是你們的老師。我下地獄是我的事，但是你們從我這裡得到佛法，這是你們得到的利益。又譬如這尊佛像，我們每天禮拜他，有一天被人弄髒了，結果你說：「我從來沒有拜過這尊佛像。」這不是實情，明明是你曾拜過的，怎麼能因佛像髒了就否認呢？

能如此對待老師，才能得三昧，這就是「信」。信是信佛、信法、信老師，如果對老師起懷疑心，批評他、瞋恨他，之前從老師那裡聽到的佛法，就對你失去作用了，因為你不可能再使用它了。你會想：「這真糟糕，他學佛，卻是這樣，我還要學他嗎？」這樣對你來講是大損失。假如你已得到佛法的利益，他就是你的老師，不必在乎他是否做了什麼壞事。

2. 日常生活信受奉行

佛言：是三昧經者，是佛所囑，佛所稱譽，聞是深三昧經者，不書、不學、不誦，不守、不持如法者，反復愚癡自用以為高耶。

〈譬喻品〉（三卷本第四品）

這意思是說，聽到了《般舟三昧經》，也在修學般舟三昧，除了一日到七日念佛，或者是三個月為期行佛，平常應該也要做功課，這就是精進的剋期取證。

平常要如何修般舟三昧呢？一是要念佛，另外就是要鈔經。現在的人多半都不願意鈔經了，請印刷廠印一印，或是拿去影印一下就好了，不需要那麼辛苦。其實鈔經有鈔經的功能，自己鈔過一遍，頭腦裡的印象會比較深刻，如果用印刷機，即使印了幾十萬本，對自己也毫無用處。但是如果你用鈔的，不僅頭腦裡會有印象，一方面也可以給人家看。

此外，還要誦《般舟三昧經》，而且要守持《般舟三昧經》，就是信受奉行。奉行以外要持，持的意思是守持，就是要牢牢地把握住，並照著去做，然後不間斷、不放棄、不忘掉，繼續保持下去，就是守持。

這部經是佛所叮嚀的、讚歎的，這麼好的法，卻不照著去做，真是太愚癡了。

3.見佛而不執著

復更作念，佛亦不用心得，亦不用身得，亦不用心得佛，亦不用色得佛。何以故？心者佛無心，色者佛無色，不用是心色，得阿耨多羅三藐三菩提。

〈無著品〉（三卷本第五品）

這一段經文出自〈無著品〉，著是執著的著，無著就是不要執著、沒有執著的意思，這點出般舟三昧是無相三昧。

佛引導颰陀和菩薩進一步思惟：你認為在面前站著的十方一切諸佛，究竟是你的心看到的呢？還是你的身體看到的？其實是既不用心得，也不用身得；不是你的心見到了佛，也不是用身體見到了佛。

通常因為有身體才覺得有心，所以佛在你前面出現時，請問你的立場在哪裡？是你的心還是你的身？如果沒有身體，你的心在哪裡？如果沒有心，你這個身體能夠見得到佛嗎？所以分析下來，佛在你前面立，既不是心也不是身看到的。

有的人疑惑：「我明明看到了，為什麼不是我看到的呢？」很簡單，你的心看到，但是離開身體，你的心看得到嗎？離開身體，你的心在哪裡？那是幽靈。你說：「是身體看到的。」可是沒有心，你的身體是死人，能看到嗎？你說：「是身心合起來看到的。」也可以這樣講，心和身兩樣東西合起來，這是因緣法。因緣法是空的、不實在的，只是臨時組合，是暫時的現象，並沒有真的一樣東西在那裡。所以不用身得、不用心得，實際上是空，指的是空。所以，既不是用心得見佛，也不是用色身得見佛，因為佛是沒有心、佛是沒有色的。意思是說，佛非心，佛非色；佛既不是心法，也不是色法。

心法、色法都是我們凡夫的我執，所以凡夫在欲界、在色界。到了無色界時，連色法都沒有。出了三界以後，色法、心法都不存在。出了三界以後叫作不生不滅，這是寂滅。無生法忍是沒有生沒有滅，凡是有心有身一定有生有滅。你的心是不斷地在起伏，有生滅，身體不斷地在新陳代謝，死亡、出生，這是有生滅。所以有身有心這是凡夫，出三界就是寂滅。而寂滅並不是什麼東西都沒有了，佛的功德還有。如果說出三界以後什麼都沒有了，那就變成斷滅見。

佛不是色，佛也不是心，對心和色沒有執著，也就是不把色和心當成是佛，自己也不把自己的色和心，也就是不把自己的身體和心當成自身的佛、自心的佛，就能證佛果——阿耨多羅三藐三菩提。阿耨多羅三藐三菩提的意思是無上正遍知覺，又叫作正等正覺。

菩薩見佛，以菩薩心念無所著。〈無著品〉（三卷本第五品）

菩薩見到的佛是無相的佛，真正的佛是無形、無相，但是任何形相、任何一法都是佛的法身；他遍於一切時、遍於一切處，超越於一切時、超越於一切處，無一非佛，無一是佛，這叫作一法界，就是一真法界。這是有相還是無相？有心還是無心？這樣在般舟三昧之中看到了十方諸佛，如果你歡喜得不得了，說：「這就是佛，我已經看到了！」這很好，但是不究竟。

是菩薩守是三昧，當作是見佛，不當著佛，……不著者疾得是三昧。
〈無著品〉（三卷本第五品）

修行般舟三昧的菩薩們應該要守著這般舟三昧，把它當成是見到了佛，因為真正地見佛是不執著佛相。如果你要執著見佛相，只是見到你心中的幻相，是你心裡的反應，並不是真正地說心外有佛。

這有兩種解釋，一是我們自心中的佛現前，這是自己內心的佛；另外則是幻想之中的佛，是心不清淨、心有所執著而出現的佛。後者佛雖有出現，但這是因執著心而出現的佛，不是真佛。真的佛是從我們自己內心顯現的，是沒有執著的。沒有執著而見佛，那是見的真佛，這樣很快就能得到般舟三昧。

我們從有相、有心念佛開始著力，最後實證無心、無念、無相，這就是真正的佛法。

開始一定要有心地念、有相地念。我要你們念佛時，要出聲念、要聽著大家的聲音在念，這是有心、有相。我要你們看到、聽到、聞到、嘗到、接觸到所有一切現象時，都是阿彌陀佛，這是有相，有心。我要你們正念不斷，淨念相繼，念念念阿彌陀佛，這是有相、有心。這是著力點，不要忘掉。但是你在修行的時候，就只管用功，只管全心投入念佛、全心投入觀想，其他的都不要管。最後念到不念而自念，念而無念，心中了無牽掛，既不追求什麼、也不討厭什麼，這時就進入無相、進入無念。

這要有工夫的，如果一開始就要念而無念，不念就是念，那你一天到晚不是打瞌睡就是打妄想，就不是修行了。念而無念，一定要從基本的修行開始。

三、《文殊師利所說摩訶般若波羅蜜經》：一行三昧

無相念佛的第三種文獻是《文殊師利所說摩訶般若波羅蜜經》，講的是一行三昧，通常淨土宗只介紹念佛三昧，不會介紹一行三昧，甚至連般舟三昧也很少人講。但念佛三昧是三昧中王，也就是寶王三昧，是涵蓋一切三昧的，所以，我認為念佛三昧和一行三昧的內容是相通的、類似的，與我們修行念佛禪息息相關。

下面以二卷本來說明。

(一)般若波羅蜜多為成佛基礎

文殊師利菩薩是智慧第一，人稱大智文殊師利菩薩，而文殊師利是梵語「Mañjuśrī」的音譯，它的意思是妙吉祥，所以又稱妙吉祥菩薩。

> 文殊師利白佛言：世尊！當云何行能速得阿耨多羅三藐三菩提？佛言：文殊師利！如般若波羅蜜所說行，能速得阿耨多羅三藐三菩提。……

文殊菩薩問釋迦牟尼佛，應該如何修行才能很快成佛？很快成就無上正遍知覺？佛告訴文殊師利菩薩，只要照著般若波羅蜜多所說的去修行，很快就能證得無上正遍知覺。

「般若」在印度不是佛教的專屬名詞，印度所有的宗教、哲學都有用這個字。它的梵文是「prajñā」，通常我們把它翻譯成智慧，在西方哲學裡也有這個字，英文是「Wisdom」。中國古時候，只有「智」這個字，智慧兩個字合用，只有佛經裡才有。

智慧通於世間慧和出世間慧，如果是世間慧就是般若，如果是出世間慧就是般若波羅蜜多。世間慧指的是聰明、靈感，反應快、頭腦好，舉一反三、聞一知十，這雖能解決一部分的問題，但是並不能出生死，不能解決根本煩惱的問題。因此，要加上波羅蜜多，就是到彼岸、超度的意思。

如何才能超度呢？一定要有無常、空、無相、無我的觀念，才能超越煩惱，出離生死的三界，這叫作般若波羅蜜多。因此，要成佛，必須以般若波羅蜜多為基礎。

譬如六度之中，如果沒有般若波羅蜜多，只是修布施、持戒、忍辱、精進、禪定五個項目，那不過是修得人天善法、人天福報，還是沒有辦法出離三界。所以必須加上波羅蜜多，也就是以無相、空、無我做為基礎，才是布施波羅蜜多、持戒波羅蜜多、忍辱波羅蜜多、精進波羅蜜多、禪定波羅蜜多，否則通通都不是「度」。如果僅僅是我空還不夠，應該還要加上法空。法空就是無相，連空相也沒有。有相沒有，空相也沒有，這才是般若波羅蜜多的究竟空、畢竟空，這樣才能真正成佛。

因此，般若波羅蜜多是成佛的基礎，不僅是修菩薩道要用，修聲聞道、緣覺道也都應該用。沒有般若波羅蜜多，是不能出三界、不能得解脫的。

(二)修行一行三昧能快速成就

……復有一行三昧，若善男子、善女人，修是三昧者，亦速得阿耨多羅三藐三菩提。文殊師利言：世尊！云何名一行三昧？佛言：法界一相，繫緣法界，是名一行三

> 昧。若善男子、善女人，欲入一行三昧，當先聞般若波羅蜜，如說修學，然後能入一行三昧。如法界緣，不退不壞，不思議，無礙無相。

除般若波羅蜜多外，修「一行三昧」也可以很快成佛。於是文殊師利問世尊，什麼叫作一行三昧？佛回答說，法界只有一相，若緣法界一相就是一行三昧。

法界，有十法界，有一法界。十法界是四聖六凡：四聖是出三界以後的聖人，包括聲聞、緣覺、菩薩、佛；六凡則是六道，是三界的眾生，包括天、人、阿修羅、地獄、餓鬼、畜生。每一法界各有各的位置，各有各的定義、立場、根性和住的範圍，法法都有它的定位，這是世間相。

法界是一切世間的現象，在每一法界裡，每一法又有它的定義、定位，因此人是人、動物是動物、植物是植物，男是男、女是女，每一樣東西都是清清楚楚，這也是法界，所以就變成無量法界。

這是從眾生的立場來看，因為眾生有煩惱，所以有我、有差別相。可是從佛的立場來講，佛沒有煩惱、沒有我，所以沒有差別相，三世一切諸佛是平等相。不僅一切諸佛是平等的，一切諸佛與一切眾生，不論依報、正報都是平等相，所謂「心、佛、眾生，三無差別」，眾生的心就是佛的心，佛心與眾生心的本質完全相同，這就是法界一相。就是凡聖十法界都是平等相。

十法界實際上只有一法界，但如果只有一法界，其實就沒有法界了。因為講一法界，一定是對多法界講的，因此，如果只有一法界時，一法界是不存在的。所以，法界一相實際上就是無相。

經上說「繫緣法界」，緣的意思是著力，譬如現在我們是以佛號為緣，但是真正的一行三昧是以法界為緣。法界是一相無相，也就是直接緣無相，這才真的能進入一行三昧。因此，如果有善男子、善女人，包括出家、在家的男女二眾，如果欲修一行三昧，應該先聽聞般若波羅蜜多，才能以無相、無我的心來修行，也就是不要執著有相可取、有相可得，不要有差別相。

如果目前我們還沒有這種工夫，就必須先認知，現在的一切相都不是我們可取的對象，如果取相的話，也只是把它當成暫時的一個工具，而不是我們的目標。就好像過河時，船只是我們的工具，一旦過了河，就必須離開船，才能上岸。

以法界一相無相為緣，必須不退信心、不退精進心，還有不壞信心、不壞精進心。不要再去思考法界一相無相究竟是什麼？就是不執著，心中不要有罣礙，一罣礙就是有相，唯有不罣礙才是無相。

罣礙就是心中老是牽掛什麼、想追求什麼或丟掉什麼。有的人來學佛是為了逃避，因為家庭、社會問題很多，或是身體不好，因此來學佛求解脫。這只是學佛的因緣，而佛教我們的就是不牽掛，有什麼問題就是面對它、接受它、處理它、放下它，那就無礙了，就是無相。

(三) 如何修行一行三昧

善男子、善女人，欲入一行三昧，應處空閒，捨諸亂意，不取相貌，繫心一佛，專稱名字。隨佛方所，端身正向，能於一佛念念相續，即是念中，能見過去、未來、現在諸佛。何以故？念一佛功德無量無邊，亦與無量諸佛功德無二，不思議佛法等無分別。

凡是學佛的僧俗男女，如果想要進入一行三昧，只知道般若波羅蜜多，只知道繫緣法界一相是無相，不容易著力，只能說有這種認知、觀念做為我們修行的基礎或是指導原則。

無相沒有地方好抓，使不上力，要凡夫初發心菩薩一開始就繫緣法界一相無相，實在很困難。因此，這裡補充說明，剛開始修行時，要用什麼方法才比較容易著力。

首先應該找一個空閒處，也叫作阿蘭若處，即安靜、沒有任何人事干擾，可以好好修行的地方。但最初學佛的人一定要有老師指導，以及正確的修行方法和觀念，還要有護持的人，否則是盲修瞎練。另外，參與共修，譬如現在的念佛禪七。共修時，雖然不是空處，但卻是個閒處。因為在念佛禪七裡，沒有電話打擾你、沒有公事擾亂你、沒有家人麻煩你，也沒有朋友親戚要你去應酬。在這七天之中，你的身體雖然是在念佛，有動作，但是你的心是閒的，沒有雜事來干擾你，這樣就是精進修行。

「捨諸亂意」：不僅你的身體是在一個這麼好的環境，你的心也要把一切的雜念妄想、閒是閒非全部放下。所以，我們打禪七時，我經常勉勵參加的菩薩們：一踏入道場，就先把禪堂以外的所有事情，通通都綑成一個包袱，掛在大門外，不要把它帶進來。等你回家時，再把它解下來帶回去。否則，你在這裡一邊念佛、一邊打妄想，一邊在計畫、一邊在回想，那是修不成了，這就是「亂意」。

「不取相貌」：在《觀無量壽經》裡有取各種相，《阿彌陀經》、《無量壽經》裡描寫的西方極樂世界種種依正莊嚴，還有念阿彌陀佛、六方諸佛都在讚歎阿彌陀佛等，都是有相的。但是在修一行三昧時，必須不取相貌，不要想佛的三十二相八十種好，因為這樣一分心，反而沒有辦法專注，所以這裡說不取相貌。

「繫心一佛」：是指把你的心牢牢地貼著、綁著、牽著一尊佛的名號，就是專稱名字。在一行三昧裡，並沒有講到要念哪一尊佛，十方諸佛選一尊就可以，但是我們通常都是勉勵大家念阿彌陀佛。〈大勢至菩薩念佛圓通章〉也是說阿彌陀佛，在般舟三昧雖然講十方一切諸佛選一尊，但是它特別提出了阿彌陀佛。

「隨佛方所，端身正向」：一行三昧實際上是常坐三昧，坐念時，方向是對著你念的那一尊佛的方向，然後身體坐得好好的，一心念佛。

雖說阿彌陀佛在娑婆世界的西方，但是可能有人會問：地球在轉、太陽也在轉，整個宇宙都在動，我們站在地球上，要如何界定方向呢？不需要考慮這個問題，就是面對著地球的西方。但是又有人會問：我們現在是面對著地球的西方，如果到了印度，那地球的西方是在哪裡？地球的西方是在歐洲、美洲，可是我們現在如果一直向東方走，穿越太平洋後，其實是到美國。向東方走，到了西方，向西方走，也到了東方。不要再問這個問題，再問心就亂了，只要知道是向西方就可以了。

然後對著這一尊佛「念念相續」，就是「都攝六根，淨念相繼」，念念相續，不要斷。就在這念念相續不斷之中，就能見到過去、未來、現在諸佛。這在《般舟三昧經》裡也有說到，但《般舟三昧經》是見到現在十方一切諸佛，而不是三世一切諸佛。所見的佛是無相的，因為前面教我們要繫緣法界，一法界就是無相法界，而般若波羅蜜多就是無相法印，那就是無相。既然是無相，所以過去、現在、未來佛都能看到，因為所有一切眾生和佛，十法界平等無差別，因此看到佛是佛，看到眾生也是佛。實際上是證法身、見法性，就是證無生法忍。

念一佛的功德是無量無邊的，因為一尊佛的功德並不僅在某一方位上，而其他的地方沒有，因此與無量無數的諸佛功德無二無別。因此我們念一佛就等於念一切諸佛，這就如《楞嚴經》所說，二十五個圓通法門只要一門入等於門門都入，只要入一門就門門相通。還有《圓覺經》，有十二位圓覺菩薩，只要進入一尊菩薩的圓覺門，那十二尊菩薩都是共同的、相同的。

就好像我們要進入這個道場，可以走小門、大門，旁門、左門，前門、後門，側門、邊門，可是無論走哪一個門，都可以進入，都可以來到佛前。只要能進來，就能到佛前。

佛言：菩薩摩訶薩當念一行三昧，常勤精進而不懈怠。如是次第漸漸修學，則能得入一行三昧，不可思議功德作證，除謗正法不信，惡業重罪障者，所不能入。

得到一行三昧後，不是就不用修行了，還要念念繫念一行三昧，而且經常精進而不懈怠。如此工夫會愈來愈深，功德會愈來愈大，成就也會愈來愈高，就能成佛，才能真正得到一行三昧究竟的功德，這是不可思議的功德。

可是有一些人沒有辦法進入一行三昧，就是誹謗正法的人。正法是正確的佛法，現在《文殊師利所說摩訶般若波羅蜜經》就是正法，你不相信，還在誹謗它，就沒有辦法得到利益。

佛說的一切法都是正法，正法的原則就是諸行無常、諸法無我、涅槃寂靜三法印，符合這三法印的精神，都叫作正法。現在這部經典又加了一法印——無相法印，無相才能得涅槃，這無相法印就是般若波羅蜜多經典的一個重點。《心經》、《金剛經》是般若經典，這部經也是般若法門，般若法門要加上一個無相法印，那就變成四法印了。離開四法印就不是正法，大乘的正法一定要加上無相法印。

如果不信，而且還誹謗，當然修不成。如果惡業很重、罪障非常深，也沒有辦法，因為惡業很重的人根本不想修行。

但惡業重的人還是有救，首先要懺悔，懺悔能夠除業障。懺悔，一個是個人懺悔，一個是共修的懺悔。個人懺悔可以一個人拜，共修則是我們一起拜，譬如念佛禪七裡的懺悔，另外還有水懺、大悲懺、淨土懺、梁皇寶懺等共修法會，都是在懺悔業障。懺悔業障以後，內心清淨，業障會消，消了以後仍然能得一行三昧。因此，並不是說所有造重惡業的人就沒有希望了，但如果不懺悔，業不消就沒有辦法。所以，當我們修行有障礙、困擾時，要懺悔，懺悔以後修行就能順利了。

(四)佛法只有一味：一行三昧

文殊師利，我所說法皆是一味，離味、解脫味、寂滅味，若善男子、善女人得是一行三昧者，其所演說亦是一味，離味、解脫味、寂滅味。

佛法只有一味，這個地方講的是一行三昧。這一味有三個名字，一個是離味，離煩惱、離我執、離相。一個是解脫味，從煩惱得解脫、從生死得解脫；要有智慧才能解脫，而要除我相、我執才有智慧，也才能解脫。最後是寂滅味，寂滅就是不生亦不滅。實際上證無生法忍，就能證不生不滅相；證到無生法忍時，就能以般若的智慧看到一切相，沒有一法是有生有滅的，都是不生不滅。這是看它的法性，而不是看它的法相。

我介紹一行三昧就是告訴諸位，我們念佛禪是從有相而到無相，有相是著力點。不論是《楞嚴經》的〈大勢至菩薩念佛圓通章〉，或是《般舟三昧經》的般舟三昧以及《文殊師利所說摩訶般若波羅蜜經》所說的一行三昧，都是以有相為著力點，但是方向、目標是無相。

所以，這是淨土法門還是禪法呢？佛法只有一味，就是佛法。老是說禪，實際上是執著，老是說淨土，也是一種執著。佛法只有一味，是解脫味，佛法是包含一切法。念佛法門包含小乘、大乘，各宗各派所有一切法門都是在念佛法門之中，你不能說念佛法門就是淨土宗，所謂念佛法門就是佛法門，就是解脫門。

第四章　念佛的功能：同時完成三種淨土

一、建立寬廣的淨土觀

一般人一講到淨土，就只想到西方極樂世界，一講到念佛，就只想到念阿彌陀佛，特別是人死了以後，都要到西方極樂世界去，有人往生了，我們也要做佛事超度他們到西方極樂世界。所以，活著的時候要念救苦救難觀世音菩薩，等年紀大一點，就念藥師佛消災延壽，死了以後呢？就要念阿彌陀佛往生西方極樂世界。如果擔心自己造了很多惡業，會下地獄，就念地藏菩薩，因為地藏菩薩在地獄裡救苦。

這種觀念在中國非常普遍，雖然不能說它不正確，但是是偏頗的。佛法應該是共通的，其實念佛不一定是念阿彌陀佛，在許多大乘經典裡都有提到，十方佛中選一尊佛專門來念就是念佛。而且也不是只有念阿彌陀佛才能往生西方，譬如藥師佛，他也勉勵我們往生西方，這在《藥師經》裡可以看到；更不用說觀世音菩薩是西方極樂世界阿彌陀佛身旁的兩大菩薩之一，他還會代替阿彌陀佛接引下品眾生往生西方；文殊菩薩呢？其實文殊菩薩幾乎都會在各種法會中列席，《法華經》、《華嚴經》，還有《阿彌陀經》；所以誰說只有念阿彌陀佛可以往生西方？

說地藏菩薩只在地獄也是錯的，地藏菩薩到地獄救苦，並不等於只在地獄裡。在《地藏十輪經》裡提到，他與觀世音菩薩一樣可以現種種身來度眾生，既然可以到地獄度眾生，當然也可以到所有眾生群中度眾生。因為大家只念《地藏經》，或受他「地獄未空，誓不成佛」的本願影響，所以覺得地藏菩薩只有在地獄裡度眾生。

而誓不成佛的，也不只地藏菩薩。觀世音菩薩也沒有準備要成佛。他雖是極樂世界一生補處之菩薩，繼阿彌陀佛的位，但阿彌陀佛叫作無量壽，是不涅槃的；其實觀世音菩薩本來就是佛，只是後來發願以菩薩身永遠度眾生。還有文殊菩薩，他是三世諸佛之母，雖然他的弟子全部都成了佛，但是他自己不成佛。因此，諸大菩薩沒有一個不是度所有眾生，既然度一切眾生，地獄眾生也一定會度。

會有這種觀念，是因為我們中國對阿彌陀佛知道最多，而且經典中最明確教我們怎麼修行淨土法門的也是阿彌陀佛的經典，所以才會有這樣的直覺。

念佛當然是求生淨土，但根據經論歸納，淨土大略可分為四類：人間淨土、天國淨土、佛國淨土、自心淨土。彌陀淨土是屬於四種淨土中的佛國淨土，而且只是佛國淨土中的一種。所以，不要老是被中國人一向的觀念所困擾、限制著。

那麼，四種淨土分別是什麼意思呢？簡單來說，人間淨土是指我們現實的生活環境，凡夫所處的大環境，雖然佛經稱為苦難重重的「娑婆世界」，不過，當我們聽聞佛法，修行戒、定、慧，而體驗身心的清淨，淨土就在你的眼前展現。

天國，是指人間以上的眾生所居之處，修行十善，便生天國。天國尚在三界的範圍，還是有漏、有限的，由於積福，享受欲界天的欲樂，或修禪定，享受諸禪天的定樂，但在欲天的福報享盡之時，禪天的定力退失之際，那時候便有五種衰相現前，從天國下降到人間或更向下而墮落到三塗惡道。所以縱然天國可愛，有朝一日，又成過眼的雲煙。故對一般人來說，天國就是淨土，而對佛教徒來說，則寧願生在人間修學佛法，卻不想生到天國去享天福。

佛國是指以諸佛的福德智慧及本誓願力所成就的國土，此有兩種作用：一是示現佛的功德果報；二是接引化度一切有緣的眾生，修學佛法，同成佛道，便稱為佛國淨土。

所謂自心淨土即是說在每一個人的心中，不論凡聖，本具佛性，也就從來未曾離開過佛國淨土。眾生的心既與佛心相同，眾生所處世界便與佛國無異。不過眾生的心尚有煩惱覆障，無法見到清淨不動的本心，也就無法體會到生活於佛國的淨土。若能穿透煩惱塵網，往心的深處看去，就會發現佛心即是自心，此界即同佛國。因為心若清淨，所見世界就是淨土；心若不清淨，生活的環境就是無邊的苦海。

二、念佛的功能

㈠念佛完成三種淨土：佛國、自心、人間淨土

念佛究竟是為了什麼？當然是為了往生淨土。我們人一出生，隨時都可能出現死亡的因緣，因此，我們要隨時做好面對死亡的心理建設，對一個佛教徒來說，就是要隨時做好往生佛國淨土的準備。千萬不要想依賴他人助念，要不然臨命終時很可能來不及念佛，而等到親戚朋友來助念時也已經太遲了。所以，參加精進念佛禪修就是在做往生西方淨土的準備工夫。

其實只要我們做好死亡的心理建設，以及準備好死亡的方向、目標，那麼不管什麼時間死亡都不會恐懼、害怕，也不會手忙腳亂，否則愈是生不了淨土，墮落成為惡道眾生。所以，不管我們是用什麼修持法門，都要發願往生淨土佛國。要如何才能往生佛國淨土呢？就必須常常念佛、多多念佛，心與佛相應，我們在臨命終時就不怕自己不會往生佛國淨土了。

可是我們念阿彌陀佛就只能生西方淨土嗎?或許我們並沒有想到要生天國淨土,沒有想到要生欲界天或禪定天,也沒有想到要生彌勒內院,或做聲聞聖者生五種淨居天,但是我們可以用念阿彌陀佛的法門來完成自心的淨土。

證得自心淨土與禪修相同,就是能明心見性,也就是開悟。自心清淨,自心就是佛;自心清淨,自心就見彌陀法身,即阿彌陀佛的法身,這是念佛的最高境界。

另外,實現人間淨土。就是要從修行,也就是實踐戒定慧三無漏學、實踐六波羅蜜等佛法,用持戒、修定、修慧,用布施、精進、忍辱等法門,讓自己從一個煩惱很多的狀況慢慢消融,使自己煩惱愈來愈少,同時也幫助周遭的人痛苦愈來愈少,那就是提昇人的品質、建設人間淨土。

念佛能使我們生起慈悲心、慚愧心、懺悔心、大悲願心、感恩迴向心,而這些都是成佛、修菩薩行的基礎,也是求生西方淨土不可缺少的資糧。所以,我們一定要不斷發願、練習生起慈悲心、慚愧心、懺悔心、感恩迴向心,如果練習純熟,在平常生活時,就能以慈悲心、感恩心、慚愧心來對待周遭所有認識或不認識的人。這樣我們所提倡的人間淨土就會在我們這個環境出現,完成了建設人間淨土的目的與任務。

因此,念佛可以完成三種淨土。

(二)三種淨土的關係是一貫的

然而這三種淨土實際上是相連貫的、一致的。體驗到自心的淨土，就能夠少一些煩惱，心與佛的距離就不遠了，甚至是相應的。我們平常因為煩惱重、妄想多，心都是向外看、向外追求，內心經常被貪、瞋、癡等煩惱占據，就像是風中的蠟燭、海上的水波，又像山中的野猴、草原上的野馬，因此沒辦法體驗到自己內心的真相。但是修行之後，我們的心開始向內，煩惱就漸漸減少，妄想少了以後，就知道內心、五蘊其實是空的。五蘊所構成的自私的、煩惱的我，只是一個因緣和合而成的臨時現象，不是真的我。真的我是無我的智慧和慈悲，能體驗到這樣的程度，你的心就是清淨，就是自心淨土的出現。

自心淨土出現之後，也會體會到人間淨土在自己面前展現。所謂人間淨土不是另外有一個什麼淨土，而是因心中沒有瞋恨心、怨懟心、嫉妒心、懷疑心，也沒有要與人爭長論短的計較心，此時所看到的人全部都是菩薩、都是佛的化身，所看到的任何東西都是佛國淨土的依正莊嚴，所聽到的聲音都是在念佛、念法、念僧，都是佛法的法音，也就是《阿彌陀經》上所說的「出和雅音」——和，就是和樂的、喜悅的；雅，是優雅、高雅、莊嚴的意思。那聲音能讓人忘卻煩惱，種種感覺讓自己就像是生活在淨土裡，這就是人間淨土。

而且此時智慧的菩薩與佛就在你身上顯現，你所表現出來的都是慈悲心，不會去傷害人，也不會受人傷害。別人看到你，就像是看到了菩薩，和你相處時，自然會有一種安全感、親切感，不會恐懼害怕。這樣，有多少人跟你在一起，這一些人都是生在淨土裡面，都是有福報的人。這也叫作人間淨土。

人間淨土是從自己內心的自心淨土發展出來的，所以是「誠於內而形於外」，你內心怎麼樣的境界，就能夠體驗到、也能夠分享其他人內心的境界。

內心清淨了，周遭的環境也是清淨的，這就是我們法鼓山提倡的人間淨土。那「自心淨土」與阿彌陀佛的極樂世界有沒有關係呢？自心淨土如果修成的話，彌陀淨土隨時就在我們面前，你不用擔心死後不能往生西方。到西方極樂世界只需「屈伸臂頃」的時間。為什麼能這麼快？因為心的力量。是因為阿彌陀佛的本誓願力，再加上我們自己願意往生的心力，所以才那麼快。

若我們完成了自心淨土，就能親見阿彌陀佛的法身。阿彌陀佛就在我們心中，隨時隨地就在你的心中，還需要擔心往生以後去不了西方嗎？還認為一定要等到往生以後，阿彌陀佛才會來接引嗎？所以，照樣安心地念阿彌陀佛，念阿彌陀佛一定能往生西方淨土，只是如果能念到一心不亂，就一定保證我們臨命終時往生西方，並且在還沒有死以前，就能體驗到人間淨土，也能親見自心淨土。

可見自心清淨，你周遭的環境就能清淨，死亡後也定能往生佛國淨土。而法鼓山的淨土法門就是禪修法門，我們的淨土法門並不僅是往生西方極樂世界的那個淨土。

三、修行從自心淨土開始

修念佛法門，若能修成念佛三昧，就能親證自心淨土。所以，如果不能完成念佛三昧的工夫，淨土是在西方極樂世界，是在他方佛國淨土；但是如果念佛三昧修成功的話，西方就在自心中，你的心就與西方極樂世界在一起。不要說西方極樂世界，就是十方一切佛國淨土，都在你的心中，與你的心是相應的。

所謂千佛萬佛，佛佛同道，你只要與一佛相應，與所有的佛都相應，因此當你修成念佛三昧的時候，你的心是與佛的悲智相應、與佛的法身相應，那等於在還沒有到西方極樂世界以前，就已經在佛國淨土之中。所以自心淨土能夠修成的話，是最好的、最有用的。因此，我們修行的第一個選擇，就是希望能夠修成自心淨土。

人間淨土的推廣、實現，要從自心淨土著力，在《維摩經》裡說：「隨其心淨，則佛土淨。」只要是心清淨，國土就清淨；心不清淨，這個世界就是不清淨了。因此用念佛、打坐、懺悔、誦經等方法，可以使我們的內心從平安、寧靜到清淨。平常一般人只是到神廟或佛寺裡求籤、問卜、燒香、拜佛，心是沒有辦法寧靜，也沒有辦法清淨的，因為對於自己的心是不清楚的。

(一)人心的真相

心像什麼？曾有人形容，凡夫的心就像風口裡的蠟燭，燭火隨著風不斷地晃動，忽暗忽明；又像是海裡的波浪，所謂「無風三尺浪」，表面上風平浪靜，海裡卻是波濤洶湧。而西藏的寂天菩薩，在其《入菩薩行論》中，則形容我們的心像一隻喝醉酒的狂象，比喻我們的心力大無窮，沒有人能調伏它。

曾有人放狂象準備要害釋迦牟尼佛，可是醉酒狂象到了釋迦牟尼佛面前，就醒了。我們凡夫現在也遇不到佛，該如何降伏像狂象的心呢？就用禪修的方法，包括念佛、打坐、誦經、拜佛，都算是。只有用禪修的方法，才能把那一個力大無窮、像狂象的心綁起來，等漸漸馴服了之後，就能幫我們做工，要它做什麼就做什麼。而且調伏之後，這個心就變成了善心、好心，也就是與佛相應的心。

狂心不與佛相應，狂心稍微遇到一點刺激就會暴跳如雷，不管那個刺激是否合理，都會生氣。有修養的人是生悶氣，不過這樣很容易害病，因為氣發不出來，悶著、悶著，結果積了一肚子的怨氣。可是如果發洩出來，不僅自害，也害人。那個氣就像是地獄裡的火，不斷在燒你的心，身體的細胞會因此死很多，老得就會更快一些，距離死亡又更進一步了。

其實普通人如果出生之後，都是平平靜靜、和和樂樂、歡歡喜喜、輕輕鬆鬆地過日子，活到八百歲也沒問題；如果動不動就生悶氣、動不動就暴跳如雷、動不動就痛苦掙扎，自心淨土沒有了，你看到的世界就是地獄，環境裡都是牛頭馬面、夜叉、羅剎。其實生氣的時候，最好照一照鏡子，看看自己的面孔是像天人呢？菩薩呢？還是魔鬼？人的壽命就是在這種狀況下耗損了。因此，我們要隨時隨地反觀自己內心的狀況，隨時隨地念阿彌陀佛。生氣了，念阿彌陀佛；人家生氣了，也念阿彌陀佛；覺得很難過、不舒服，都念阿彌陀佛。

若平常沒有養成念佛的習慣，臨時要念佛，很難。你會辯解：「為什麼不叫他念佛，要叫我念佛？是他有問題，是他煩惱重，他應該要念佛。」這樣究竟是誰對誰錯呢？

所以，人間淨土的建立是從自心淨土著力，我們為建設人間淨土，推動了許多心靈環保的方法，以下列舉「四感」和「四福」來說明。

(二)以「四感」調柔內心

法鼓山心五四運動裡有一個「四感」，即感恩、感謝、感化、感動。感恩，我們要隨時感恩，感恩所有讓我們成長的順逆因緣，凡使我們成長的都要感恩。譬如來參加禪七、佛七，除了感恩師父的教導、義工菩薩的護持，還要感恩家人的成就，以及讓你們來參加修行的種種因緣。譬如有的人是為了超度過世的親人，或是替親人消災、延壽，這都是要感恩的對象。

感謝，感謝給我成長機會的人，即使那是打擊、是批評，甚至那個批評也不正確，但對你依然有幫助。任何逆緣或者任何要你去服務、奉獻的機會都應該感謝，它能讓你修行菩薩道，修行布施、忍辱、精進，所以無論別人給你怎樣的機會，都應該感謝。

譬如蚊子要咬你，你捨不得讓牠吃，念阿彌陀佛趕走牠，那你要感謝牠讓你多念了幾句阿彌陀佛；或是你讓牠吃，那也應該感謝牠給你機會和牠結緣。

過去有一位法師，講經說法沒人聽，後來遇到一位高僧指點，說他因為過去世沒有結眾生緣，所以度不到弟子，要他現在多與眾生結緣。他是個出家人，一無所有，想來想去不知道該拿什麼東西結緣，突然想到山上草叢裡蚊子很多，因此晚上都坐在草叢裡打坐，每天身上都被蚊子咬得一塊紅一塊紫。後來年紀大了以後，他說法時聽眾特別多，而且都是年輕人。原來這些年輕人就是當時咬他的蚊子。

因為他發願要度眾生、結眾生緣，生起慈悲心讓蚊子吃他的血，他的慈悲心感化了這些蚊子，蚊子死了以後轉生成人，就變成他的弟子了。

講這個故事的用意是，如果你以慈悲心布施眾生，那個眾生就能得度。得度之後，下一生就成了你的弟子，跟你學佛。這是你度人、度眾生的機會，所以應該感謝。

再來是感化，即用佛法來感化自己，讓自己心裡面的煩惱化解，讓自己的種種習氣減少、消除，這就是感化自己。感化自己之後，你的心就與慈悲心相應，不會動不動就懷疑、動不動就嫉妒，或動不動就與人爭長論短、忿忿不平。

最後是感動，主要是用我們的行為感動他人。要用語言感動人並不容易，一方面很容易流於說教，另一方面是效用很慢，即便對方接受了你的說法，但並不一定會照著去做。像我現在講了那麼多，你們不一定會照著做。但是如果我直接在做，你們會隨著我一起做。

不過，也有的人冥頑不靈，不管你怎麼做，他都覺得是你自己活該，是你自己吃飽了沒事做，要做你自己去做，他是絕對不會做的。像這種人，就沒有辦法完全感動他。但是沒有關係，不要失望，只要一百個人之中感動了兩個人，就算是成功的，因為這兩個人還會去感動一百個人，如果各自再感動兩個人，就增加四位了。

因此，不要妄想一出手，大家就會跟著走。這只是你自己在想，怎樣做可以感動人，不可能每一個人都受你感動。你也不要今天感動了一個，覺得很有成就感，就很努力做，結果明天做了一天，沒有感動半個人，就放棄不做了。一定要持續地做。

所以，感動可說是「四感」當中最難的。不過感化也不太容易，我們可以捫心自問，自己被佛法感化了嗎？每次打七之後，自己有改變嗎？對家人、鄰居、朋友、同事、同學，所有有關係的人，你的態度、想法有改變嗎？如果你的態度改變了，別人會很驚訝：這個人過去明明是那樣，怎麼現在完全變了一個人呢？對方一好奇，就可以順勢接引他學佛了。這才是真的感動人。

其實修行的確有這種好處，譬如我們傳菩薩戒，很多人受菩薩戒之後，他的想法、態度改變，家人對他的看法多半也會改變，相處的關係也會跟著改變。所以我建議，當你們覺得心裡頭毛毛的，常常有一些煩惱，常常覺得這個世界很糟糕、很混亂，這時最好回來參加修行，你會找到改變的力量。

(三)以「四福」轉化心念

四福也是心五四運動之一，包含知福、惜福、培福、種福。

知福，是知道自己還有一口氣，就有無限的希望，這就是有福報的。還有，人們常說「人生不如意事十常八九」，那麼如果真地遇到了不如意的事時，到底是如意還是不如意呢？所謂如意是意料中的事發生了，既然人生正常狀況是，十件事之中有八件或九件不如意，那麼發生不如意的事時，不就是如了你的意嗎？能這樣想，就叫作知福。這不是自討苦吃，而是當遇到困擾的時候，你還是要歡喜，不要痛苦、不要難過、不要忿忿不平，那你真是有福的人。

怎樣才是有福的人？煩惱少就是有福的人。有的人認為有錢有勢就有福，有兒有女就有福，其實不一定。有財有勢、有兒有女本來是福，但是你明擺著福不享，卻要自尋煩惱，就變成一個沒有福的可憐鬼。為誰煩惱呢？為兒女煩惱、為鈔票煩惱，還有為地位高低煩惱。一心想要往上爬，爬不上去的很煩惱，已經爬上去的，又怕別人把你拉下來；其實能夠爬上去很好，爬不上去也沒什麼。此外，兒孫自有兒孫福，我們只要好好照顧他們、關心他們，不用為他們擔心。關心，是慈悲、是愛，這是有福的。所以，對孩子應該要關心，但是不要擔心，否則你的頭髮會白得快一點，就沒有福了。

惜福，就是珍惜自己的福報，將它儲蓄起來，然後分享給其他的人。有的人是在財務方法盡量節省，然後布施給其他更需要的人，有的則是將自己知道的佛法分享給其他人，這都是惜福的做法。而一個懂得惜福的人，就能培福。

有的人花錢一擲千金，因為是自己賺的，所以就用得理所當然，但是要他布施則是一毛不拔。這種人是有多少福就享多少福，既不惜福，也不能培福，就好像過路財神，鈔票在他的手上過一過就走掉了，像這種有福盡量享的人，其實是沒有福的人。而且任意享福的人也會招惹很多麻煩：第一，其他人會眼紅、會嫉妒；第二，是糟蹋自己，因福享多了，身心會腐化，到這種地步時，根本已不叫享福，而是損福。

惜福以後要能培福，如果自己知道沒有福，應該要種福。如何種福呢？要多積福德。有錢可以做功德，沒有錢，我們還有身體，身體也可以做功德，譬如布施時間來做義工。即使你什麼都沒有，你還有嘴巴，可以用口來隨喜讚歎人家、鼓勵人家，這也是積德、也是種福。如果你口不會講、身體不能動，那還有一顆心——感同身受的隨喜心，譬如看到或聽到有人念佛的時候，心生歡喜；看到有人布施的時候，心生歡喜；看到有人做善事的時候，生歡喜心；這也算是種福，這叫作隨喜功德。隨喜功德，有的是自己參與一份，有的雖然沒有辦法參與，但是心裡充滿歡喜，說：「能做這個真好，如果我有能力，我也要做。」

這就是能從我們內心清淨、精進、慈悲做起，然後影響我們周遭的人，包括親人、朋友、所有我們關心的人，還有整個的社會，這就是建設人間淨土。

聖嚴法師教淨土法門

《阿彌陀經》講記

第一章　簡介

釋迦牟尼佛生於西元兩千六百年前的印度，據說他活到八十歲，三十一歲開始就在印度說法度眾生，一共說了四十九年。他一生說了許多經典，被譯成漢文的有六百幾十部，其中《阿彌陀經》是很特殊的一部。它是屬契經、應頌、記別、諷頌、自說、因緣、譬喻、本事、本生、方廣、希法、論議等十二部經中的「自說」類，即無問自說，就是沒人請法，釋迦牟尼佛主動說的。而一般經典都有請法的人、說法的因緣，像這樣無問自說的經典並不多。

經典分成大乘和小乘兩類，《阿彌陀經》屬於大乘經典，在印度早期並沒有流通，要到釋迦牟尼佛涅槃之後幾百年，大乘經典才漸漸地流通，並傳到我們漢地，也就是中國。

這部經典是在魏晉時代從西北印度傳來中國的，當時有一位龜茲國的王子，名叫鳩摩羅什三藏，他來到中國，然後翻譯出這部經。

鳩摩羅什三藏是中國佛經翻譯史上三位偉大的翻譯家之一，其他兩位是唐朝的玄奘大師及義淨三藏大師。雖然在鳩摩羅什之前已經有許多翻譯家，但是翻譯得最好、最多，而且文字最優美的，還是非他莫屬。而現在我們最喜歡讀的經典多半也是他翻譯的，譬如《法華經》、《維摩詰經》。

這部經之所以稱為《阿彌陀經》，是因為它是在介紹我們這個世界的西方、十萬億個佛國以外，一個叫作極樂世界的淨土，而那個淨土的佛就叫作阿彌陀佛。在印度並沒有「經」這個字，用的是「Sūtra」。Sūtra 是梵文，意思是智慧的花串，就是將最寶貴的智慧語言串在一起。這裡的智慧語言是佛陀的，把它們結集在一起，就叫作 Sūtra。漢文因為不知道要怎麼翻，就直接音譯為「修多羅」。但中國人講天經地義，將聖人之言稱為經，譬如四書五經、六經、十三經，中國古聖人留下來的語錄、文獻都叫作經，因此也將佛陀之言的結集稱為「經」。

第二章　經文內容

經文通常分成三大部分，第一是序分，就是序論；第二是正宗分，即一般人所謂的本論；最後是流通分，就是結論。

一、序分

序分相當於序論，主要是介紹講經因緣，包括講經的地點與聽眾，又分為通序和別序。

(一) 通序

1. 說法時間及地點

如是我聞，一時佛在舍衛國祇樹給孤獨園。

通序是每一部經典都有的，而且都相同，一般的形式就是：如是我聞，一時佛在……。

「如是」是「現在將說的這部經典」，「我聞」是「我親耳聽到的」。這四個字是阿難尊者說的，當時結集經典時，阿難尊者對著大眾複誦佛陀所說的教法，為了要讓大家相信所說是真的，因此說：這一部經典，是我在那個時間親耳聽佛說的。

這個「一時」，究竟是指哪一年、哪一月、哪一日呢？時間在佛經裡一共有兩類，一個是「迦羅時」，一個則是「三摩耶時」。迦羅時會因所在方位不同而改變，譬如我們與美國的時間就不同，連日期也不一樣。現在我們用的是西方的陽曆，叫作西洋曆，傳統中國用的是農曆，其他如印度、西藏、泰國等，每一個地方都有自己的曆法。不同的地方就有不同的年、月、日、時，此即迦羅時。三摩耶時則是指共同的時間，不管在什麼地方都完全相同。這個時間無法記錄，不能說這是哪一年、哪一月、哪一日、幾點幾分，這個時間就是共通用的時間。現在我們地球有一個共同時間，即格林威治時間。

這裡的「一時」是指共同時間，意思是在這樣的一段時間。

「佛在舍衛國祇樹給孤獨園」，這個佛是釋迦牟尼佛，舍衛國是印度當初十六大國之一，在佛經裡經常出現，又叫作舍衛城。它是一個城邦，城中有一個祇樹給孤獨園，當時佛就在那裡說了《阿彌陀經》。

園是「伽藍」的意思，又叫道場，就是僧眾們共住修行的地方。佛陀在世時，在印度有十來個類似的園林，其中最有名的就是舍衛國的祇樹給孤獨園。除《阿彌陀經》外，《金剛經》也是在這裡宣說的。其實它並非一開始就叫這個名字，此園原來是屬於祇陀王子的，因為發生了一段故事，所以才有現在的稱呼。

當時有一位須達長者，很有錢，因為他喜歡濟孤救貧，是一位樂善好施的長者，所以大家就叫他給孤獨長者。他是佛陀的在家弟子，非常敬仰釋迦牟尼佛，很想把祇陀王子的園林買下來供養釋迦牟尼佛。但是祇陀王子捨不得，於是刁難他說：「如果你能把我園裡的地面全部用金子鋪滿，我就賣給你。」沒想到須達長者真的將園裡的地鋪滿了金子，祇陀王子深受感動，就說：「地讓你買走了供佛，地上的樹木就由我來供養罷。」因為是由祇陀王子和給孤獨長者一起供養，所以叫作祇樹給孤獨園。

2. 法會參與者

與大比丘僧千二百五十人俱，皆是大阿羅漢，眾所知識。長老舍利弗、摩訶目犍連、摩訶迦葉、摩訶迦旃延、摩訶俱絺羅、離婆多、周利槃陀伽、難陀、阿難陀、羅睺羅、憍梵波提、賓頭盧頗羅墮、迦留陀夷、摩訶劫賓那、薄拘羅、阿㝹樓馱，如是等諸大弟子。並諸菩薩摩訶薩，文殊師利法王子、阿逸多菩薩、乾陀訶提菩薩、常精進菩薩，與如是等諸大菩薩，及釋提桓因等，無量諸天大眾俱。

從經文可知，當時出席聽法的人一共有三類，一類是大比丘僧，一類是菩薩摩訶薩，就是大菩薩；最後一類是釋提桓因，也就是天人。

通常佛陀講經，七眾弟子都有，為什麼這裡只有比丘，而沒有比丘尼、優婆塞、優婆夷呢？可能是用大比丘、阿羅漢代表所有出家眾，用天人代表所有凡夫眾，所以經中雖然沒有提到，但我們推測應該有，只是省略了。

（1）大比丘僧：人眾代表

經中說，大比丘僧一共有一千二百五十個人，通常我們就是把它念過去，所以有很多意思都不太清楚：為什麼只有一千二百五十個人？這數字是從哪裡來的？而大比丘僧與一般比丘又有什麼不同呢？

a. 何以有千二百五十人

一千二百五十人之中，有一千人是三個迦葉的弟子，再加上舍利弗和目犍連各自帶來的一百個弟子，以及耶舍等五十人，一共是一千二百五十人。但這在釋迦牟尼佛成佛第六年就已經形成了，之後陸陸續續隨佛出家的人很多，實際上的數字絕不只如此，所以一千二百五十只是代表。而經中所列舉的十六位阿羅漢，都是最早隨佛出家，並且最先在釋迦牟尼佛座下成就阿羅漢果的人，所以以他們為代表。

b. 何謂僧

在講大比丘僧之前，我們必須先了解什麼是「僧」。「僧」是僧伽的略稱，在梵文原來是多數人在一起的意思，意指一個一個的團體，也就是「眾」。其運用範圍相當廣泛，譬如男的叫男眾、女的是女眾，出家的叫出家眾、在家的是在家眾，少的叫小眾、多的是大眾，聖人叫聖眾、菩薩是菩薩眾。但是在這裡是專指住持佛法的僧，也就是比丘僧。但不是烏合之眾，只有依六和敬法為共住規約的才叫作出家僧眾。

比丘僧的規範，有理和與事和，理和要同證，事和則有六和敬，唯有做到理和與事和，才是和合僧，也才是僧的意思。

(a) 理和同證

這個理就是教理行果的理，與教是相對的。教是能詮的法，理是所詮的法。也就是說，能解釋的是教，被解釋的是理；可是理並不能只用解釋的，而是要我們去實證。通常稱為開悟，就是證悟，西藏人則叫作證量。

因此，和合眾就是要理和同證、同證解脫法。解脫法究竟是什麼？是見理、實證理，體驗到理是什麼。理就是佛性，就是真如、空性，所謂畢竟空、究竟空，也就是實相無相，無相的實相就是理。其實講來講去都還是教，而不是理，因為理是要去實證的。

（b）六和敬

身和同住：大家同住在一個道場裡，不會你妨礙我、我妨礙你，你放不下我、我放不下你。如果你覺得我是多餘的，我覺得你是個累贅，就不是身和同住了。其實「一個羅漢一份齋」、「一個蘿蔔一個坑」，各人有各人的福報，各人有各人的因緣，所以與人共住，他人不會把我們的福報享受掉，而他人也有自己的福報。如果能抱持這種態度，就不會你排斥我、我排斥你，而能安住在同一個道場裡，這才是身和同住。

口和無諍：講話要柔軟、要溫和，不要老是跟人吵架。如果有人要跟你吵，千萬不要說：「是他自己要跟我吵的，如果他不同我吵，我也不會怎樣，現在他硬要跟我吵，那對不起，沒有辦法，我只有保護自己了。」

黑的就是黑的，白的就是白的，為了自己的安全、自己的名譽、自己的立場，一定要爭到底，這就是一般人的觀念。結果「公說公有理，婆說婆有理」，就開始鬥爭了。而且吵架還不只是兩個人的事，因為僧團是好幾個人共住，如果找其他人評理，就演變成僧團的戰爭了。譬如你先找某甲，某甲覺得你對，你們兩個人就合起來對付他一個人。結果他又找某乙評理，某乙認同他，他們兩個人也連合起來對付你們兩個。本來是你和他的問題，結果變成兩個人和兩個人的戰爭，之後再擴大成三個人對三個人、四個人對四個人，整個僧團很可能就分裂了。

所以「無諍」，就是無論有理無理都不跟人爭。當然能夠講理就講，但是如果對方不講理，那還有什麼好講的呢？你說：「不講理，那我就用拳頭。」結果你用拳頭他用腳，你再還他一腳，他就拿刀，那還得了。因此，如果有人硬要跟你吵，你就念阿彌陀佛。這樣算不算承認錯呢？可以說是認同，也可以說是尊重，這樣就吵不起來了。

總之，我們出家人一定不能與他人爭論長短，不管有理沒理，只要吵架都是錯的。對在家人來說，如果不分對錯，就覺得無法無天！所以有句俗諺：「有理行遍天下，無理寸步難行。」但如果單憑一個理闖天下，很可能就頭破血流了。我們學佛的人最好是不爭理，爭理是沒有智慧的行為。你有智慧，你不起煩惱，你有慈悲，你也不起煩惱，慈悲與智慧才是我們要遵守的道理。

意和同悅：悅就是法喜，是指內心經常以禪悅為食，充滿法喜，即如〈四眾佛子共勉語〉說的「時時心有法喜，念念不離禪悅」。如果能夠意和，大家都很快樂，隨時隨地都很喜悅。

法喜是指聽聞到佛法、並修學佛法，因實證佛法而感受到的喜悅；而禪悅則是我的心很安定。古德說：「寧動千江水，莫擾道人心。」其實如果你是真正的修道人，你的心是安定的，怎麼會被擾動呢？如果心會動，表示道還沒有修成，要學著不動心。

見和同解：「見」是知見、看法的意思。通常大家要共同完成一樣工作時，大部分是幾個人有幾個人的看法。但修行人不是，修行人是我跟人和，而不是要人來跟我和；我尊重你的看法，你要我如何就如何，不會為表達自己的想法而跟人爭論。因為大家的目的都只是為了把事情做好，而不是為了爭面子。所以不會覺得他人不聽自己的想法，或聽他人的想法成為別人的附庸，是沒有面子的事。譬如我今天到廚房，看到義工們正在切菜，他們就完全按照主廚的指導來做，不會堅持要用自己的切法，這就叫作見和同解。

戒和同修：戒是戒律。出家人，譬如沙彌、沙彌尼、比丘、比丘尼，都要受不同的戒；在家居士也一樣，有五戒、菩薩戒，還有八關戒齋。受了戒以後就要持戒，戒是相同的，不會說你持的戒和我持的戒不一樣。我們是因戒而有比丘、比丘尼、沙彌、沙彌尼的身分，所以我們要共同遵守。

利合同均：利就是財物。僧團所用的各種各樣的東西，都是信徒布施給我們的。有的人很熱心、人緣好，居士們只認得他們，所以要供養時就只供養這一些人；有的人不善於跟居士們應對，或是很木訥、不好意思，居士不認識他，往往也不會想到供養他。現在供養我的人最多，因為大家看到師父就願意供養，還有的人不放心，一定要親手交到師父手上。

其實要供養師父，交給知客處或是我任何一個弟子就可以了，但他們就不放心，擔心知客處會忘記，或認為直接交給師父的功德比較大。還有人送東西給我時，一再強調：「師父！我買了一箱，你一定要吃。」一箱要我怎麼吃呢？

因為利合同均，供養我的就是供佛及僧，專門供養哪一位弟子的也是一樣，大家一起吃、大家一起用。所以，居士們如果一定要供養，那就供養三寶，這叫作利合同均。

c. 何謂比丘

比丘有三個意思，第一是乞士，就是托缽化緣的人，專門向人討飯吃，中國人稱為乞丐。第二是破惡，即破煩惱的惡念和惡見。第三是怖魔，一現比丘相，魔宮就會震動，因為出家是要出三界，所以連天魔都會恐懼。在家人修行，因為沒有離俗，原則上聲聞最多只能證到三果，不能證到四果阿羅漢。如果是菩薩，菩薩要出三界，也必須是離俗、離欲、離三界。還有要求生淨土的上品上生，在家人也沒有辦法，一定要現比丘相，發出家願而出家。這就是出家的好處。

d. 何謂大比丘僧

什麼又是大比丘僧呢？剛剛受戒的叫作下座比丘，受戒滿十年的是中座比丘，二十年以上的則為上座比丘。大比丘都是受戒二十年以上的長老比丘，《阿彌陀經》中大比丘原則上都已證了阿羅漢果，所以經文後面稱大阿羅漢。

阿羅漢怎麼還有大、小的分別呢？得解脫的聲聞叫作阿羅漢，但解脫有三種，即慧解脫、俱解脫、無礙解脫。

所謂慧解脫，就是根器非常利，聽佛說一聲法或一個偈子馬上就得解脫，就證阿羅漢果，但是福德定慧還不夠。譬如佛經裡有好多善來比丘，他們本來是在家人，結果聽佛說一聲：「善來！比丘。」馬上就證了阿羅漢果。這種人的根性就非常利，而慧解脫不須經過修定。

俱解脫即定慧俱解脫，一定要聽聞佛法，修行禪定。而修禪定的人一定要持戒，如果不持戒，或持戒不清淨，會變成外道、變成魔，因此定慧俱解脫的人一定也是位持戒清淨的人。

因此要定慧俱解脫，必須要持戒、修定、修慧，譬如你們現在來參加念佛禪七，聽佛法開示是增長聞慧，念佛修念佛三昧是修禪定，而在佛七期間，不說壞話、不做壞事，這就是持戒。戒、定、慧三種並重，因此而證阿羅漢果，就是俱解脫。

最高的是無礙解脫，無礙解脫的阿羅漢即是大阿羅漢。這些大阿羅漢，他們的本生可說就是大菩薩，可是為了度眾生、為了建立僧團的模式，所以現出家聲聞相。普通的阿羅漢是前兩種，大阿羅漢就是第三種。

「眾所知識」，這一些大阿羅漢都是為大家所共同認知的大善知識。善知識是善友，也就是幫助我們修行佛法的老師和可敬的道友，譬如現在我們彼此互稱師兄、師姊，我們大家一起同修，就是互為善知識。而我現在指導你們修行，也算是善知識。

這裡一共舉出十六位阿羅漢為代表，他們都是長老，有的地方則稱長老為「賢首」，都是受比丘、比丘尼戒二十年以上的人。但不是所有受戒二十年以上的都叫作長老，如果不知法、不知律、不知慚愧，就不算長老。所以，長老還必須是具德比丘，必須又懂得戒，又懂得法，又懂得修行，而且有慈悲心。

這十六位大阿羅漢分別是，智慧第一的舍利弗，神通第一的摩訶目犍連，頭陀第一的摩訶迦葉，議論第一的摩訶迦旃延，答問第一的摩訶俱絺羅，無倒亂第一的離婆多，義持第一的周利槃陀伽，儀表第一的難陀，多聞第一的阿難陀，密行第一的羅睺羅，受天人供養第一的憍梵波提，被種福田第一的賓頭盧頗羅墮，教化第一的迦留陀夷，知天文第一的摩訶劫賓那，壽命第一的薄拘羅，以及天眼第一的阿㝹樓馱。

「如是等諸大弟子」，就是這麼多大弟子，一共有一千二百五十個人。

(2) 菩薩眾代表

「並諸菩薩摩訶薩」，包括四大菩薩，分別是文殊師利法王子、阿逸多菩薩、乾陀訶提菩薩、常精進菩薩。

或許有人會覺得奇怪，觀世音菩薩、大勢至菩薩是阿彌陀佛極樂世界的兩大菩薩，可是為什麼在蓮池海會，這兩位菩薩都沒有出現呢？因為這部經是釋迦牟尼佛介紹阿彌陀佛，並不是阿彌陀佛自己在介紹極樂世界，所以大勢至菩薩和觀世音菩薩沒有出現是正常的。淨土三經中，《阿彌陀經》及《無量壽經》都沒有提到大勢至菩薩和觀世音菩薩，只有在《觀無量壽經》才出現，九品蓮花往生幾乎每一品都有觀世音菩薩和大勢至菩薩。此外，觀世音菩薩是阿彌陀佛一生補處的說法也不是出自《阿彌陀經》，而是出自《觀世音菩薩授記經》。

而四位菩薩中為什麼只有文殊師利菩薩被稱為法王子？其實凡是一生補處的菩薩都是

法王子，獨獨稱文殊師利為法王子，是因為他現童子身；而文殊師利菩薩僅次於佛，佛是法王，所以就稱文殊菩薩為法王子，這相當於說他是一個授了記的王子，將來一定會成為國王；另外，文殊師利菩薩是大智慧的代表，一切諸佛都是因智慧而成佛，有大智慧就是佛的根本象徵，所以叫作法王子。

阿逸多菩薩其實就是彌勒菩薩，彌勒菩薩在釋迦牟尼佛時代是一位比丘，在《阿含經》裡曾出現過。重要的是，阿逸多菩薩，也就是彌勒菩薩，是繼釋迦牟尼佛之後於人間成佛的第二位，所以叫「當來下生彌勒尊佛」。但到現在為止，他還在兜率內院，必須五十七億六千萬年之後，才會到我們人間成佛。這時間對我們來講很長，可是對佛來講，很短。

因為他是即將要到人間成佛的一尊大菩薩，所以距離我們娑婆世界最近，而且他不僅距離我們娑婆世界最近，也距離我們人間這個地球世界最近。

乾陀訶提菩薩，他名字的意思是「不休息」，也就是要我們精進不休息地修行淨土法門，持續不斷地念佛，所以是一心專念念阿彌陀佛。因此，這一位菩薩就是代表修行淨土法門必須具備的精神。第四位常精進菩薩，他名字的意思也是要我們常常精進，也代表著精進不懈的修行態度。

所以，這四位大菩薩各代表四種修行必須的條件：文殊師利代表智慧，阿逸多菩薩是代表希望成佛的大願，也就是無上菩提心。要如何成佛呢？就是要不休息、要常精進。

但是不是只有這四位大菩薩呢？經文接著說「如是等諸大菩薩」，表示除了四位大菩薩外，還有許多大菩薩也出現在蓮池海會上，只是沒有將名字列舉出來而已，所以說是「菩薩眾」。

(3)天眾代表

「釋提桓因等」，這指的是天人眾。釋提桓因是護持佛法非常精進的一位天帝，又叫作天帝釋或帝釋天，他在欲界的第二天，即忉利天。忉利天在須彌山頂，共有三十三個宮殿，中央就是帝釋天的宮殿，因一共有三十三個宮殿，所以又稱為三十三天。忉利天我們雖然看不到，但須彌山是一座大山王，是屬於物質體，忉利天既然是在山王頂上，應該是有地方可住的，所以是地居天，不是空居天，不是住在空中。

「釋提桓因等」的「等」有等下、等上兩個意思。欲界一共有六個天，忉利天位居第二天，它下面還有一個天，就是四天王天。四天王天在須彌山半腰，在四周各有一大宮殿，各有一大天王，所以叫作四天王天，這是等下。等上是從忉利天往上，還有四個天，此外還有色界的十八個天及無色界的四個天。全部加起來一共有二十八天，因此「釋提桓因等」就是說二十八天的天王天眾等，全部都來了。

(二)別序

爾時佛告長老舍利弗，從是西方過十萬億佛土，有世界名曰極樂，其土有佛號阿彌陀，今現在說法。

這一段是別序，別序的主要功能是在點出經文主題，而本經主要是在介紹西方極樂世界。

西方極樂世界在哪裡呢？從娑婆世界往西、通過十萬億個佛國土的地方，有一個世界叫作極樂，這世界有一尊佛，他的名號就是阿彌陀，現在正在說法度眾生。

說法現場有許多阿羅漢、菩薩和天人，為什麼佛陀只對舍利弗說呢？這是佛經的體例，不管有多少人在現場聽法，佛一定會找某一個聽法的阿羅漢或菩薩為說法對象，或是這一段是跟某一位阿羅漢講，而另一段則是跟另外一位菩薩講。但在本經中，釋迦牟尼佛卻以一個具有人間身分、且有大智慧的舍利弗為說法對象的代表，可見此經與娑婆世界的因緣及其甚深難信，非大智慧不能信。

娑婆世界有多大？娑婆世界是一個三千大千世界，一個三千大千世界就是一個佛國土，我們這個三千大千世界的教主，也就是教化我們這個三千大千世界的佛，即釋迦牟尼佛，又叫作娑婆教主。他並不僅是地球上的一個人，在三千大千世界裡都有他的化身，所以說是千百億化身釋迦牟尼佛。

極樂世界在我們這個三千大千世界以西，十萬億個佛土以外，等於有十萬億個三千大千世界的距離。一個三千大千世界相當於一個銀河系，而我們現在只知道一個銀河系。其實銀河系以外還有很多所謂的星雲，還有很多像銀河這樣的宇宙體。這麼多的宇宙體在無限大的十方之中，而往西就有這麼多，可能過了西方極樂世界還有無量無數、恆河沙數的佛國淨土。

極樂世界是阿彌陀佛的願力所成就，所以阿彌陀佛也在那裡說法。對我們來講，釋迦牟尼佛已經涅槃了，而阿彌陀佛是無量壽，是永遠不涅槃的。那釋迦牟尼佛為什麼涅槃呢？涅槃的是他的化身，他的報身、法身是不會涅槃的。

二、正宗分

正宗分可分成幾個段落，主要是介紹極樂世界裡的種種莊嚴，包括依報和正報。依報是指它的環境、它的設施，包括植物、動物、建築物等，而環境裡所有的眾生和佛就是正報。本經先總論極樂世界被稱為極樂的原因，再談到極樂世界的依報莊嚴、正報莊嚴。

(一)無有眾苦，故名極樂

> 舍利弗，彼土何故名為極樂？其國眾生無有眾苦，但受諸樂，故名極樂。

娑婆世界有八種苦：生、老、病、死、求不得、怨憎會、愛別離、五陰熾盛等，雖名為八苦，其實是無量苦。自己身心的煎熬、社會環境的衝擊、自然環境的不順利，都讓我們受苦。特別是心中有煩惱時，經常跟自己過不去，也跟他人過不去，讓自己苦，也讓他人苦。甚至見不得他人快樂，一定要讓他人也變成苦才甘願，所以我們這個世界又叫作苦趣。

到了極樂世界，我們沒有機會生煩惱心，因為那裡都是諸上善人，不是大菩薩、就是大阿羅漢，所以即使是凡夫到了那裡，也沒有機會生起煩惱心來。如果還有煩惱心，蓮花也不能開，所以他人也看不到，也不會污染那裡的環境和空氣。等蓮花開了，就能見佛聞法，此時煩惱也就斷了。因此能看到的，通通都是諸上善人。

還有在極樂世界，不可能有任何苦難。會生老病死，是因為我們的身體是父母所生的肉身，是臭皮囊，而到了西方極樂世界的眾生是蓮花化生，所以不會有生老病死。蓮花只是一種形容詞，形容無漏業的清淨。蓮花化生的身體不同凡夫的物質身，而是精神的慧命，所以不會有苦。

(二) 極樂世界的依報莊嚴

1. 整體修行環境

又舍利弗，極樂國土，七重欄楯、七重羅網、七重行樹，皆是四寶周匝圍繞，是故彼國名為極樂。又舍利弗，極樂國土有七寶池，八功德水充滿其中，池底純以金沙布地，四邊階道，金、銀、琉璃、玻璨合成，上有樓閣，亦以金、銀、琉璃、玻璨、硨磲、赤珠、瑪瑙而嚴飾之，池中蓮花大如車輪，青色青光、黃色黃光、赤色赤光、白色白光，微妙香潔。舍利弗，極樂國土成就如是功德莊嚴。

極樂世界有七重欄楯、七重羅網、七重行樹。「欄楯」就是交錯的柵欄；豎的叫作欄，橫的叫作楯。西方極樂世界的四周圍繞著一重重的欄楯，這樣聽起來好像在養豬、養牛、養羊一樣，被圍起來了。其實這就像我們屋子有牆壁、有門、有窗，窗上窗櫺一樣，是一種莊嚴。

往極樂世界上面看，可以看見空中瀰漫著重重的瓔珞莊嚴，覆蓋著七重行樹，這就是七重羅網。「行樹」就是一棵一棵的樹，一行一行地排列得很整齊。而欄楯也好、羅網也好、行樹也好，全部都是四寶周匝圍繞，全部都是四寶所成。這裡與《觀無量壽經》說是「七寶所成」不同。

這樹有多高呢？根據《觀無量壽經》，每一棵樹都有八千由旬高。一由旬是四十里，但也有人講六十里，不論是四十或六十里，有八千個四十里或六十里，這高度已難以計數，即使是現在的噴射機也飛不了這麼高。如果每一棵樹都有這麼高，那阿彌陀佛一定高大得不得了。

極樂世界除了無數的七重欄楯、七重羅網、七重行樹外，還有無數的七寶池。蓮花池的階梯道路，也都是四寶所構成的。而池裡的蓮花大如車輪，這個車輪是金輪王的車輪，一個輪子就有四十里大，而這還是最小的蓮花。我們現在的身體雖然很小，但一到了那裡，坐上蓮花，身體就會與蓮花成正比放大。現在是因為我們這個身體是臭皮囊、是小身體，等到了極樂世界，就真的是「大」人了。

到了那裡，你的世界就是在七重欄楯、七重羅網、七重行樹裡，七寶池中有蓮花，池裡是八功德水。而你坐在自己的蓮花上，蓮花上還有樓閣，你想到樓閣隨時可以去。你一個人在那裡，沒有人會跟你搶地盤，所以不用擔心地盤會被別人占去。而且雖然各有各的世界，但是彼此互相往來，一點也沒有阻礙。你看到我、我也看到你，我不會妨礙你，你也不會妨礙我，你勉勵我，我也勉勵你，互相勉勵念佛、念法、念僧。

至於八功德水的「功德」，是指水的功能，一共有八種：第一澄清，無絲毫混濁，非常透明、乾淨；第二清涼，這是代表智慧；第三甘美，水喝起來十分甜美芳香；第四輕軟、第五潤澤，水質柔軟，有滋潤的功能，對我們的皮膚、身體很好，不像有的水礦物質太重，會傷皮膚；第六安和，是指身體一碰到這個水，心裡就會覺得很平安、很祥和；第七除飢渴，只要飲用一點，就不會肚子餓，也不會口渴；第八長養諸根，也就是能使身體有營養。有了這樣的水，不論在哪裡，都不需要再為食衣住行發愁了，能讓我們自由自在，非常快樂。

其實七寶羅網、七重行樹、八功德水都是一種形容，七寶、七重指的是三十七道品的七科，而八功德水則是指八正道，這意思是說，我們到了極樂世界隨時隨地都是在修行之中。

又舍利弗，彼佛國土常作天樂，黃金為地，晝夜六時雨天曼陀羅花，其土眾生常以清旦，各以衣裓盛眾妙花，供養他方十萬億佛，即以食時還到本國，飯食經行。

生活在極樂世界的眾生，常常可以聽到天樂，而且遍處都是寶藏，晝夜六時，天上還不時會掉下曼陀羅花。

天樂就是梵音，梵天的音樂，也就是清淨的音樂。那音聲絕非我們人間的音樂能比得上的。而曼陀羅花又名適意花，也叫作白花，是屬於天上的花。敦煌壁畫和《維摩詰經》裡的天女散花，散的就是曼陀羅花。

因為有許多花，所以在極樂世界的眾生每天早上一起來，就用一種布做的花器捧著花或提著花，到他方去供養十萬億尊佛。雖然供養這麼多的佛，但花費的時間只有一下子，回來以後再吃早餐。這就好像我們現在早上起來做早課，早課後再供養，供養以後，我們再用早餐、再經行的程序一樣。

或許有人會覺得奇怪，西方極樂世界既然都是蓮花化生，為什麼還要吃早餐呢？這是一種比喻、一種形容，是以我們人間的習慣來表達。實際上這是以禪悅為食，所吃的是法食。聽佛說法是法食，用佛法修行是禪悅，到十方供養的時候，是在修供養，然後回到極樂世界仍然繼續聽聞佛法、修行禪定，然後經行。

舍利弗，極樂國土成就如是功德莊嚴。

最後總結說，西方極樂世界就是用樹、用羅網，還有樓閣、蓮池、蓮花等，來成就它的功德莊嚴。

2. 動物與植物：皆悉念佛、念法、念僧

復次舍利弗，彼國常有種種奇妙雜色之鳥，白鶴、孔雀、鸚鵡、舍利、迦陵頻伽、共命之鳥，是諸眾鳥，晝夜六時出和雅音，其音演暢五根、五力、七菩提分、八聖道分如是等法，其土眾生聞是音已，皆悉念佛、念法、念僧。

前面是環境的莊嚴，這一段則是講動物的莊嚴。「雜色」是華麗、優美、好看的意思。極樂世界裡有許多非常好看、非常優美華麗的鳥，其中白鶴、孔雀、鸚鵡，我們可能比較熟悉。如果沒有真的看過白鶴，至少在畫裡看過，長得非常秀麗高大；而孔雀，牠身

上、尾巴的毛是翡翠色的，也是非常的華麗；鸚鵡則有各種各樣的種類，這裡講的是彩色的，有金黃、有紅、有綠、有黑、有白，各種各樣的顏色摻雜在一起。

「舍利」這種鳥，在中國或台灣都沒有，翻譯成中文即秋鷺。這種鳥的眼睛非常的明亮優美，又叫白鶖。可能是因為是白色，而且又像黃鶯那麼會唱歌的關係。「迦陵頻伽」是一種妙音鳥，不僅美麗，聲音也非常好聽。「共命之鳥」在中國也沒有，傳說可以在印度的雪山裡看到。這種鳥是一個身體兩個頭，兩個頭有兩個意識，就像我們現在講的連體嬰。這種鳥有時會一起叫，當一起叫的時候，合音很好聽，就像二部合唱、二重奏一樣。

「晝夜六時」是指白天三個時、晚上三個時，也就是整天、無時無刻的意思。「出和雅音」就是指聲音非常祥和、優雅，而且唱的內容都是三十七道品。三十七道品包括四念住、四正勤、四如意足、五根、五力、七菩提分、八聖道分，均是修持解脫道的道品。

人天法是修五戒十善，而修解脫道除持清淨的具足戒外，還要修三十七道品，這是必修的道品次第，大乘菩薩道也不例外。有人認為修淨土法門這些全部不要管，因為到了極樂世界，連鳥都還在講三十七道品。但是就因為如此，所以在人間就要先熟悉怎麼修，到了西方極樂世界保證能上品上生。

三十七道品基礎的修行法是五停心，這是助道法，也就是前方便。五停心是讓我們的心安定下來的方法，包括數息觀、不淨觀、慈悲觀、因緣觀、念佛觀，念佛是其中之一，但也有人把念佛改為界分別觀，但界分別觀很不容易懂，不如念佛觀容易、清楚。

修五停心之後，就可以進入四念住。四念住是觀身不淨、觀受是苦、觀心無常、觀法無我，身、受、心、法是基本的修行法。為什麼要修四念住呢？這可以從四聖諦來了解。四聖諦是苦、集、滅、道，苦是果，集是因，知苦、斷集、修道、滅苦，均是圍繞著我們的身心而來的。因為苦的果就是我們的身心，觀我們的身體不淨，就不會對自己的身體那麼執著、那樣在乎了。對身體太執著，會變成一種溺愛，甚至於愛戀，也就是自戀，這樣會產生種種的罪業，所以要觀身不淨。身體看起來是清淨的，實際上並不清淨。

觀受是苦，受是通過我們身體的觸覺而有的感受，有苦、樂、不苦不樂三種。但是是以苦為開始，也以苦為終了，樂的時間、不苦不樂的時間並不多。事實上，所有的受都是苦，苦是苦苦，不苦不樂是行苦，樂則是壞苦，因為樂會壞、會失去，是無常的，所以應該觀受是苦。

觀心無常，我們經常太在乎自己心裡的想法、反應，我們的執著主要是在心。很多人認為身體是我，但身體的哪一部分是我？活著時，因為還有一顆心，所以身體是我；死了以後心沒有了，也不知道身體是我，所以身體不是我。死了以後，心到哪裡去了？心是一個念頭、一個念頭連貫起來的，是無常的，每一個心的念頭都是無常的。

有的人，無論如何都不肯改變自己的想法，認為有人欺負他，到死都認定這個人欺負他；認為自己受委屈，到死都覺得自己受委屈；認為自己的想法最對，到死都認為自己是最對的。這都是執著。

實際上念頭是不斷變化的，只因自己的習慣性而不想改變。我們的念頭是念念不斷改變的，否則念佛的時候，就能一直念下去而不會斷。為什麼念一念就忘掉了？這表示心是無常的。但是我們執著，認為自己的心是永恆不變的，這是苦的原因，也是苦的結果。

苦的結果是說，由於過去造業，自己不知道懺悔，所以「堅持」讓自己受苦。其實只要我們的心念一轉變，乾坤就倒轉，天地就開闊；但如果我們的心不轉變，牢牢綁住自己的想法，那就是窮途末路，只有死路一條，接著撞牆、跳河、上梁。沒有路走，是因為自己的念頭不轉，其實念頭一轉，天大地大，就能從苦得解脫了。心的無常是好事，不要以為無常就不得了了。

觀法無我，法是各種各樣的現象，也包括觀念。法分有為法、無為法，有漏法、無漏法。有為法就是有執著的，我見、我思、我想，這是有漏法。無為法是不執著，不執著我相、人相、眾生相、壽者相，應無所住而生其心，沒有我住於一定的什麼法，這就是觀法無我。

四念住如果修成了，四聖諦的苦、集、滅、道也修完了。所以修四念住的目的，就是要把苦、集、滅、道這四聖諦修成。原則上三十七道品修四聖諦是足夠的，但還是要有四正勤來輔助。四正勤就是：「已生惡法為除斷，未生惡法不令生，未生善法為生，已生善法為增長。」

當我們修四念住時，要時時刻刻警覺自己在修行過程中是不是在懈怠？是不是有雜念？是不是有妄念？懈怠、雜念、妄念都是不善。另外，是不是正在用方法，觀四種念住是不是很得力？能住於方法且修行得力就是善。因此，常常叮嚀自己要不斷修四念住，就叫作四正勤。

四正勤是幫助四念住的，主要是叫作觀慧，修觀、修慧，但是如果定力不足，慧是有點浮動、不夠踏實的，因此還要修四如意足，也就是四神足。四如意足是欲、精進、心、思惟，是指在精進修行四念住時，心要希望進入禪定而安住下來，不斷地維繫在同一種狀況下，一直繼續地維持下去，這叫作四如意足。實際上這是修定的方法，是依據四念住而使得定的工夫成長，叫作修四神足。

五根和五力是同樣的名詞：信、精進、念、定、慧。信心堅固，一定要從定慧等持而來，定慧等持、有定有慧，信心才能牢固，信根才能增長。信根增長後，精進根、念根、定根、慧根自然也會增長。五根紮穩了，增長以後，它的力用就產生了，也就是五力，即信的力用、精進的力用、念的力用、定的力用、慧的力用。詳細的內容可以參看我的一本小書《五根五力講記》。

七菩提分，又叫作七覺支，包括擇法、精進、喜、除、捨、定、念。為什麼叫它「菩提分」？菩提是「覺」，這七項都與無漏慧相應，也就是斷煩惱的意思。

擇法本身就是一種無漏的智慧，必須以四聖諦、四念住為智慧的原則。四聖諦是法，四念住是修行的法，以它為基準來判斷什麼是清淨的、什麼是不清淨的。這是指自己在修行時的心行清淨不清淨、正確不正確，這叫擇法。

有了正確的方法，然後要精進努力，就會得到法喜，也就是「喜覺支」。真正有法喜是智慧現前，但還沒有得到解脫慧之前，就已經有定慧均等的一種功能出現，心裡就會覺得很喜悅。「除」是除去心中的煩惱，當我們還沒有好好修行的時候，自己不知道有煩惱，但當我們真正地修行以後，自己會知道什麼時候有煩惱，微細的煩惱都可以發現，這個時候就要除掉它。然後「捨」，是捨你的境界，捨你已經除煩惱的境界，捨你好像已經沒有煩惱，好像已經得到一些定的工夫的境界，這種種境界要捨，才能安住於定，這個定是定慧均等的定。

最後是「念」，念是常常覺察到自己的心是在昏沉中或浮散中。如果是昏沉，就修擇法、精進、喜；如果是浮散，也就是浮動的話，那就修除、捨、定三項。因此，七覺支其實還是在修四念住，四念住是根本修行方法。

八聖道分，又叫作八正道，包括正見、正思惟、正語、正業、正命、正精進、正念和正定。

「正見」就是以無漏心來觀四聖諦，即如前面所說，三十七道品的基礎就是為了修四聖諦，而「正思惟」則是以無漏心來思惟四聖諦。

「正語」即真實的語言，是以四種妙行——不妄言、不兩舌、不粗惡語、不綺語，來遠離四種口過——妄言、兩舌、惡口、綺語。

「正業」即清淨的身、口、意三業，以身三妙行——利益眾生、廣作布施、淨修梵行，來遠離三類身惡行——殺生、不與取（偷盜）、邪淫（出家眾為不淫欲），使行為清淨合乎正道。

「正命」是什麼呢？命，就是活命、生活，正命是佛弟子的生活方式。正命是對五種邪命而說的，五種邪命是第一顯異惑眾，第二自說功德，第三算命卜卦，第四是大聲顯威儀而讓人家敬畏，第五是說自己有多少人供養，讓人覺得自己很值得供養。

此外，還有四種邪命食，即下口食、仰口食、方口食、維口食。所謂下口食，是以種植田園、和合湯藥來謀生。仰口食是靠觀察天象的數術之學來謀生，以現在來講，就是天文學家。方口食，是靠奉承阿諛、巧言令色來謀利維持自己的生活。維口食，是用算命、咒術，或看風水、卜卦等來維持生活。這四種邪命食，以現在社會來講，前面兩種不能算是邪命，那為什麼當時的印度要把這農夫、藥師及觀天文天象的人稱為邪命呢？這不是說有什麼罪過，而是因為當時的出家人應該以托缽維生，不應以其他方式來謀生，因此八正道，特別是正命這一部分，是對出家人說的。希望修成解脫道，所以必須要出家，出家人就不應該有邪命食。

總之，邪命主要是在於希望求得名聞利養，名聞利養是生死業，必須要修正。我們一般在家居士，所從事的行業不能與解脫道相違背，譬如屠宰、釀酒，或經營特種行業等，凡違背了殺、盜、淫、妄、酒五戒的都是邪命。

「正精進」就是精進地修寂滅道，要精進地努力修行四聖諦之中的滅道。「正念」是以無漏的慧，念念念於三十七道品，這叫作正道，此外還要修六度，這是助道。念念念於正、助兩種道，正道可以得解脫，助道能夠成佛。

最後是「正定」，定有四禪八定，可是這裡的正定，是以無漏慧而修的無漏定，是指滅受想定。也就是四禪八定的上面，還有一種定，叫作滅受想定，也就是解脫定，也就是阿羅漢的定。

除了三十七道品以外，還有「如是等法」，譬如四攝六度，這是大乘菩薩道，十力、四無畏，這是佛道，是佛所行的，而這些都是由那些鳥兒宣說的。

生到極樂世界的眾生聽到這些法音，自然而然都會念佛、念法、念僧，念的都是三寶了。

舍利弗，汝勿謂此鳥實是罪報所生，所以者何？彼佛國土無三惡道。舍利弗，其佛國土尚無惡道之名，何況有實。是諸眾鳥，皆是阿彌陀佛欲令法音宣流，變化所作。

以上那些說法的鳥和我們人間看到的畜生是不一樣的，人間的畜生是三惡道之一，可是在佛國淨土，連三惡道的名稱都沒有，當然這些鳥也不可能是三惡道的眾生。他們都是阿彌陀佛的願力變化、神通變化而來。其實阿彌陀佛整個極樂世界都是他的願力所成，也都是阿彌陀佛變化所現，所以在那裡看到的一切動物都是佛的化身說法。

舍利弗，彼佛國土，微風吹動諸寶行樹及寶羅網，出微妙音，譬如百千種樂同時俱作，聞是音者，自然皆生念佛、念法、念僧之心。舍利弗，其佛國土成就如是功德莊嚴。

極樂世界不僅動物會說法，植物也會。極樂世界有七重行樹，都是金、銀、琉璃、玻璃等四寶所成。這些樹木，有枝、有葉、有果、有花，那些鳥就是在這樹上說法。除了樹上的鳥在說法外，樹木本身也會說法。如何說法呢？風一吹，四寶或七寶所成的枝葉、葉片，彼此就會接觸磨擦，撞擊出的聲音就好像音樂一樣美妙，不像我們現在只能聽到呼呼的風聲。

另外，那些寶網，實際上就是網狀的瓔珞，鋪天蓋地地瀰漫在空中，全部都是瓔珞。樹與樹之間是瓔珞，樹枝與樹枝之間又有瓔珞，再加上空中的瓔珞，這些網彼此互相交錯，而中間又有各種各樣的寶。那些七寶被風吹動以後，也會發出聲音，這有一點像打擊樂器，但那是風吹動以後，自然而然奏出的音樂。處處都是音樂，我們聽了這些音樂以後，自然而然會生起念佛、念法、念僧之心。

念佛，是念佛的相好、佛的功德、佛的名號；通常我們持佛名號時，是用口念，但是心裡要想到佛的功德、佛的相好。念法，心裡想著佛所說的法，包括三十七道品、四聖諦、六波羅蜜、四攝、六度萬行。僧，有聖僧、賢僧，還有凡夫僧，在那裡念的都是聖僧，也就是西方極樂世界的諸上善人，包括聲聞眾、菩薩眾；念僧就是心中念著他們的功德、他們的相好、他們的名號。

(三)極樂世界的正報莊嚴

舍利弗，於汝意云何？彼佛何故號阿彌陀。舍利弗，彼佛光明無量，照十方國，無所障礙，是故號為阿彌陀。又舍利弗，彼佛壽命，及其人民，無量無邊阿僧祇劫，故名阿彌陀。舍利弗，阿彌陀佛成佛已來，於今十劫。

接下來開始講極樂世界的正報莊嚴，正報是指極樂世界裡的眾生與佛。在娑婆世界裡，我們這個身體是正報，我們住的地球是依報，我們莊嚴嗎？這要看是由誰來看，或是怎樣看了。以菩提心看這個世界，世界就是我們的道場。在娑婆世界，我們能夠受苦受難，就是修忍辱行；這個世界有很多人希望我們幫助，就是修布施行；這個世界有很多的罪惡，所以我們要持戒；這都是修波羅蜜。如果沒有娑婆世界，就沒有機會修行了，能這樣看，這個世界就是我們的道場，叫作凡聖同居土。我們住在這個世界就在度眾生，眾生也在度我們。

1. 佛

極樂世界是由阿彌陀佛，也就是極樂世界教主的願力所成的。阿彌陀是無量壽、無量光的意思，因為這尊佛的光明無量，能夠遍照十方國土，沒有一點障礙，而且他的壽命是無量的，生在極樂世界的人民也是壽命無量的，所以叫作阿彌陀。其實阿彌陀有很多意思，但這裡我們只舉出無量光和無量壽兩種。

（1）無量光

佛的光明是慈悲、智慧，他放慈悲光、智慧光，都是為了利益眾生。因為平等度眾生，所以他的慈悲光是無一處的眾生不照，只要眾生有眼睛，就可以看到、感受到。但多數眾生的眼睛是瞎的，就是沒有善根，也沒有人告訴他們。或許他們也從來不相信有阿彌陀佛的光，所以即使阿彌陀佛的慈光照了他們，也不知道。就好像一出生就看不見的人，因為從來沒有見過光，即使有陽光、燈光，也不知道那是光。

佛的慈悲、智慧無限，所以是無量光。不要將它想像成太陽光或燈光，佛像上的頭光、背光或身光，也都只是一種象徵。如果我們有信心，當真正接觸到佛時，就能體會佛與我們凡人之間的差別，以及佛光是什麼。

簡單來說，光的意思是「影響力」。好的影響力是白色白光、黃色黃光、赤色赤光、青色青光，壞影響力則是黑色黑光。黑色不僅不能放光，還會專門吸光。每一個人只要存好心，就是一個放光的人；只要用好心待人，就能讓他人沾光。我們不是就經常以「沾光」來形容從他人那裡得到光彩或利益嗎？

(2) 無量壽

無量壽指的是阿彌陀佛的報身。佛有三身：化身、報身及法身。化身，就像我們的色身，生在印度的釋迦牟尼佛的肉身就是化身，這個生命是有生有滅的，是為了應化某個地方而出現，等任務結束後就離開了，所以是有始有終。佛的報身是功德的身，是有始而無終的，因為成佛以後，永遠不會消失。佛的法身則是無始無終的，我們自己也有法身，但是因為愚癡、煩惱重，所以看不到。

阿彌陀佛的壽命無盡期，極樂世界人民的壽命也是無盡期，那裡的人民都是往生極樂世界以後的諸上善人及蓮花化生的人。蓮花化生的身體實際上就是報身，所以有始無終，不會消失。他們已經出離分段生死，所以一到了西方極樂世界，就不會再有身體的死亡，不會說到了極樂世界以後，因為沒有念佛，蓮花就會枯萎，然後就不見了。其實在西方極樂世界，也不可能不念佛，極樂世界的正報、依報隨時隨地都在念佛、念法、念僧，不可能不精進。所以只有蓮品高升，不可能有機會向下沉淪，因此人民也是無量壽。所以，如果大家要求長壽，這是最好的一個辦法。

阿彌陀佛成佛已經十大劫了，但以無量無數恆河沙劫來看，十劫的時間很短，因此阿彌陀佛的極樂世界在十方一切諸佛國土之中，算是一個新形成的佛國淨土，它的壽命還有很長很長。

2. 阿羅漢、菩薩

> 又舍利弗，彼佛有無量無邊聲聞弟子，皆阿羅漢，非是算數之所能知，諸菩薩眾亦復如是。舍利弗，彼佛國土成就如是功德莊嚴。

那裡的聲聞弟子都是阿羅漢。

聲聞是指用耳朵聽佛說四聖諦、三十七道品等，而見性開悟的人。一共有四個等級：初果、二果、三果、四果，四果是阿羅漢。

通常中品上生的人到了極樂世界，很快就能證阿羅漢，中品中生必須經過一段時間，才能從初果開始證到四果阿羅漢果，中品下生則需要更長的時間。為什麼中品眾生都是聲聞？因為他們在世時，聽的就是聲聞法、修的就是聲聞道，雖然還沒有發無上菩提心，可是已經修四聖諦、三十七道品等解脫道，只是還沒有證初果。這種人念阿彌陀佛求生西方以後，即可以生中品，然後變成聲聞，變成阿羅漢。

也有一類的聲聞弟子，他們在人間雖也修聲聞法，可是最後迴小向大、往生極樂世界，這時是生方便有餘土。他們內心雖然已經發了無上菩提心，可是為了眾生，還是現阿羅漢相、聲聞相，這也是在極樂世界大乘佛法的環境之下還有小乘的原因。其實這些小乘人在人間時都不是定性的二乘，定性二乘入了無餘依涅槃，就永遠與世間的眾生絕緣，不會生極樂世界。非定性的二乘最後才可以生極樂世界，而在極樂世界現聲聞相，但是他們已經發了無上菩提心的願，終究會成為大菩薩。

既然三輩九品極樂世界的人都還沒有變成阿羅漢，也沒有變成大菩薩，為什麼這裡卻講阿彌陀佛的世界都是大阿羅漢、大菩薩呢？這是指方便有餘土及實報莊嚴土。凡聖同居土裡既然有凡夫，那他的弟子就不完全是阿羅漢了。

最後佛說「舍利弗，彼佛國土成就如是功德莊嚴」，這莊嚴就是剛才講的佛、聲聞弟子、菩薩眾，這是正報莊嚴。

3. 眾生

又舍利弗，極樂國土眾生生者，皆是阿鞞跋致，其中多有一生補處。其數甚多，非是算數所能知之，但可以無量無邊阿僧祇說。舍利弗，眾生聞者，應當發願，願生彼國。所以者何？得與如是諸上善人俱會一處。

說完佛、阿羅漢、菩薩之後，再說往生到極樂世界的眾生。那裡的眾生都已經得到「阿鞞跋致」。阿鞞跋致（avinivartanīya）是梵文，中文翻譯為「不退轉」，從經文後面來看，應該是指不退轉阿耨多羅三藐三菩提心，就是無上菩提心不會退轉了。

不退轉有三種，第一位不退、第二行不退、第三念不退。所謂「位不退」是已由凡夫進入聖人的階位，雖然我們去的時候，還是凡夫，即使是上品上生也是凡夫，可是到了那裡見佛聞法之後，就能夠心開意解，有的很快就能夠超凡入聖，得位不退。「行不退」是指發無上菩提心，經常度一切眾生，永遠不會再退回去做小乘人了。「念不退」是指每一個念頭都跟一切智相應。一切智就是佛智（佛的智慧），斷除一切煩惱的智慧，又叫作薩婆若（sarvajña），或薩云然。當所有的煩惱都斷盡時，一切智就出現了，從此以後，念念和一切智相應。

到了那裡的眾生，至少一定是位不退，然後行不退、念不退。所以不會再從聖人變成凡夫，以後要倒駕慈航，現凡夫相度眾生。我們只知道極樂世界有觀世音菩薩、大勢至菩薩，其實還有很多眾生就像觀世音菩薩一樣是一生補處的菩薩，有無量無數，非是算數所能知之，只能夠用無量無邊的阿僧祇來形容。因此，所有的眾生，聽到了這一部《阿彌陀經》，都應該要發願往生西方極樂世界，因為能夠與這麼多的「上善人」俱會一處。

什麼是上善人？上善人是一生補處位的菩薩，已經得解脫的阿羅漢本只是善人，但因他們實際上也是菩薩，是菩薩顯現，所以說「諸上善人」。

在極樂世界是與上善人在一起，在人間我們卻經常與阿修羅在一起。譬如夫妻，愛時愛得要死，恨時又恨得要命，愛恨糾纏不清。我們信了佛、念了佛之後，就要把家人當做菩薩、當做同修伴侶來看，這樣在家不也是與諸上善人相處了嗎？有人說：「他像牛頭馬面，哪裡像諸上善人？」你應該要這樣想：「雖然他長得像牛頭馬面，但他是諸上善人化身牛頭馬面來度我的，讓我修忍辱行、讓我發菩提心，我要感恩他。」這樣就沒有問題了。所以，我們要謙虛，要把他人當成諸上善人般恭敬。

(四)往生的條件

舍利弗，不可以少善根福德因緣，得生彼國。

什麼是善根？什麼是福德？根據蓮池大師的說法，凡是念佛念得少的人就是少善根、少福德。因為不念佛，所以善根不夠；不念佛，所以福德也不夠。

可是根據蕅益大師的說法，善根是修三十七道品，福德是布施、持戒、忍辱等；三十七道品是正道，福德就是助道的因緣。正、助二道加起來就是淨土資糧，如果所有一切善行我們都做了的話，就能因此因緣而往生極樂世界。

(五)修行方法

舍利弗，若有善男子、善女人，聞說阿彌陀佛，執持名號，若一日、若二日、若三日、若四日、若五日、若六日、若七日，一心不亂，其人臨命終時，阿彌陀佛與諸聖眾，現在其前，是人終時，心不顛倒，即得往生阿彌陀佛極樂國土。舍利弗，我見是利，故說此言，若有眾生聞是說者，應當發願生彼國土。

這一段很重要，指出一個非常簡單的修行方法，就是持名念佛。我們既然接觸了《阿彌陀經》，就一定要相信自己已經有善根、有福德；如果善根、福德不是那麼深厚，就要繼續努力增長，同時要一向專念念阿彌陀佛。

為什麼有的人念佛只要一天，有的人則要兩天、三天，甚至有的要七天才能成就？這與他的善根福德有關。善根福德深厚的人念一天就能一心不亂，善根差一點的念二天到六天，最差的七天也一定要完成了。蓮池大師曾經講過，如果能真正精進念佛，七天之中應該可以得一心不亂，即使不能得理一心不亂，也一定能得事一心不亂。

我們就是因為信心不足、願心不強、毅力不夠，所以念一念就打妄想，念一念就打瞌睡，念一念就說：「好累呀！等一下再念好了，我先休息一下，反正他們還在念，我用聽的好了，而且念佛就是要用心念，我用心念就可以了。」結果妄念紛飛，實際上就是善根福德不夠的關係。

一定要相信念佛是最好的方法，也一定要有信心，相信自己能夠修成功。一生能修成一次一心不亂，以後再修就很容易。能夠事一心不亂，就決定往生西方極樂世界，何況是得理一心不亂？理一心不亂是生方便有餘土或實報莊嚴土，事一心不亂則是上品上生，生凡聖同居土。因為事一心不亂還是凡夫，沒有斷煩惱。

如果在世時，功德做得少、念佛念得不夠，還有機會到下品。要到中品並不容易，因為中品必須要修三十七道品，還必須有善根福德因緣。

除了一至七日念佛，可以往生極樂世界，《無量壽經》和《觀無量壽經》還說到另外的方便法門，就是臨終十念。《無量壽經》四十八願願文甚至說，只要有眾生聽到阿彌陀佛的名號，就可以往生極樂世界，而《法華經》也說：「一稱南無佛，皆已成佛道。」而且不管是稱哪一尊佛，都必定成佛。所以，臨命終時能夠自己念佛當然很好，如果不能，只要有人告訴他阿彌陀佛極樂世界的依正莊嚴，只要他聽到了阿彌陀佛的佛號，也一定可以往生。

此外，雖然根據《無量壽經》四十八願的第十八願：「設我得佛，十方眾生，至心信樂，欲生我國，乃至十念，若不生者，不取正覺。唯除五逆，誹謗正法。」可是在《觀無量壽經》裡又說，就是十惡、五逆，只要稱名念佛，只要願意在生前學佛、念佛，就可以往生西方極樂世界。所以，西方極樂世界的門開得好大，各種根器的人都能去，只是開悟或是見佛的遲早而已。

只要能到極樂世界，將來一定可以得到不退轉，但是最好在臨命終時能心沒有顛倒。所謂顛倒是四顛倒，即常、樂、我、淨；以無常為常、以苦為樂、以無我為我、以不淨為淨。具體來說，就是對於財產、兒女、眷屬、名利、事業等，種種所擁有的東西會捨不這些東西都是自己一生的心血，但人一死，什麼都沒有了。所以有人覺得「好死不如歹活」，活著，至少東西還是自己的。

人們捨不得的事情太多了，捨不得三妻四妾，捨不得兒孫滿堂，捨不得金錢財富，這就是顛倒。有的人臨死時，還把支票簿或圖章抓得緊緊的，捨不得給兒孫，捨不得給親戚、朋友，又非給不可，十分痛苦。所以，臨命終時一定要專心一意地求生西方極樂世界，要以至誠心、深心、迴向發願心念佛，要一向專念念阿彌陀佛，願阿彌陀佛來接引，否則會捨不得走。

有些人，生前沒有做布施、沒有修功德，也沒有持戒、供養，也沒有替他人或自己做好事，即使做了，也沒有盡心盡力，只是敷衍了事，這種人臨命終時，可能不會想念佛，也想不到要念佛，因為念佛等於要死了，他捨不得把擁有的東西放下。所以，我們看到很多人病得非常重，勸他念阿彌陀佛，但是他們不願意念，說：「我不要念阿彌陀佛，我要念藥師佛，我要消災延壽，我不要到西方去。我不想死，我想活！」這真是顛倒。

壽命有一定的限度，輪到要死的時候就是要死，不是死的時候，你想死也死不了。念阿彌陀佛比藥師佛還好，阿彌陀佛是無量壽，到了西方極樂世界，壽命是無量的，為什麼捨不得？這是顛倒。

三、流通分

接下來進入流通分，流通分又分成勸歎與勸願。

(一)勸歎

勸歎是告訴大家，除了釋迦牟尼佛外，還有十方世界所有諸佛都在讚歎阿彌陀佛，經中分別舉出了東西南北上下六方的佛。

1. 阿彌陀佛之不可思議功德

舍利弗，如我今者讚歎阿彌陀佛不可思議功德之利。

阿彌陀佛的不可思議功德，根據蕅益大師的說法，有兩層意思：一個是指它的功能，一個是說，只要我們念阿彌陀佛，就等於與阿彌陀佛在一起。

第一層，阿彌陀佛的功能有五項，第一橫超三界。通常修難行道一定要從四聖諦、四念處、三十七道品慢慢地斷煩惱，才能出三界，也就是說，要一界一界地出離，就像一根竹竿，是一節一節地破到頂，這叫作豎出三界。但是淨土法門不需要一節一節地往上破，而是直接從旁邊打一個洞就出去了，因此叫作橫超三界。

第二橫具四土，意思是西方極樂世界含有四種淨土，不是說到了一個淨土以後再換一個淨土。譬如修難行道的聲聞法，如果修到了第三果還沒有出三界，往生時要先到色界的五淨居天。但是過了三果而到四果時，就要進入另外一個土，即方便有餘土或實報莊嚴土，因為淨居天還是在凡聖同居土。

第三持名念佛，不需要再從不淨觀、數息觀等五停心觀開始，也不需要觀身不淨、觀受是苦、觀心無常、觀法無我，不需要再這麼辛辛苦苦地觀。很多人要觀都觀不成，但念佛一下子就能得念佛三昧，實在太不可思議了。

第四是只要七天就一定可以往生，不需要再修三大阿僧祇劫，三生六十劫或四生一百劫。修二乘的聖人七天一心不亂，如果是理一心不亂，就已經出三界了。得理一心不亂，就是見法性、見法性身，已經可以見實報莊嚴土。

第五是只要念一尊阿彌陀佛的名號，就可以得到無量無數十方諸佛加持、護念；念一佛等於念到了無量佛，這功德有多大。

第二層，持名念佛時，只要心與佛的願相應，如《觀無量壽經》裡說的「是心是佛，是心作佛」，你的心就具足阿彌陀佛的一切福德莊嚴。

在密教有所謂的本尊法，即修某一種本尊的法而得成就，譬如有人修文殊法得成就，有的人則是修彌勒法、觀音法或彌陀法得成就。所謂得成就就是與本尊相應，能與本尊相應，自己的功德就與本尊相同。本尊的功德就是自己的功德，自己雖然還是普通的凡夫，可是這條橋梁已經接通，你的功德跟他的功德是相通的，這就是所謂不可思議。

你們念一句阿彌陀佛，阿彌陀佛所有一切功德你都具足。這不稀奇，據《華嚴經・如來出現品》，釋迦牟尼佛成佛時即說：「無一眾生，而不具有如來智慧。」所有一切眾生都具備如來的智慧德相，接著他又講：「但以妄想顛倒執著，而不證得。」可惜這些眾生因為妄想執著，而不知道自己具備了如來的智慧德相。

(2)六方諸佛同聲讚歎

下面舉出六方諸佛來讚歎阿彌陀佛的不可思議功德：

東方亦有阿閦鞞佛、須彌相佛、大須彌佛、須彌光佛、妙音佛，如是等恆河沙數諸佛，各於其國出廣長舌相，遍覆三千大千世界，說誠實言。汝等眾生，當信是稱讚不可思議功德，一切諸佛所護念經。

首先是東方，這裡只舉出五尊佛的名字為代表，其中阿閦鞞佛，實際上就是阿閦佛，他的梵文是「Akshobhya」，是不動、無動的意思。雖然只舉五尊，實際上有恆河沙數那麼多。

恆河沙好細好細，細得像麵粉一樣，一把就數不清了，何況一條恆河有好幾千公里長。每一粒沙就等於一尊佛，所以是無量無數的佛。一想到有這麼多的佛，就很高興，因為隨便亂闖，都是闖到佛的懷抱裡。

這麼多、無法數得清的佛，各自在自己的佛國淨土裡出廣長舌相，很誠懇地勸歎每一位眾生，都應當相信而且稱讚這《阿彌陀經》的不可思議功德，因為一切諸佛都在讚歎它、護念它，所以又叫作「一切諸佛所護念經」。

廣長舌相是佛三十二相中的一相，但是不一定要成佛以後才有。其實三十二相即轉輪王相，轉輪王是凡夫，因為福德修得很大，所以他的身體、相貌也具備了三十二種大人相，這就是福德相。我們普通人能夠有三十二相中的一種，就會大富大貴。

佛是真語者、實語者、不誑語者、不綺語者，如果你能三世不說妄語，也能像佛一樣有廣長舌相。什麼是廣長舌相？所謂「自覆其面」，是指舌頭能將整個臉蓋起來。但這只是形容。一尊佛的教化範圍是一個三千大千世界，這遍覆三千大千世界說法的佛是圓滿報身佛，所以他只要一講話，三千大千世界全部都能聽到，說法的力量就能普及到三千大千世界，並不是說他的舌頭一伸起來，就真的把三千大千世界覆蓋起來了。

舍利弗，南方世界有日月燈佛、名聞光佛、大燄肩佛、須彌燈佛、無量精進佛，如是等恆河沙數諸佛，各於其國出廣長舌相，遍覆三千大千世界，說誠實言。汝等眾生，當信是稱讚不可思議功德，一切諸佛所護念經。

接著是講南方，同樣也是以五尊佛為代表，其他還有恆河沙數的諸佛，也在自己的國土向一切眾生讚歎這部《阿彌陀經》。

舍利弗，西方世界有無量壽佛、無量相佛、無量幢佛、大光佛、大明佛、寶相佛、淨光佛，如是等恆河沙數諸佛，各於其國出廣長舌相，遍覆三千大千世界說誠實言。汝等眾生，當信是稱讚不可思議功德，一切諸佛所護念經。

西方則舉了七尊佛，因為阿彌陀佛就在西方，知道的佛號比較多一些。這裡提到三個無量：無量壽、無量相和無量幢，從《無量壽經》可知，無量壽佛其實就是阿彌陀佛。其實每一尊佛都是無量壽、無量相和無量幢，只是這些佛特別用這些名稱當作名字。而大光佛、大明佛實際也是無量光佛的意思。

西方究竟有多少佛？我們只知道西方極樂世界有阿彌陀佛，除了阿彌陀佛以外，其他世界還有很多與阿彌陀佛類似名稱的佛，這些佛也像恆河沙那麼多，都在他們的世界裡讚歎這部《阿彌陀經》，希望他們世界裡的眾生也都來讚歎這不可思議功德。

這些佛向他們的眾生讚歎《阿彌陀經》的目的是什麼？在《藥師經》裡，藥師佛也讚歎、勸勉眾生往生西方極樂世界，可見得一切諸佛都在勸勉大家往生西方極樂世界去。

有的人擔心，如果十方世界的眾生全部都到了西方極樂世界，極樂世界不是人口膨脹了嗎？而其他佛國淨土不是沒有人了嗎？其實到西方極樂世界根本不需要占空間位置，你有你的福德，他有他的福德，不會彼此侵占。有句話說：「於一毫端現寶王剎，坐微塵裡轉大法輪。」毫端或微塵是那麼細小，十方諸佛怎能在那麼一點點大的地方轉大法輪？因為諸佛是不占空間的，只有凡夫才老是用時間與空間來衡量。到了西方極樂世界，如果已經得大解脫，就不占空間，是無相、是實相。

舍利弗，北方世界有燄肩佛、最勝音佛、難沮佛、日生佛、網明佛，如是等恆河沙數諸佛，各於其國出廣長舌相，遍覆三千大千世界，說誠實言。汝等眾生，當信是稱讚不可思議功德，一切諸佛所護念經。

接下來是北方世界，同樣也有無量無數的佛在稱讚這部《阿彌陀經》。

舍利弗，下方世界有師子佛、名聞佛、名光佛、達摩佛、法幢佛、持法佛，如是等恆河沙數諸佛，各於其國出廣長舌相，遍覆三千大千世界，說誠實言。汝等眾生，當信是稱讚不可思議功德，一切諸佛所護念經。

下方世界也是一樣；但當中有一個達摩佛，達摩在漢文就是佛法的「法」。

舍利弗，上方世界有梵音佛、宿王佛、香上佛、香光佛、大燄肩佛、雜色寶華嚴身佛、娑羅樹王佛、寶華德佛、見一切義佛、如須彌山佛，如是等恆河沙數諸佛，各於其國出廣長舌相，遍覆三千大千世界，說誠實言。汝等眾生，當信是稱讚不可思議功德，一切諸佛所護念經。

這裡用了十尊佛來代表，為什麼用這些佛？並不清楚。釋迦牟尼佛在許多經典也介紹了很多佛的名稱，譬如《三千佛名經》，還有〈懺悔文〉裡的八十八佛。八十八佛其實是結合了《觀藥王藥上二菩薩經》的五十三佛及《大寶積經》卷九十八優婆夷會的三十五佛。這些佛名比較常見，大家比較熟悉，所以把它提出來，其他很少有人知道的名稱，就不列舉了。

總之，釋迦牟尼佛說法的時候，六方諸佛都在讚歎，其實現在六方諸佛也還在讚歎。

3. 諸佛所護念

舍利弗，於汝意云何，何故名為一切諸佛所護念經？舍利弗，若有善男子、善女人，聞是經受持者，及聞諸佛名者，是諸善男子、善女人，皆為一切諸佛之所護念，皆得不退轉於阿耨多羅三藐三菩提。

在這一段，即說明了本經為什麼又稱「一切諸佛所護念經」的原因。因為諸位善男子、善女人，也就是修行佛法的男眾和女眾，不論出家、在家，只要聽到了這一部經，並且受持它，甚至於只是聽到了這部經提出來的諸佛名字，都會受到一切諸佛的護念。

所謂「聽」，是聽到他人念、聽到他人講；「受持」，則是一方面持續讀誦，一方面照著去實踐。如此，一切諸佛都會護念我們。而一切諸佛是指上面所說的六方諸佛，雖說六方，其實是十方諸佛。

「護」是護持、愛護，「念」是繫念、念念不忘。護念就像是母親對自己孩子的一種情懷，所謂「如母憶子」，就好像母親心上常常念著不在身邊的孩子一樣。所以，保護、愛護、護持，而隨時隨地都在憶念著、繫念著，就是護念。

我們多幸福、多幸運啊！只要聽到《阿彌陀經》、一句阿彌陀佛，或誦念《阿彌陀經》，就受到一切諸佛的照顧。常有人怨嘆：「我好可憐，都沒有人關心我。」一切諸佛都在護念我們，有什麼好可憐的呢？當所有人都不管你的時候，你說：「我還有一切諸佛在護念。」你看多安全、多幸運，不僅僅是護念，而且一定能到西方極樂世界，然後得無上菩提心，不再退轉。

是故舍利弗，汝等皆當信受我語，及諸佛所說。

這兩句是把上面做了一個結語：這部經這麼好，你們一定要相信我釋迦牟尼佛所說的話，也要相信六方諸佛所說的話。

(二)勸願

正宗分所講的，目的都是要我們起信，相信有阿彌陀佛極樂國土的依正莊嚴。所謂「依」就是國土的環境，「正」是國土中的佛菩薩及聖眾。進入流通分之後，首先「勸歎」，是在讚歎阿彌陀佛願力所成的西方極樂世界，是多麼的殊勝，因為希望大家都能夠往生，所以接下來就要勸大家發願，發願往生西方極樂世界，此即流通分的第二部分──「勸願」。

1. 應當發願往生

修行淨土法門最重要的就是信願行，聽完上面所說的以後，一定要生起信心，有了信心就要發願，發願往生極樂世界。現在我們也在修行了，但修行也還要持續地發願。發願不是發一次，而是時時在發願、念念在發願，念念念彌陀、念念願生彌陀的極樂世界。

舍利弗，若有人已發願、今發願、當發願，欲生阿彌陀佛國者，是諸人等，皆得不退轉於阿耨多羅三藐三菩提。於彼國土，若已生、若今生、若當生，是故舍利弗，諸善男子、善女人，若有信者，應當發願生彼國土。

這裡是強調信和願。他說，如果諸位已經發願，或正在發願、準備發願，發願欲生阿彌陀佛的極樂國土，不管是誰，只要一發願，都能夠得到阿耨多羅三藐三菩提心而不退轉。

菩提，一個是菩提心，一個是菩提果。菩提心就是要發成佛的願、發廣大的慈悲心願，願度一切眾生，也就是〈四弘誓願〉裡的第一願——眾生無邊誓願度，這就是發菩提心、發無上菩提的願心。但此時還沒有得到不退，要得不退，一定要到行不退。

三不退中的位不退，是再也不退到凡夫的六道，特別是不退入三惡道；行不退是不退無生法忍，也就是從此再不退入於小乘法；念不退則是不退轉無上菩提的果位。位不退、行不退是因位的不退，到念不退時已經是果位的不退，就是果不退。

這裡說，皆得不退轉於阿耨多羅三藐三菩提，實際上含有三種不退，第一種不退之後，還要繼續發願，到第二不退後，還要繼續發願，一直到最後念不退，就是阿耨多羅三藐三菩提。阿耨多羅是無上的意思，三藐三菩提是正遍知覺、正等正覺，或者就叫作正覺。

如果無上菩提的位和無上菩提果能夠不退轉，這不簡單，但是也並非達不到。對我們凡夫來講好像不容易，可是修彌陀法門，只要發願，不管是已發了願、正在發願，或等一下發願、以後發願，都能往生西方極樂國土，而得不退轉。

四十八願裡也提到，只要發願就能往生，這比要念到一心不亂才能往生，又更寬了一點。但也不要想占便宜，能夠念的時候、能夠修功德的時候，還是要先做。

「於彼國土，若已生、若今生、若當生」，已生西方極樂世界、現在正在生西方極樂世界，或未來會生西方極樂世界的人，都是因為發願的關係。而「是故舍利佛，諸善男子、善女人，若有信者，應當發願生彼國土」這幾句話，主要是要我們發願，願生西方極樂世界。

《無量壽經》說，要往生極樂世界，上品要出家、發無上菩提心、要修一切功德、要一向專念念阿彌陀佛；中品除了不需出家外，其餘條件都要做到；而下品至少要念阿彌陀佛念到一心不亂，還有修一切功德。無論哪一品都要念佛，發願求生淨土，這與《觀無量壽經》相同，九品都需要念佛。但在《無量壽經》四十八願的十九願又說：「設我得佛，十方眾生，發菩提心，修諸功德，至心發願，欲生我國，臨壽終時，假令不與大眾圍遶現其人前者，不取正覺。」只要發願就能往生西方極樂世界，這又與《阿彌陀經》呼應。

2.希有難信之法門

舍利弗，如我今者稱讚諸佛不可思議功德，彼諸佛等，亦稱讚我不可思議功德，而作是言：釋迦牟尼佛能為甚難希有之事，能於娑婆國土、五濁惡世，劫濁、見濁、煩惱濁、眾生濁、命濁中，得阿耨多羅三藐三菩提，為諸眾生，說是一切世間難信之法。

這一段是說，不僅是諸佛讚歎西方極樂世界的阿彌陀佛，而像我釋迦牟尼佛，在娑婆世界為娑婆世界眾生介紹阿彌陀佛的淨土法門，也同樣受到諸佛的讚歎。

因為淨土法門是這麼簡單，反而很不容易讓人相信，但是釋迦牟尼佛還是苦口婆心，不斷地介紹阿彌陀佛。在大乘經典中，除淨土三經外，提到阿彌陀佛的就有兩百七十多部。沒有任何一種法門、一尊佛、一尊菩薩，像阿彌陀佛一樣占有那麼大的分量和篇幅。可見釋迦牟尼佛是多麼不厭其煩，一次又一次地讚歎、介紹阿彌陀佛。

《阿彌陀經》看起來很容易懂，也很容易修，但是對於傲慢的眾生，尤其是自認為有修行的眾生，特別難以相信，這種人在《法華經》裡叫增上慢。他們認為這可能違背因果，自己沒有修行，怎麼能仗佛的願力而到西方極樂世界去呢？但它是有道理的，並沒有違背因果。多數眾生是先受報，然後得解脫，淨土法門則是先解脫，然後再度眾生、受報。雖然也會受報，但受報時已經得解脫，不會感到痛苦。所以那已經不叫報了，而是度眾生的慈悲心。

佛法不論是哪一宗、哪一派，都相信罪由心造、苦由心受。如果心得解脫，首先就不再造業，而且也不再受苦了。所以，人說苦海無邊、苦海無邊，指的其實是心苦。譬如我已經很老了，的確，老本身就是苦，所以叫作老苦。老得不甘願，老得很無奈，當然很苦。人老了，漸漸覺得力不從心、不能自在，年輕人能做的，自己已經做不到了，還嫌我們嘮叨、糊塗，自己好像變成一個廢物、累贅、障礙，如果覺得不甘願，那就很苦。可是我說：廢物利用，資源回收，化腐朽為神奇。把廢物、垃圾好好地改變一下，重新再好好利用，它就是寶物，就是七寶。所以，我這老和尚也變成寶。這樣就不苦了。

此外，還有病苦，其實病是「病痛」而不是病苦。因病得不甘願、病得很無奈，所以是病苦。如果生病時，你說：「既然要病，我有什麼辦法？反正是它在病，又不是我在病，病就交給醫生，命就交給諸佛菩薩吧！」自己根本沒有事，還有什麼可苦的呢？心的觀念一轉變，感受就轉變了。

雖然淨土法門是這樣不容易被接受，但釋迦牟尼佛還是在這娑婆世界、五濁惡世裡，不厭其煩地解說，這也是諸佛菩薩讚歎的原因。什麼是娑婆國土？娑婆是堪忍苦，意指在娑婆世界的眾生以苦為樂，老是追求快樂，所得到的結果好像是快樂，但終究還是苦。苦有生、老、病、死、求不得、怨憎會、愛別離、五蘊熾盛等八苦，還有苦苦、壞苦、行苦，這是從本質上來看。從現象看，有苦有樂，但是從本質來看，全部都是苦，這叫作娑婆世界。

全部都是苦，但大家還是想再來。做了一生夫妻還不夠，吵架吵了一輩子，還希望七世做夫妻、生生世世結連理、生同羅帳死同穴。明明已經很苦了，但還是想要，這叫作堪忍苦，叫娑婆世界。

五濁惡世，這個惡是下劣、低劣，是指這世間是很不好的世界。為什麼？因為有五濁：劫濁、見濁、煩惱濁、眾生濁、命濁。

成、住、壞、空四劫中，空劫沒有眾生，壞劫已經壞了，成劫才剛剛開始，所以也沒有眾生，只有住劫才有眾生。眾生在這個世界都是以污染心行煩惱事，造種種的惡業，就是十惡五逆。要十善清淨不簡單，每個人多多少少都違犯過。因為這是造業的一個劫、一個時段，所以叫作劫濁。

見濁是知見、觀念邪惡、不正確，是指十使之中的五利使。五利使是身見、邊見、見取見、戒禁取見、邪見。這五種見包括起來，實際上就是兩種極端，一種是常見，一種是斷見。常見是不信因緣，斷見是不信因果。「因果」有的人信，但是是邪因邪果。「因緣」有的人信，但信的是惡因緣。住在我們這個世界的人，除了真正如法修行的學佛人外，大部分都是用這五種見來面對所有的人、事、物。雖然我們聽聞佛法後，明白身見、邊見等都是見濁，但輪到自己的時候，還是經常用世間的觀點來看。

所謂世間人的觀點是顛倒見，而我們習慣的就是顛倒見。有一次，我的早期出家弟子們彼此爭執不下，我說：「出家人怎麼會這樣說話呢？」他們回我說：「師父！出家人也是人。」但是他們沒有想到，出家人是出家人，本來就不同於一般人。所謂「白馬非馬」，所有的馬都是馬沒有錯，但白馬是馬之中的白馬，和其他馬還是有差別。但是我的弟子們還是弄不清楚，常常爭得臉紅脖子粗，非要弄出一個水落石出、誰是誰非。

在家人雖然學了佛，但真正遇到狀況時，可能跟我的出家弟子差不多，甚至更糟糕。因為出家弟子聽完我的話後，至少還會反省一下，畢竟已經出家了。在家人可能會說：「反正我是在家人。」

煩惱濁是十使之中的五鈍使，就是貪、瞋、癡、慢、疑，「使」實際上就是煩惱的意思。它使得你造業，使得你沉淪，使得你身陷苦海裡，因為眾生都有煩惱，所以叫作煩惱濁。五利使是只要知見一改變，馬上就能斷。可是要斷五鈍使很不容易，必須要修戒、定、慧，或者念佛往生西方極樂世界。

眾生濁，這個世界上的眾生一共有六道，不管哪一道，都是以業報生到這個世界上來的，因此本性都是污染的，有自我中心、有煩惱心，即使是天道，都沒有真正的清淨，所以是眾生濁。真正的清淨是六根清淨，表示快出三界了。既然還在這個世界中，就是帶著罪、業和苦的果報。除非是佛菩薩化現到這個世界來，否則都不是清淨的。

命濁，「命」是我們的生命，是由五蘊構成的，即色、受、想、行、識。這五種元素都是三界之內的成分，本身就是不清淨，由此構成的生命當然也不清淨，所以叫作命濁。

對於生命，一般人都覺得：什麼都可以不要，就是老命不能不要，可是卻又常跟人說：「我要跟你拚老命！」實際上是為了保命才拚老命的，心裡其實很在乎自己的老命。其實老命很好，可以修菩提、修念佛，只是構成的成分不好。如果我們學了佛法，也開始用佛法，這個命就會改變。能夠照見五蘊皆空，這樣就能轉命濁為命淨，就是清淨的生命。

釋迦牟尼佛就是在我們這個娑婆世界、五濁惡世成佛的，成佛後，還為這個世間說此難行之法，實在是太不容易了，這也是十方諸佛讚歎釋迦牟尼佛的原因。

(三)結論

舍利弗，當知我於五濁惡世行此難事，得阿耨多羅三藐三菩提，為一切世間說此難信之法，是為甚難。

這時釋迦牟尼佛做了一個結論：舍利弗，你要知道，我釋迦牟尼佛就是在這個五濁惡世，宣說這種很難讓人相信的法門，因此得到了阿耨多羅三藐三菩提。也就是說，因為在五濁惡世經常讚歎阿彌陀佛，所以成佛，因此為一切世界的眾生說此難信之法。既然難信，又還是要說，所以是更難了。

現在在中國，只要是佛教徒都曉得念阿彌陀佛，甚至不是佛教徒，也習慣在遇到佛教徒時念一句阿彌陀佛。有一次，我到鄉下去，小孩子根本不認識我，一看到我就說：「阿彌陀佛來了！」這表示阿彌陀佛在我們這個世界，至少在華人之中，已經是根深柢固的，所謂「家家彌陀，戶戶觀音」，這種風氣已經形成。阿彌陀佛雖然是難信之法，結果在我們中國卻變成易信之法，很不容易，這是我們大家的福報。

佛說此經已，舍利弗及諸比丘，一切世間天、人、阿修羅等，聞佛所說，歡喜信受，作禮而去。

這一段是總結，若與前面的序分對照來看：序分上說參與法會的會眾是一千二百五十位大阿羅漢，還有大菩薩、釋提桓因等，而這裡是諸比丘，及一切世間天、人、阿修羅，為什麼沒有大阿羅漢和大菩薩呢？因為菩薩是來護法的，而那些阿羅漢，我們曾經說過，他們都已經是菩薩，只是現聲聞僧在法會上出現，所以也是來護法的。而「經」主要是講給世間的比丘，還有天、人、阿修羅聽的。

天有欲界的六天、色界的十八天，還有無色界的四天，這是諸天；人之中有男眾、女眾，有在家眾、出家眾，經裡只講出比丘，所以「人」就包括了比丘以外的所有人。除了天、人外，還有阿修羅，阿修羅在這裡是護法的善神。這些都來聽法了，聽佛說完了以後，大家「歡喜信受，作禮而去」。

像你們諸位菩薩一樣，我已經講完了，你們歡歡喜喜地聽，聽了以後要照著去做。聽聞佛法、受持佛法、修行佛法，然後擁護佛法、弘揚佛法，這就是歡喜信受。

淨土法門是遇高則高、遇低則低，遇深則深、遇淺則淺，遇小則小、遇大則大，它是非常有彈性的，這條路不能走，也可以走那條路，這就是大乘佛法的優美處。但小乘佛法是有規定的，只能夠這樣，否則不得解脫。但其做為基礎，還是可以修。只要修一定有幫助，也很有用。

最後我還是要告訴大家，修行淨土法門的人絕對不會反對禪修的功能，也絕對不會否定佛法的理論。因為我們講的教、理、行、果，「理」是要去證、要去悟的，以彌陀經典的法門來說，多半是說到了西方極樂世界以後才能證，因為不到西方極樂世界不容易證。而禪宗法門雖說也不容易證，可是用念佛法門可以證。所以，禪與淨土法門是相通的，並不是分河飲水，非得說你是淨土、我是禪，把它分得清清楚楚。

對釋迦牟尼佛來講，八萬四千法門是由於適應八萬四千種不同眾生根器的需要而說的，它的目標完全相同，所以不要站在某一個宗派的立場來批評另外一個宗派。我們可以讚歎自己修的法門是最好的、最究竟的、最高的，但是不要批評說：「他修那個法門，不墮地獄就已經是阿彌陀佛了！」這是謗法。每一門都是釋迦牟尼佛說的法，怎麼能說這個法是最好的，其他的法會墮地獄呢？講這樣的話，可能墮地獄的反而是你。

國家圖書館出版品預行編目資料

聖嚴法師教淨土法門／聖嚴法師著. -- 初版 .
-- 臺北市：法鼓文化, 2010.02
面； 公分

ISBN 978-957-598-505-9（平裝）

1. 淨土宗　2. 佛教修持

226.55　　98024612

聖嚴書院 05

聖嚴法師教淨土法門

著者／聖嚴法師
出版／法鼓文化
總監／釋果賢
總編輯／陳重光
責任編輯／李金瑛
封面設計／兩隻老虎廣告設計有限公司
內頁美編／連紫吟、曹任華
地址／臺北市北投區公館路186號5樓
電話／（02）2893-4646　傳真／（02）2896-0731
網址／http://www.ddc.com.tw
E-mail／market@ddc.com.tw
讀者服務專線／（02）2896-1600
初版一刷／2010年2月
初版十刷／2019年7月
建議售價／新臺幣320元
郵撥帳號／50013371
戶名／財團法人法鼓山文教基金會—法鼓文化
北美經銷處／紐約東初禪寺
Chan Meditation Center（New York, USA）
Tel／（718）592-6593　Fax／（718）592-0717

法鼓文化